玩转“电商营销+互联网金融”系列

一本书读懂大数据商业营销

海天理财　编著

清華大學出版社
北　京

内 容 简 介

这是一本一读就会的大数据商业营销大全。本书主要结合 20 多个行业大数据营销布局案例，以及各大商业巨头的营销高招，使读者彻底看懂、玩转大数据营销，彻底从菜鸟成为达人，从新手成为大数据商业营销高手！

本书主要有以下特色：16 章大数据专题技术精讲+80 多个经典专家指点放送+120 多条营销价值语句提炼+150 个大数据应用案例分析+241 张大数据应用图表解析，让读者融会贯通，轻松提升大数据商业营销技能。

本书结构清晰、通俗易懂，主要适用于实业家、企业高管、营销人员、政府媒体工作人员、创业者和想创业的人，以及相关专业的学生等阅读。

图书在版编目(CIP)数据

一本书读懂大数据商业营销/海天理财编著. --北京：清华大学出版社，2015
(玩转“电商营销+互联网金融”系列)
ISBN 978-7-302-39722-9

Ⅰ. ①一…　Ⅱ. ①海…　Ⅲ. ①网络营销　Ⅳ. ①F713.36

中国版本图书馆 CIP 数据核字(2015)第 066006 号

责任编辑：杨作梅
装帧设计：杨玉兰
责任校对：马素伟
责任印制：沈　露

出版发行：清华大学出版社
网　址：http://www.tup.com.cn，http://www.wqbook.com
地　址：北京清华大学学研大厦 A 座　**邮　编**：100084
社总机：010-62770175　**邮　购**：010-62786544
投稿与读者服务：010-62776969，c-service@tup.tsinghua.edu.cn
质 量 反 馈：010-62772015，zhiliang@tup.tsinghua.edu.cn
印 刷 者：三河市君旺印务有限公司
装 订 者：三河市新茂装订有限公司
经　销：全国新华书店
开　本：170mm×240mm　**印　张**：20.5　**字　数**：422 千字
版　次：2015 年 5 月第 1 版　**印　次**：2015 年 5 月第 1 次印刷
印　数：1～3000
定　价：39.80 元

产品编号：059430-01

前　言

在火爆的互联网时代，企业要想立于不败之地，就必须彻底“拥抱”大数据营销，建立自己的信息数据库。本书凝聚作者从业十年的网络营销推广实战经验，最终目的是让每一位读者都能在互联网时代从大数据中掘金，而不仅仅只是从理论出发的泛泛之谈。本书的主要内容展示如下。

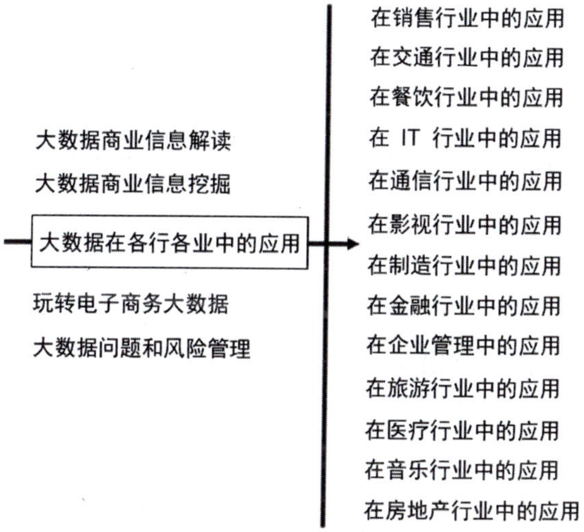

本书不是鸿篇大论的理论指导书，而是一本侧重实际应用的营销实战宝典，既可以帮助对互联网感兴趣的读者全面了解大数据商业营销，又可以为想通过大数据营销解决实际问题的读者提供操作方法。

■ 本书特色

(1) **图文结合、内容全面、专业性强：**书中为了讲述了大数据商业营销的相关理论知识，配了大量图片，使其与实战案例相结合，指导帮助读者彻底认识、玩转大数据商业营销。

(2) **接地气、操作为主、实战性强：**书中涵盖了各种类型的大数据商业营销案例，通过实战操作，帮助、指导读者彻底认识、玩转大数据营销。

内容安排

全书共分为 16 章，具体内容包括：走进大数据商业时代；解读商业数据信息；挖掘大数据的商业价值；玩转电商大数据；大数据在销售行业中的应用；大数据在交通行业中的应用；大数据在餐饮行业中的应用；大数据在互联网行业中的应用；大数据在通信行业中的应用；大数据在影视传媒行业中的应用；大数据在生产制造行业中的应用；大数据在金融行业中的应用；大数据在企业管理中的应用；大数据在移动微营销中的应用；大数据在其他行业中的应用；大数据的问题和风险管理。

适合人群

本书结构清晰、语言简洁，适合所有对大数据营销感兴趣的人阅读。同时也适合实业家、企业高管、营销人员、政府媒体工作人员、创业者和想创业的人，以及相关专业的学生等阅读。

作者售后

本书由龙飞策划，海天理财编著，参与编写的人员还有谭贤、柏松、苏高、张瑶、罗磊、罗林、刘嫔、宋金梅、曾杰、罗权、周旭阳、袁淑敏、谭俊杰、徐茜、杨端阳、谭中阳等人，在此表示感谢。由于作者知识水平有限，书中难免有错误和疏漏之处，恳请广大读者批评、指正，联系邮箱：licaijulebu@foxmail.com。

编　者

目 录

目录

目录

第 1 章
走进大数据商业时代

学前提示

大数据是 21 世纪新兴的商业词汇。它是无形的，但与我们的衣、食、住、行密切相关。它将线下生活与线上活动紧密地联系在了一起。同时大数据也影响着商业发展，商业的快速运转，与大数据的发展密不可分。

要点展示

- 什么是大数据
- 大数据的商业发展
- 大数据的商业价值
- 大数据的商业智能

1.1 什么是大数据

如今，各行各业都投身于大数据的商业分析之中，这不仅是时代发展的需要，更是各行各业盈利的一个隐形法宝，所以了解大数据、玩转大数据就显得尤为重要了。

1.1.1 大数据的基本定义

大数据(Big Data)，又称巨量资料，是指所涉及的资料量规模巨大到无法通过目前主流软件工具，在合理时间内达到撷取、管理、处理并整理成为人类所能解读的数据资讯。

21 世纪，全球数据信息正以爆炸式的方式增长，并且已经延伸到各个行业的各个领域，甚至成为各个行业重要的生产因素和成长、竞争的关键。那么大数据的数量究竟能达到什么样的程度，以至于其能成为各个行业重要的生存手段呢？

首先大数据给人最直接的信息是“大”。对于大数据来说，数据量最少要在 PB 级以上的数据才能称为大数据。下面我们通过以下换算来看一下能称得上大数据级别的单位，究竟有多大。

8 bit = 1 Byte；

1 KB = 1024 Bytes；

1 MB = 1024 KB = 1024^2 Bytes；

1 GB = 1024 MB = 1024^3 Bytes；

1 TB = 1024 GB = 1024^4 Bytes；

1 PB = 1024 TB = 1024^5 Bytes；

1 EB = 1024 PB = 1024^6 Bytes；

1 ZB = 1024 EB = 1024^7 Bytes；

1 YB = 1024 ZB = 1024^8 Bytes；

1 BB = 1024 YB = 1024^9 Bytes；

1 NB = 1024 BB = 1024^{10} Bytes；

1 DB = 1024 NB = 1024^{11} Bytes。

以一部高清电影 1GB 来算，1 个 TB 就是 1024GB，也就是说 1TB 的数据大小就要在 1000 多部高清电影的容量之上。如果将其换算成字的话，2Byte 就是 1 个字，1TB 就是 549755813888 个字。所以通过这一组数据可以知道，大数据究竟是一个含有多少信息的数据了。

如今，互联网革命性地改变了商业的运作模式、政府的管理方法以及人们的生活方式，信息爆炸的积累足以引发新的变革。世界各地都充斥着比以往更多的信息，信息总量的急剧增加就足以引发信息变革，“大数据”这一概念便因此应运而生。

另外，大数据不同于互联网，它正在以巨大的力量改变世界。它具有更强的决策力、洞察发现力、流程优化能力、高增长率和多样化的信息资产。同时也在 IT、制造业、零售业、政府管理、科技等领域，大数据都在改变其运行方式。因此，我们正生活在一个充满大数据的新世界。

·专家提醒

大数据还有一个重要的标准，那就是在线数据。因为只有在线数据才能使用，才能发挥它的价值。例如银行的数据就不能叫大数据，因为它的数据都是封闭的，外人无法使用这些数据产生价值。所以，当一个数据是封闭的、不公开的时候，无论它的数据量有多大，都不能称之为大数据。

1.1.2 大数据的发展历史

大数据是从历史一点一点发展、演变而来的。早在 1890 年，就已经开始使用科学的方法处理数据了。

1890 年，美国统计学家赫尔曼·霍尔瑞斯发明了用来读取卡片上的信息的制表机，从而用 1 年时间完成了原本需要耗时 8 年才能完成的美国人口普查活动。由此在全球范围内引发了数据处理的新纪元。

1961 年，美国国家安全局(NSA)已是拥有超过 12000 密码学家的情报机构。在间谍饱和的冷战年代，NSA 面对大量数据信息，通过计算机自动收集处理信号情报，并将仓库内积压的模拟磁盘信息进行数字化处理，仅 1961 年 7 月份，该机构就收到了 17000 卷磁带。

1989 年，英国计算机科学家蒂姆·伯纳斯·李提出通过开创一个叫作万维网的超文本系统，在全球范围内利用互联网实现共享信息。

1997 年，美国宇航局研究员迈克尔·考克斯和大卫·埃尔斯沃斯描述了 20 世纪 90 年代的挑战：超级计算机生成大量的信息——在考克斯和埃尔斯沃斯案例中，模拟飞机周围的气流——是不能被处理和可视化的。数据集之大，超出了主存储器、本地磁盘，甚至远程磁盘的承载能力。他将其称为“大数据问题”，这也是人类史上第一次使用“大数据”这个词。

2009 年 1 月，印度政府建立身份识别管理局，对 12 亿人的指纹、照片和虹膜进行扫描，并为每人分配 12 位的数字 ID 号码，将数据汇集到世界最大的生物识别数据库中，从而起到提高政府的服务效率和减少腐败行为的作用。

2011 年 2 月，原本需要扫描 2 亿年的页面信息，只需几秒即可完成。

2012 年 3 月，美国政府出具一份报告，报告要求每个联邦机构都要有一个“大数据”的策略。同时，美国政府还宣布了一项耗资 2 亿美元的大数据研究与发展项目。

2012 年 7 月，美国国务卿希拉里·克林顿宣布成立了一个名为“数据 2X”的公私合营企业。该企业主要用来收集和统计世界各地的妇女和儿童在经济、政治以及社会地位方面的信息。

·专家提醒

虽然起初对大数据技术的推动主要源于国家安全的需要，例如超级计算机的发明、大数据的存储和处理技术，以及大数据分析算法的研发。但在发展中不断创新和完善，从而使得大数据在教育、金融、医疗等多方面得到了应用。这也是大数据在新世纪最有价值的体现。

进入 21 世纪，随着 IT 技术的逐渐兴起，大数据的应用频率也不断增高。根据国际数据公司 IDC(International Data Corporation)研究的数据表明，每一个数据的应用浪潮都是大数据发展的脚步，数据总量也呈直线上升，如图 1-1 所示。

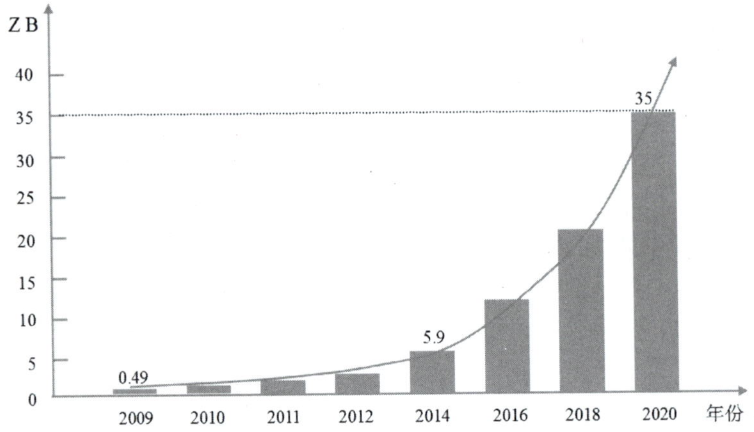

图 1-1　全球信息产量增长趋势图

从图 1-1 中可以看出，2009 年，全球产生的数据总量为 0.49ZB，而到了 2014 年就已达到了 5.9ZB；预计到 2020 年，全球产生的数据总量将会达到 35ZB。随着时间的推移越往后，每年产生的数据总量越庞大。IBM 有一项研究指出，在整个人类文明发展的数据中，有大约 90%的数据是过去两年内所产生的。

1.1.3　大数据的结构

大数据就是互联网发展的“产品”。在以云计算为代表的技术创新大幕的衬托下，这些原本很难收集和使用的数据开始被容易地利用了起来。通过各行各业的不断创新，大数据逐步会为人类创造更多的价值。所以，想要系统地认知大数据，就必须全面而细致地分解它。

大数据主要由以下 3 个结构层面组成，如图 1-2 所示。

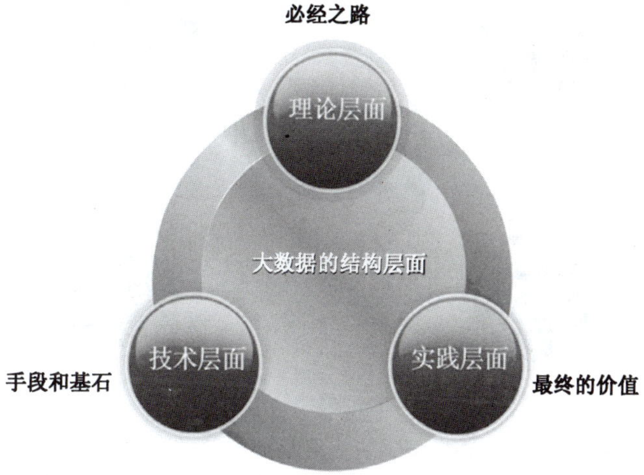

图 1-2　大数据的结构分类

1. 理论层面

理论是认知事物的必经之路，同时也是被广泛传播的一种重要方式。这里的理论结构主要是对行业数据的整体描绘和定义，解析大数据的价值所在，洞悉大数据的发展趋势。

2. 技术层面

技术是大数据价值体现的手段和前进的基石。大数据的技术主要通过云计算、分布式处理技术、存储技术和感知技术来完成大数据从采集、处理、存储到形成结果的整个过程。

3. 实践层面

实践是大数据最终价值的体现。大数据的价值在于能够预知未来的发展，从而构建美好景象及即将实现的蓝图。实践结构通常从 4 个方面描绘，分别为互联网大数据、政府大数据、企业大数据和个人大数据。

1.1.4　大数据的特征

大数据的基本特征可以用 4 个 V 来总结(Volume、Variety、Value 和 Velocity)，即体量大、多样性、价值密度低、处理速度快，如图 1-3 所示。

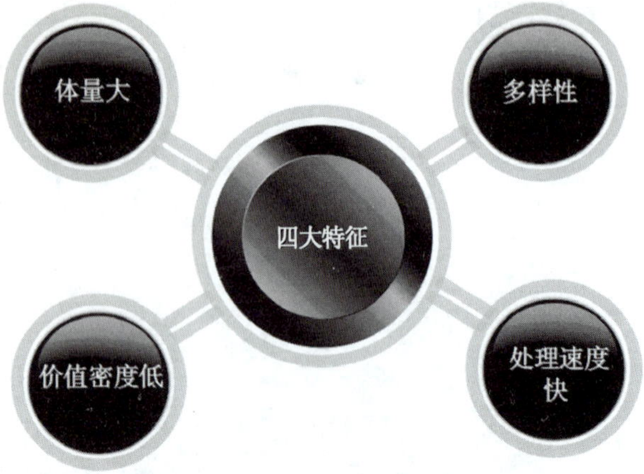

图 1-3　大数据的四大特征

1. 数据体量大

截至目前，人类生产的所有印刷材料的数据量是 200PB(1PB=1024TB)，而历史上全人类说过的所有的话的数据量大约是 5EB(1EB=1024PB)。当前，一般的个人计算机硬盘的容量为 TB 量级，而一些大企业的数据量更是接近 EB 量级。

2. 数据类别多

这种类别的多样性也让数据被分为结构化数据和非结构化数据。以往数据的记录多以文字为主，但是在社会生活的发展过程中，文字已经无法满足人们对数据的解读，从而相继出现了图片、视频、地理位置等信息。这些数据类别在直观表达数据信息的同时，对数据的处理能力提出了更高的要求。

3. 价值密度低

价值密度的高低与数据总量的大小成反比。意思就是说，在大量的数据中，并不是所有的数据都是有价值的，可能真正有价值的部分还不超过百分之十。例如一段长达几个小时的监控视频，其里面最有价值的信息，可能也就几分钟甚至几秒钟的画面。

4. 处理速度快

这是大数据与传统数据最显著的特征。在如此海量的数据中，企业或者商家想要在行业内生存，那么利用大数据进行高效的信息处理就显得至关重要了，甚至处理信息的效率就是企业或者商家的生命。

1.1.5　大数据的商业预测

在大数据时代，大数据最新、最主要、最常用的数据技术就是预测，这也是大数

据的价值所在。下面我们先通过案例来了解一下，大数据的预测技术究竟有多大的价值。

经常使用百度搜索引擎的人一定有这样一个印象，那就是前两天在百度搜索“二手汽车”的字样，今天在浏览网页时网页上出现了各种各样的与“二手汽车”相关的广告。这就是百度公司利用大数据技术，为企业投放精准广告，从而从中获利的重要手段。

2009 年，百度公司正式推出“凤巢广告系统”。该系统会根据用户在百度搜索引擎内搜索的关键词，与它后台的数据库里的广告细条关键词相匹配，从而能够自动选择呈现在用户面前的是哪条广告。有人不禁会问，单单靠投放广告的收益就能够支撑百度公司大部分的开支吗？下面再看一组百度影响力的数据，如图 1-4 所示。

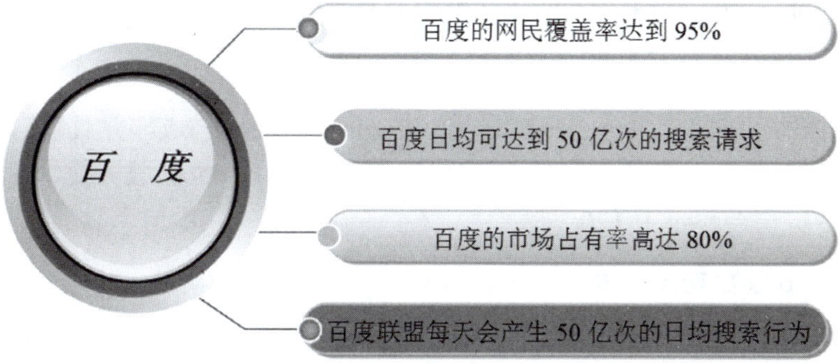

图 1-4 百度的影响力

由此看来，任何一家广告机构的广告播放率都达不到百度这样的广告播放次数。再加上百度推行的广告是有目的地精准投放，所投放的广告都是用户在现阶段所需要的产品，这样便加大了广告的成交率，为企业创下了收益，为用户提供了方便，更重要的是百度本身获得了最大的利益。在 2012 年的时候，百度的广告收入已经超过了中央电视台的广告收入。

通过以上案例，我们可能都会觉得有些不可思议，百度一家搜索引擎公司，竟然可以从广告中获得如此大的利益。这就是大数据预测的结果，它通过用户最近搜索的关键词，从而预测出用户最需要什么。

•专家提醒

大数据的本质是解决问题，大数据的核心价值在于预测，而企业经营的核心也是基于预测所做出的正确判断。所以，无论是个人还是企业都应该意识到：大数据时代对于各行业来讲，既存在挑战，也存在巨大的机遇。

1.1.6 大数据的重要性

21 世纪是一个信息化的时代，谁拥有了信息数据，谁就能利用信息数据成为行业的佼佼者。

大数据分析常用的技术是 Hadoop 技术。它是一种分析技术，也称“大数据”技术，可快速收集、传播和分析海量数据。**因此，Hadoop 技术是企业运用大数据的基础、核心**。目前，该技术已被广泛用于 Google、Yahoo、Facebook 以及 nkedIn 等网络服务。

IDC(互联网数据中心)通过长期对大数据市场的密切关注，发现大数据对市场的影响正日益提升，已经开始影响数据中心设计、移动应用投资、数据管理等相关领域。为此，IDC 认为，在未来几年中大数据市场的重要性主要体现在如下趋势。

1. Hadoop 用户迅速增长

大数据所有的离线数据由 Hadoop 和 Teradata 数据库构成，并且越来越多的企业开始使用 Hadoop 平台处理大量数据。2009 年中国的 Hadoop 服务提供商总共只有 9 家，而 2012 年已经超过了 120 家。

2. Hadoop 整合功能加深

仅靠 Hadoop 服务是满足不了企业的大数据问题的。为此，很多传统的数据库管理系统开始整合 Hadoop 服务，以便更好地为企业服务。比如 HP、DELL、IBM 等知名公司，都分别有针对自家需求的 Hadoop 服务。

3. 更多 Hadoop 服务走上云端

云端上的 Hadoop 服务让大数据分析和处理更加方便快捷。

4. 原始数据的价值

在相关大数据分析处理技术出现之前，IT 公司经理们通常要对公司数据进行筛选以便于用户查询和分析。如今，各种大数据分析工具既能方便用户查询数据，又能避免用户泄露公司机密；同时，对原始数据又能起到很好的保存作用。

5. 大数据开发技术的短板

阻碍大数据分析技术和使用 Hadoop 的原因之一就是缺乏相应的技术、数据安全以及可行性。幸好，许多开源和专利软件社区都已经在着手解决这些问题。

6. Hadoop 成为主流

许多传统企业(银行、电信公司和零售商等)都在开始使用 Hadoop 服务，但很少有人愿意分享所有细节，所以很难找出一个真正的ROI(投资回报率)案例进行分析。

7. 各类大数据分析平台兴起

一说到大数据，很多人第一时间想到的就是 Hadoop。其实还有许多其他不错的大数据分析平台，比如 Platfora、Datahero 等。

8. 磁盘终将被淘汰

目前，仍有一半以上的企业还在利用磁盘进行数据存档、备份和恢复，但是随着大数据分析技术日渐成熟，磁盘终将被淘汰。

9. 机器学习以及人工智能的兴起

机器学习和人工智能正在崛起，但在银行、金融服务、电信以及制造等传统行业，它们仍是十分稚嫩的新兴技术。

10. Hadoop 将继续发展

Hadoop 仍处在初级阶段，在未来还将具备更多功能，比如自由文本搜索功能以及基于 GUI(图形用户界面)的可视化工具。

1.2 大数据的商业发展

什么是大数据的商业发展呢？让我们先来看这样一个案例。

有一家公司叫雅昌，它是中国印刷品行业的佼佼者，中国所有大型活动的印刷业务都是由这家公司完成的，比如北京奥运会、中国建国六十周年的画册等，几乎包办了能代表国家抛头露面的大部分的印刷业务。

1993 年，雅昌公司刚成立的时候做的是印刷业务，在那个年代，印刷行业的技术、设备都差不多，与同一行业的其他公司相比收益也差不多，所以雅昌在初期的时候，基本上不管什么样的业务都承接。

但是，雅昌却做了一件国内各个印刷公司都没有做的事情，那就是将各个用户的印刷电子资料存储起来。这些在行业内都被认为是没用的废料，存储起来是很麻烦的事，因为日积月累，这些资料将会占用很大的内存，所以其他的印刷公司，都没有保存用户的印刷资料。然而雅昌不仅保存了这些资料，还将其刻成了一张张光盘。在那个年代，一张光盘的价格是比较高的，所以雅昌的这种举动许多行业内的人都不理解。

到了 2011 年底，雅昌的数据库中已经拥有六万多名艺术家，两千多万件艺术品的电子图文资料，于是他们成立了中国艺术品数据库。

雅昌从此从一个传统的印刷公司转型为一个艺术品数据库提供商。对于雅昌来说，手中的数据库就成了雅昌公司的核心资源，它将艺术品市场，包括拍卖、画廊、投资者、艺术家、印刷出版公司、艺术媒体等一系列的产业链条上的各个产业全都吸引到了自己的数据库平台上，并且是这个产业链中最重要、最核心的一员。

通过雅昌的转型我们可以看出，在商业发展中，数据在其中发挥着巨大的作用。

1.2.1 形成商业模式

运用大数据实现商业的发展，最主要的是要形成商业模式，在这个模式下，进行运转，实现商业资产的积累。而商业模式的形成，一般主要有以下 3 个步骤， 如图 1-5 所示。

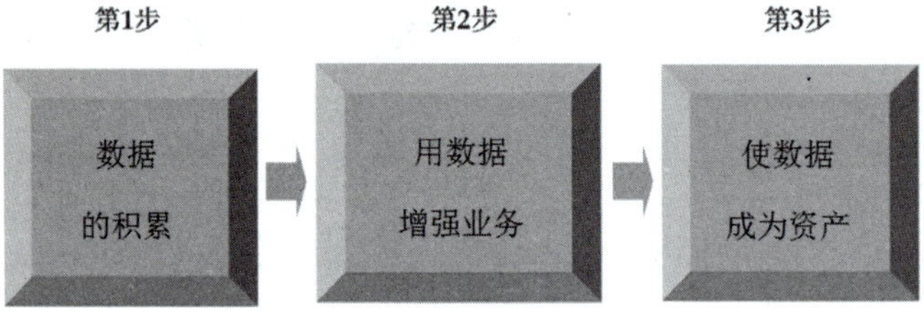

图 1-5　形成商业模式的 3 个步骤

1. 数据的积累

通过雅昌的案例，我们可以看出，商业模式的形成是一个长期积累的过程，所以对于大数据时代，商业模式的形成也必须是数据的积累。在数据的积累中要注意一种现象叫作“飞轮效应”。

飞轮效应是指为了使静止的飞轮转动起来，一开始你必须使很大的力气，一圈一圈反复地推转飞轮，每转一圈都会费很大的力气，但是每一圈的力都被保存在了飞轮里，使飞轮越转越快，当达到某一临界点后，飞轮的重力和冲力会成为推动力的一部分。这时，你无须再使用更大的力气，飞轮依旧会快速转动，而且不停地转动，这就是“飞轮效应”。

雅昌的成功转型就是这种飞轮效应，一开始在做印刷业务的时候，除了印刷，做的都是别的公司不愿意做的又累又浪费时间和成本的事情。但是当这些数据慢慢积累到一定程度之后，雅昌的数据飞轮就自己转动起来了。这对于雅昌来说，转来的就是一笔笔源源不断的财富。

2. 用数据增强业务

首先，拿到数据之后，要学会整合数据。在产业界有一句话叫作“数据之和的价值远远大于数据的价值之和”，意思就是说分散的数据并不能带来多大的价值，只有打通了数据与数据之间的关系，把数据的活性做足，让数据与数据之间产生高于数据之和的价值，那么数据的价值就会体现出来。

其次，要知道数据所能体现的场景该如何呈现出来。一堆杂乱无章的数据，通过每一条或者几条数据所能带给我们的信息，将给自己呈现出一幅完美的商业场景，从而明确数据所能达到的商业目的。

最后，能够对各种数据做出未来的预测。在供研产销这条产业链上，打通每一个环节，把每一节链条上的宝藏挖掘出来，从而不断提高业务能力，达到资源的最佳配置。

3. 使数据成为资产

像雅昌这样，能够从一家传统的印刷公司做大做强，这与它善于利用数据是分不开的。对于雅昌而言，日积月累的数据库就成了其丰富的核心资产。当拥有了这些数据资产以后，就可以一直做下去，提高自己在行业中的竞争力，从产业链的下游慢慢向上，从而达到产业链的中上游，提升自己的行业价值。

笔者认为，在互联网发展的今天，大数据还会有新的商业模式出现，就像互联网创造了搜索、电子商务、竞价排名等一系列商业模式一样，大数据会孕育出更多新的商业模式，这也是大数据最有投资潜力的原因。

•专 家 提 醒

大数据是一种资源、一种技术、一种工具、一种趋势。运用大数据会给企业带来更低的成本门槛，从而获得更多的商机，孕育颠覆性创新。大数据的出现与应用缩短了企业与企业之间的竞争差距，为新商业模式的发展提供了新的机遇。

1.2.2 建立客户资源

对于商家来说，自己的企业、品牌的影响力越大，那么自己产品的销量可能就越好，如若不然就不会有企业花高价在电视的黄金时间段上打广告了。所以，建立客户资源是创造效益的基础。下面我们来看两个建立客户资源的小案例。

1. 二维码拉拢顾客

随着智能手机的普及，二维码开始越来越多地进入到人们的视野，并实现了商家卖场与网络、手机用户的互动，为企业推广带来了巨大的商机，如图 1-6 所示。

二维码作为一个宣传广告，不会直接告诉大众它携带的内容，但是只要对二维码进行扫码，就能揭开二维码的神秘面纱。有很多商家借助二维码的这一特性来吸引顾客，从而达到发展客户资源的目的。

图 1-6　二维码优惠广告

2. 王品用大数据逆中生长

随着中央“八项规定”、“六项禁令”等一系列“禁奢令”的出台，高档餐饮行业市场萧条，然而源自台湾地区的第一大餐饮企业王品集团在大陆却逆势增长，业绩与门店扩张速度均有良好表现。

这样的生存状态令同行羡慕不已，与此同时更令业界关心的是，王品集团这个源自台湾地区的公司是如何在大陆做营销的？为何一个台湾企业能够在餐饮行业困境下逆势扩张？为此王品集团毫不隐晦地说：“王品集团拥有庞大的数据库资料，为王品的营销管理提供了强有力的支持。”

事实上，王品集团对于新开门店的选址、了解菜品的受欢迎程度、了解门店的不足、对店长的考核等都基于多年积累下来的调查问卷。这些调查问卷汇聚成了王品内部的大数据。这些大数据在逆境中，对企业的生存发展起到了至关重要的作用。

不仅如此，大数据里面还包含开放性课题，比如会问消费者：“你有没有其他意见？”王品会对所有消费者提出的意见的关键词做统计分析，发现问题并进行改进。

为了让问卷回收率更高，以及保证问卷的真实性，王品会让员工主动提醒客人填写问卷，甚至给客人一定的奖励。但是问卷的使用必须有个度，千万不能因为市场部想做更多市场营销，而增加那张表的问题，因为消费者是来吃饭而不是来做市场调研的。所以王品通过对各方面对各细节的把控，获得了较为真实的数据信息，从而在行业中实现了逆转。

通过以上两个小案例我们可以清晰地看出，客户资源的建立离不开数据。尤其是在逆境中，通过对大数据的分析，能够洞察行业的发展方向，从而发现企业存在的问题并解决问题，进而将企业带入正常的运转轨道。

·专家提醒

建立客户资源是商家进行商业盈利的一个重要步骤。而建立客户资源其实就是扩大自己产品在社会上的影响力，影响力越大，知道的人越多，对后期的商业发展越能起到重要的作用。

1.2.3 维护客户资源

有这么一个案例，有一位顾客打电话给快餐店订外卖，客服在询问了该顾客的会员卡号以后，很快报出了该顾客的家庭住址、电话、手机号等相关资料。顾客非常吃惊，随后他提出要预订一份凉拌海带。但此时客服的回复却是：根据您的医疗记录，您的胆固醇偏高，不适合吃海鲜类的食物。接着，该顾客又提出预订一大锅砂锅粥，此时客服又有礼貌地回复他：大锅的砂锅粥足够你们一家六口吃了，只是建议老母亲要少吃，理由是老人家上月刚好做过心脏搭桥手术，处在恢复期。

看到这里，我们都很惊讶，快餐店是靠什么对顾客信息掌握得如此齐全呢？当然是大数据：快餐店利用他们的 CRM(客户关系管理)系统，掌握了顾客的第一手信息，在顾客预订快餐时，提供顾客合理化的建议，留下了良好的“服务口碑”。

通过上面的案例，我们可以得出以下两点结论。

(1) **依靠大数据可以全方位了解客户的相关信息，并做出全方位的服务。**

(2) **全方位的服务虽然不是维护顾客资源的唯一手段，但却是重要手段。**

如今，社会已步入数据化和电子化时代，就像比萨店，它的口味或者服务很一般，而他们将数据化资源作为维护客户的得力后援，一张会员卡，便能得出如此庞大的信息量，可见，大数据资源的整合，将会给我们带来意想不到的收获。

经过思维与商业变革的大数据时代，在维护客户上，无论是各个行业，只要利用好庞大的数据资源，打造一个属于企业自己的 CRM 系统，那么，企业就可以利用精准化服务和数据化服务，进入一个“快速、全面、精准、有效”的客户服务领域。

客户不是孤立的个体，只要在某一个地方消费，便会接受来自于服务员、销售人员以及公司客户经理的真诚服务。如果我们能将这些人员掌握的客户情况进行一个梳理，就可以建立一个有效的“大数据”CRM 体系。那么，通过这个“大数据资源”的查询，使我们维护客户的工作可以从单一形式转换为有差别化的精准服务，揽住回头客就不是什么大问题。

大数据时代，各部门间要多些配合、多些沟通，就像前面所讲的数据之和的价值远远大于数据的价值之和。将各自掌握的分散的“数据资源”进行共享化，打造一套独特的 CRM 客户维护系统，以客户为中心、以市场为导向、以数据为资源、以精准服务为目标，开展有针对性的服务，尤其要在推荐内容与服务效率上提高客户满意度，从而维护我们的客户资源。

1.3 大数据的商业价值

如今，虽然大数据已是一个绕不开的话题，然而怎样最大限度地挖掘大数据的商业价值，却是众多企业头疼的问题。毕竟，挖掘大数据的能力并不简单地等同于拥有

大数据，而是如何利用大数据来创造价值。Gartner(一家信息技术研究和分析的公司)认为：大数据的价值是需要新处理模式，才能具有更强的决策力、洞察发现力和流程优化能力的，才能形成海量、高增长率和多样化的信息资产。

1.3.1 细分客户群

“大数据”可以对客户群体进行详细划分。由于顾客需求、欲望及购买行为是多元的，并不是所有顾客的需求都相同，因此只要存在两个以上的顾客，其需求与满足就呈现差异，此时商家就必须对每个群体量体裁衣，采取独特的行动，瞄准特定的顾客群体来进行营销和服务。

客户细分是客户关系管理的核心概念之一，是指企业在明确的战略、业务模式和特定的市场中，根据客户的行为、需求、偏好以及价值等因素对客户进行分类，并提供针对产品、服务和营销模式的过程。

•专家提醒

根据帕累托定律(2/8 定律)，20%的顾客能给企业带来 80%的销售利润。通过客户细分，企业可以更好地识别不同客户群体对企业的价值及需求，从而指导企业的客户关系管理，达到吸引客户、建立客户忠诚度的目的。

通常对客户的细致划分方法主要有两种，分别是人口特征和购买历史细分以及顾客对企业的价值细分，如图 1-7 所示。

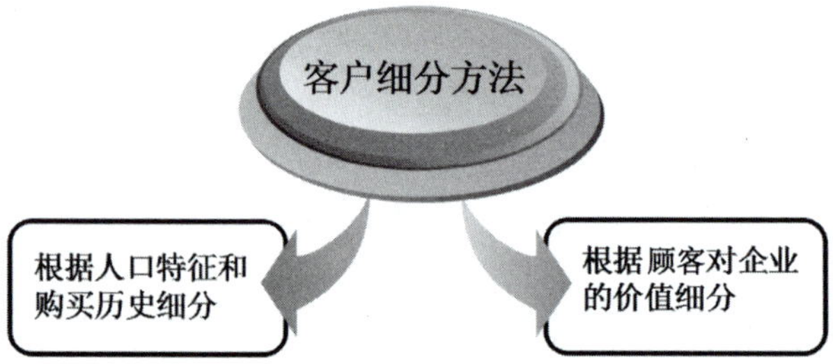

图 1-7 客户的细分方法

1. 根据人口特征和购买历史细分

在消费者研究中，一般通过人口特征和购买历史的调研可以找到顾客忠诚的蛛丝马迹。通常来说，客户的忠诚程度可使商家得出以下 3 个结论：

(1) 通过别人推荐而购买的顾客远比因广告影响而购买的顾客要忠诚得多；

(2) 以标准价格购买的顾客远比以促销价格购买的人忠诚得多；

(3) 有家的人、中年人和乡村人口更忠诚，高流动人口忠诚度低。

找到了目标消费群就可以知道企业要把价值给谁，以及到底要给什么样的价值。

在这方面，美国 USAA 保险公司做得很好，他的顾客保留率达 98%，简直高得不可想象，因为该公司有一个稳定的顾客群，那就是军官。虽然军官保险的利润不是很高，但由于公司满足了这一群体的特定需求，使得顾客保留率很高，相应的企业维持的成本很低，所以公司的利润也就很可观。

2. 根据顾客对企业的价值细分

根据顾客对企业的价值来细分顾客，对企业而言是一种重要的方法。因为这是一种有目的的细分，目标就是对企业带来最大价值的客户。

衡量顾客对企业的价值可以有很多方法，计算顾客的终身价值是一个切实可行的方法。所谓顾客的终身价值，是指作为企业顾客在周期内为其带来的利润贡献的折现总和。影响顾客终身价值的最重要的两个因素是计算周期和贴现率。

一般而言，周期与价值成正比，在贴现率不变的情况下，顾客成为企业顾客的周期越长，那么纳入计算的顾客价值就越多，顾客的终身价值就越大；而贴现率与价值成反比，在计算周期一定的情况下，贴现率越高，企业未来的收益就越不值钱，则顾客终身价值就越小。

顾客终身价值的计算比较复杂，需要获得以下信息，如图 1-8 所示。

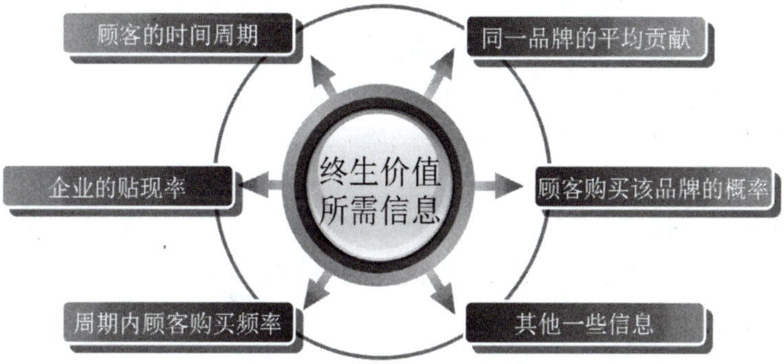

图 1-8　顾客终身价值所需信息

随着数据库技术的发展，尤其是数据挖掘和数据仓储技术的发展，使得企业越来越依赖顾客价值评估。相比较而言，金融服务部门、电信服务部门根据顾客价值进行市场细分的可能性更大一些。

另外，对客户的细分需要一定的流程，根据流程一步步进行筛选，发掘出最合适的客户群。通常客户细分的流程如图 1-9 所示。

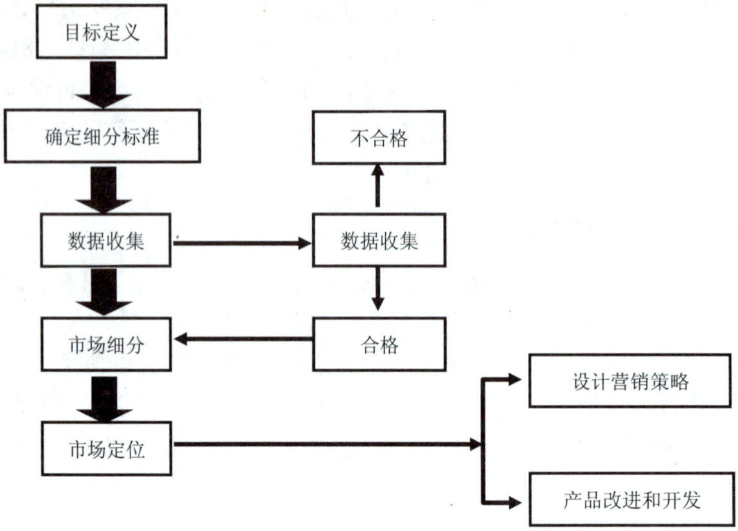

图 1-9　客户细分流程图

1.3.2　提高投入回报率

大数据的另外一个商业价值，就是提高大数据成果在各相关部门的分享程度，提高整个管理链条和产业链条的投入回报率。

Wikibon(一家大数据公司) 的一项最新研究显示，对于大多数企业来说，大数据项目的投资回报率都是微小的。Wikibon 首席研究员 Jeffrey F. Kelly 认为，“从长远来看，企业期望的投资回报率是 3～4 倍。但是根据我们的分析，目前企业获得的平均投资回报率约为 55%。”所以 Wikibon 总结了各种因素，最后认为企业无法实现大数据投资回报率最大化的原因主要有以下 3 点，如图 1-10 所示。

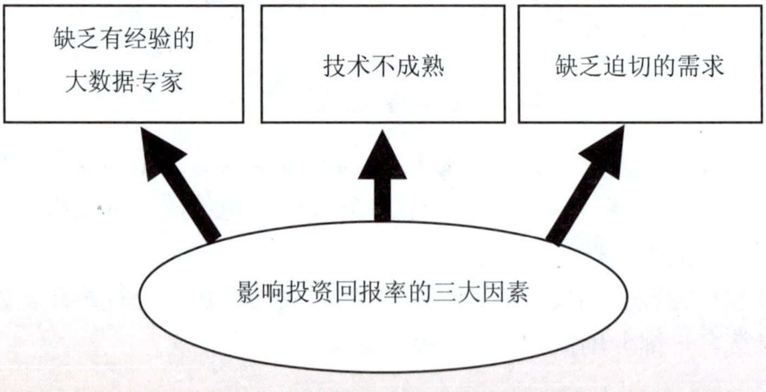

图 1-10　影响投资回报率的三大因素

1. 缺乏有经验的大数据专家

数据科学家的短缺是众所周知的现象，并且可能会持续一段时间。Kelly 表示：“在缺乏经验丰富的大数据从业者方面，我没有看到任何变化。”

2. 技术不成熟

在大数据工具应用的初级阶段，需要为更广泛的业务人员服务，而不只是对训练有素的数据科学家服务，这是很多软件开发人员正在努力解决的问题。

3. 缺乏迫切的需求

企业往往不但盲目地进行大数据投资，而且也没有结合特定的、可预见的业务应用。在这种情况下，企业开始在 Hadoop 中积累大量数据，很大程度上是由于 IT 部门的主导。当然并不否认这其中有些数据能够帮助数据科学家和商业分析师进行探索性分析，但是同样也存在着其他数据没有得到充分利用的现象。

在企业的各个部门中，每个部门的职责、能力、管理范围各有不同。大数据能力强的部门可以通过云计算、互联网和内部搜索引擎把大数据成果分享给大数据能力比较薄弱的部门，帮助他们利用大数据创造商业价值。

那么如何从这些数据中获得价值，增加投资的回报率呢？企业主要还是要从以下 3 个方面去着手，如图 1-11 所示。

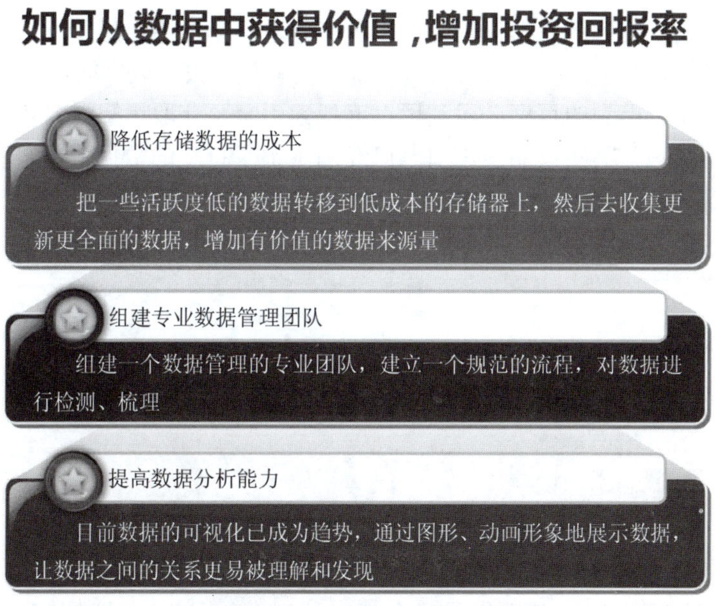

图 1-11　提高回报率的方法

提高大数据的投入回报率需要考虑到的问题和因素有许多。只有将每个因素考虑到，将每个问题都解决掉，企业才能从大数据的投入中得到最大化的商业价值。

1.3.3 数据存储空间出租

大数据的容量在逐年成倍地增长，将来总会有一天，个人、团体甚至企业的数据库都将无法承载这么庞大的数据，此时数据存储空间就成了一个新兴的商业盈利项目，甚至是商业中不可或缺的一个行业。

企业和个人有着海量信息存储的需求，只有将数据妥善存储，才有可能进一步挖掘其潜在价值。就目前而言，数据空间出租可以针对两大客户群，分别是个人文件存储用户和企业数据存储用户两大类。主要是通过易于使用的应用程序编程接口，用户可以方便地将各种数据对象放在云端，然后再像使用水、电一样按用量收费。目前已有多个公司推出相应服务，例如亚马逊、网易、诺基亚等。

在互联网经济免费模式盛行的当下，对于个人用户，无论是互联网公司还是运营商，虽然都倾向于为其免费提供云存储空间，使用户形成使用黏性，但是运营商可以通过其他增值服务进行收费。

例如百度网盘，在刚开始安装时只有几个 GB 的存储空间，但是如果用户使用手机下载百度网盘 App 的话，就会赠送 2T 的容量。在这个过程中，移动运营商会收取流量费，同时百度公司会在 App 上投放广告，从而收取广告费。当我们已经习惯了使用云存储的时候，我们的数据量已经发生了变化，甚至已经超过了标准容量，此时就不得不花钱去买容量了，所以运营商这时就完全有理由去收取空间出租费了。

还记得前面所提到的百度公司利用百度搜索引擎，获取用户切身需求，从而精准投放广告的案例吗？其实仅靠搜索引擎已经满足不了百度的数据渴望，所以百度又在其云网盘中继续获取用户的切身需求，从而继续发挥百度搜索引擎的作用，如图 1-12 所示。

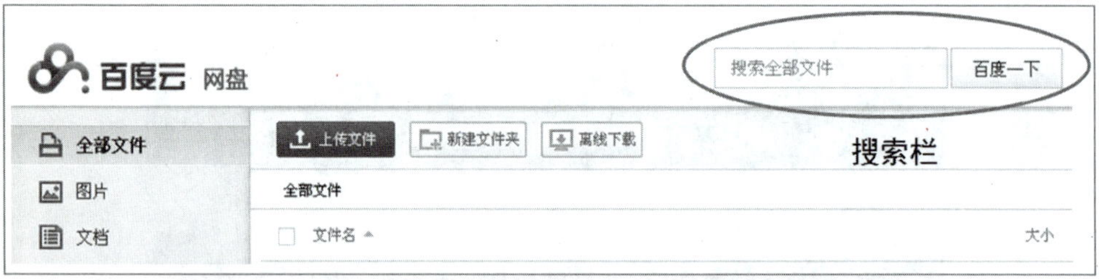

图 1-12 百度云网盘的搜索栏

互联网越往后发展，其数据量只会越来越庞大，如何快速地找到自己想要的信息，很大程度上依赖于互联网的数据搜索的能力。大数据的商业应用价值将会与广告完全结合起来，搜索引擎将迎来更好的发展机遇。

•专家提醒

任何一个新产业的出现，都会附带有一系列的连锁产业，产业与产业之间互相影响、互相干预，一个产业的商业盈利会带动多个产业同时盈利。就像大数据很难让人将其与搜索引擎联系在一起。但是随着数据量的增加，让这二者互惠互利不再是幻想。所以在以后的商业发展中，随着大数据数据量的增加，存储空间出租还会带动更多的行业。

1.3.4 管理客户关系

客户管理应用的目的是根据客户的属性(包括自然属性和行为属性)，从不同角度深层次分析客户、了解客户，以此增加新的客户、提高客户的忠诚度、降低客户流失率、提高客户消费等。

企业与客户之间的关系可划分为 3 个阶段，分别是早期、发展期、增强期，如图 1-13 所示。

早期，一般企业都是处于小作坊、小生产的时期，其商业活动覆盖的范围小，通常就是店家走街串巷叫卖过程中所能及的范围。在这个阶段，企业的关注点较为集中，基本上都是在客户身上，能够根据客户的需求提供相应的产品。

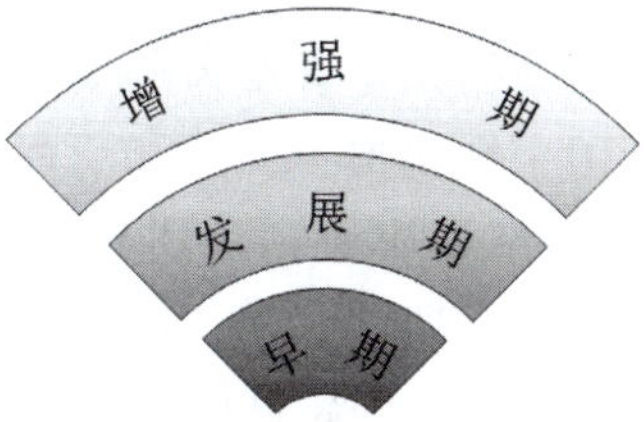

图 1-13 企业与客户发展的 3 个阶段

其后，随着生产力水平的提高、运输及物流的发展，企业逐渐将发展的中心转移到生产力和产品上来。当然这个阶段，除了保证生产力和产品之外，企业还需要利用市场细分方面的理论与工具，通过采集市场信息进行对不同产品生产、销售方面的活动进行组织管理。由于此时需要管理的面更广，这使得企业对客户的关注无法具备随时间变化的特点。

在增强期，电脑、互联网等 IT 技术发展了起来，企业在数据收集方面的能力得到了极大的增强，营销方面的基本理论也随之有了改变。此时的技术、数据等方面的能力已经有了很大的提升，并渐渐走向成熟。在这个阶段，企业了解客户需求的传统方法已经无法满足企业的需求了，而能够帮助其更深地了解客户信息的则是基于时间带来的数据积累，即通过企业与客户的交易活动历史数据，来预测客户未来的购买倾向，并对其需求、消费水平等各方面的信息做出预测，进而建立企业在市场中的竞争优势和市场地位。

·专家提醒

在企业的发展过程中，无论是企业与客户的关系是紧密还是疏远，对于企业来说，客户的需求就是企业的市场。所以，利用大数据，预置市场动向，紧抓客户一环，了解客户所想、所需、所求，能为企业带来更大的商业价值以及发展空间。

1.3.5 个性化精准推荐

时下，网购已经成为年轻人日常生活中不可或缺的一部分，不管是卖场和商店里有有货还是没货、打折还是促销，已经很难吸引消费者的眼球了。因为这些产品都可以通过网络送货上门，而且价格要比实体店便宜许多。

但是就在各大电商冒出水面的时候，一个新的问题又摆在了大家的面前，那就是如何“卖东西”？

网上的商店琳琅满目，如何让用户第一眼就发现这家店并打开预览，这成了关键。另外，电商的差异性越来越小，因为在商家看来，只有涉足多个行业，不管这个行业是赚是赔，多少都能分得一杯羹。

精准推荐就是将电子商务网站的预览者变为购买者，以海量数据挖掘、分析为基础，收集顾客的行为信息，利用个性化推荐算法和消费者相似的群体行为，通过多种算法进行精准推荐，不断地提高推荐质量。当然与此同时，电商也要向传统卖场一样，学会向客户主动推荐客户可能需要的产品，以此来提高成交率。同时网站可以有效保留用户，提高网站的点击率和用户的忠诚度。

实体店的精准推荐相比较电子商务就弱了许多，但是不得不承认，网店存在的缺点都是实体店的优点，例如网店上的商品都是图片，再加上有些商家拍的图片，色差太大，从而导致用户购买的商品与实际商品反差较大，降低了商店信誉的情况，但是这种情况在实体店中一般不会存在的。

在大数据时代，网店可以通过用户的搜索词条匹配出适合用户的广告信息，投放至用户浏览的页面上，实体店也不甘示弱。目前许多实体店都实行会员政策，通过一张会员卡来预测客户未来的需求。

不要小看这一张小小的会员卡，商家就是通过这张会员卡来洞察消费者的消费记录，以此来预测顾客现阶段需要什么。这里有一个小故事，这个故事就很好地说明了大数据在实体店、零售行业的应用。

《纽约时报》记者查尔斯·杜西格就在一份报道中阐述了塔吉特公司怎样在完全

不和准妈妈对话的前提下预测一个女性什么时候怀孕。一般来说就是通过信息搜集的方式，将孕妇的所有信息收集起来，通过信息与信息之间的交叉、纵横的立体式的关系来做出判断。

对于零售商来说，知道一个顾客是否怀孕是非常重要的。因为这是一对夫妻改变消费观念的开始，也是一对夫妻生活的分水岭。当家庭有人怀孕的时候，一家人就会关注育婴方面的知识和消费。所以塔吉特公司的市场专员们通过人的购物方式发现顾客家中是否有人怀孕。

公司的分析团队首先查看了签署婴儿礼物登记簿的女性消费记录。通过登记簿分析发现，当孕妇怀孕大概三个月的时候就会买很多无香乳液。在往后几个月，她们会买一些孕妇营养品。最后公司找出了大概 20 多种关联物，通过这些关联商品进行交叉佐证，从而判断孕妇的怀孕趋势。这些相关关系甚至使得零售商能够比较准确地预测预产期，从而对有怀孕趋势的顾客发放孕妇购物优惠券，这才是塔吉特公司的目的。

一天，一个男人冲进了一家塔吉特商店，非常气愤地说："我女儿还是高中生，你们却给她邮寄婴儿服和婴儿床的优惠券，你们是在鼓励她怀孕吗？"但是过了几天以后，经理打电话向这个男人致歉，而此时这个男人的语气变得平和起来。他说："我女儿跟我说了，她确实怀孕了，预产期是 8 月份，是我完全没有意识到这个事情的发生，应该说抱歉的人是我。"

通过这个案例可以发现，对于零售业来说，实体店对大数据的使用一点也不会输给网络电商，甚至有时，对于信息的利用程度、商品的推荐力度更是超过了网络电商。

·专家提醒

如果大数据的商业价值是金字塔的话，那么精准推荐就是金字塔的顶尖。无论什么行业，精准推荐虽然不是唯一获得商业价值的渠道，但却是重要渠道，而大数据就是创造商业价值技术中最重要的因素。

个性化推荐表面看起来是数据的分析与商品的推荐，其实里面有许多值得注意的问题。在这里，笔者就统计了在个性化推荐方面需要注意的五大问题，如图 1-14 所示。

1. 数据稀疏问题

在大数据的商业时代，我们可以获得的数据量非常大。但不得不承认，能为我们所用、为我们带来价值的数据量占总数据量的比重少之又少。所以如何在大量的数据信息中最快、最精准地找到有用的数据信息，是决定企业商业效率的重要因素。

2. 冷启动问题

冷启动问题主要有两方面，第一种是新用户因为含有可以利用的行为信息，很难给出精确的推荐，第二种是新商品由于被选择次数很少，也难以找到合适的办法推荐给用户。解决这种问题，可以注册以及询问得知一些用户的属性信息，譬如年龄、居住城市、受教育程度、性别、职业等。

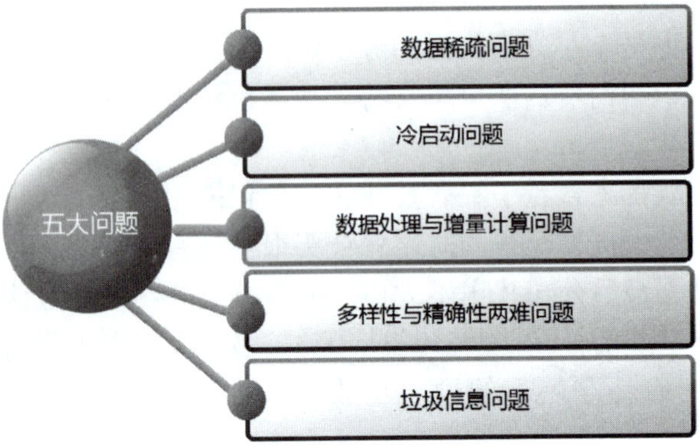

图 1-14　精准推荐的五大问题

3. 数据处理与增量计算问题

在庞大的数据库中，有用的数据很稀疏，因此，如何快速高效地处理这些数据成为迫在眉睫的问题，就使得算法时间的复杂性得到了空前重视。一个高效的算法，必须要做到降低复杂性。另外一条可能的解决之道，是设计增量算法，这种算法通常用于新增用户。当产生新用户、新商品以及新的连接关系时，只需要考虑增加节点和连接局部的信息，对原有的结果进行微调，就可以快速得到新结果。

4. 多样性与精确性两难问题

如果要给用户推荐他喜欢的商品，通常的方式就是给他推荐一些特别流行或者是根据用户实际需要推荐的商品。这两种方式本身没有错，但是在选择上通常让人头疼，因为做到多样性就难以做到精准性，同样做到精准性就很难做到多样性。

多样性通常比较保险，因为在各种各样的商品中总会有用户喜欢的，但是多样性容易造成视觉疲劳，在琳琅满目的商品中，大部分用户只是大概扫一眼，并不能轻易地发现自己所需的商品。而精确性恰好相反，通常比较冒险，所推荐的商品需要对用户的信息了解得更为详细。所以多样性和精确性要分不同的人群，对于掌握信息量比较少的人群，可以采用多样性，而掌握信息量多的人群就可以采用精确性推荐。

5. 垃圾信息问题

个性化推荐要能够掌握住“火候”，什么时候该向用户推荐是非常重要的。对于用户来说，被推销的商品无论多么诱人、用户多么需要，如果推销的时机不对，那么就会大大削弱推荐效果，甚至被认为是垃圾信息。例如顾客在公司开会期间接到商家的推销电话或短信，那么这样的推荐基本上是无用的。所以在这方面还需要了解用户的时间规律，例如什么时候上班、什么时候下班、什么时候闲着无聊，等等，在恰当的时间内，做出精准化的推销，那么成功的概率就会大大提高。

1.4 大数据的商业智能

在大数据概念面世之前，商业智能几乎是进入商业世界的主要选择，然而，价格不菲的数据库、ETL 等工具构筑的高门槛挡住了很多企业一探究竟的脚步。但是大数据的到来，使这一成本降低了许多，也使得商业智能技术更加全面。

1.4.1 什么是商业智能

商业智能是指用现代数据仓库技术、线上分析处理技术、数据挖掘和数据展现技术进行数据分析以实现商业价值。该概念最早由加特纳集团提出。

商业智能是一个工具，是用来处理企业中现有数据，并将其转换成信息和知识，辅助业务或者决策者做出正确且明智的决定，创造利润，如图 1-15 所示。利用商业智能，能够帮助企业更好地利用数据提高决策质量的技术。

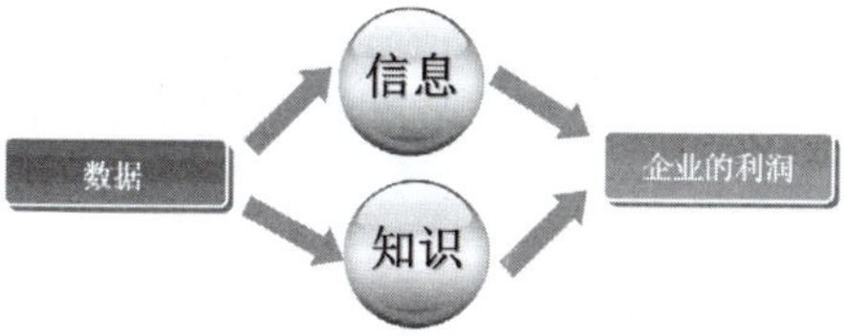

图 1-15 数据的转换过程

为了将数据转化为知识价值，需要利用数据仓库、线上分析处理工具和数据挖掘等技术。所以，商业智能不是什么新技术，而是 ETL、数据仓库、线上分析处理、数据挖掘、数据展现等技术的综合运用。

商业智能主要有五大功能，如图 1-16 所示。

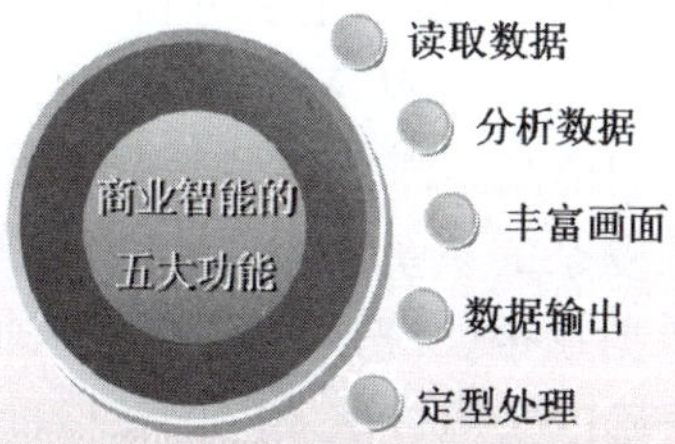

图 1-16 商业智能的五大功能

1. 读取数据

系统可读取多种格式的文件，例如：Excel、Access、以 Tab 分割的 txt 和固定长的 txt 等。将两个(或多个)文件作为一个项目命令合并为一个文件，这样就像操作数据库一样，一个命令即可完成整个命令的操作。

2. 分析数据

数据分析主要用于发现不同事件之间的关联性，即一个事件发生的同时，能够推理出另外其他事件的发生。关联分析的重点在于快速发现那些有实用价值的关联发生的事件。其主要依据是，按事件发生的概率来完成数据的预测。利用这种知识可以采取积极的营销策略，扩展客户购买的产品范围，吸引更多的客户。

3. 丰富画面

商业智能可以在表格中利用 and/or 改变查找条件，可以进行统计和排序。统计对象只针对数值项目，统计方法有合计、件数和平均，还可以按照 12 种方式改变数值的显示格式。

4. 数据输出

数据输出使数据脱离单一化，利用该功能完成数据的打印统计以及列表、图表画面等。同时，还可将统计分析好的数据输出给其他的应用程序使用，或者保存等。

5. 定型处理

所需显示数据时，可以进行定型登录，变回自动生成定型处理按钮。以后，需要数据时，只需按此按钮，即使很复杂的操作，也都可以将所要的列表、视图和图表显示出来。

商业智能主要用于商业数据分析，如图 1-17 所示。通过毛利、毛利率、交叉比、销进比、盈利能力、周转率等关联数据分析商品的销售状况，根据海量数据产生预测信息、报警信息等分析数据，从而根据各种销售指标产生新的透视表。

其次，商业智能还用于商品分析。商品分析的主要数据来自销售数据，通过销售数据产生以分析结构为主线的分析思路。主要分析数据有商品的类别结构、品牌结构、价格结构、结算方式结构、毛利结构等，从而了解商品的广度、深度、淘汰率、引进率，分析出重点商品、畅销商品、滞销商品、季节商品等多种指标。

实施商业智能系统是一项复杂的系统工程，它涉及的项目包括企业管理、运作管理、信息系统、数据仓库、数据挖掘、统计分析等众多的商业知识。因此用户要选择合适的商业智能软件并按照正确的实施方法才能保证项目得以成功。

通常实施商业智能项目可分为以下 6 个步骤，如图 1-18 所示。

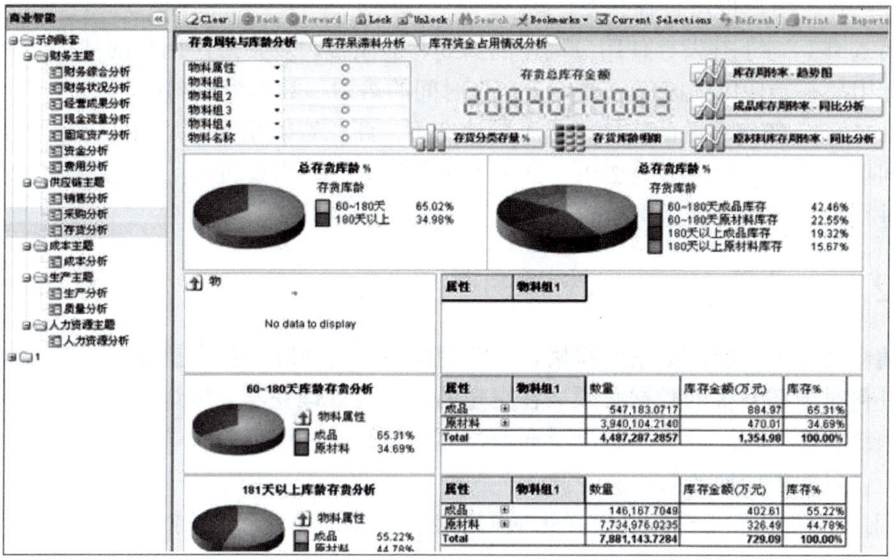

图 1-17　商业智能的数据分析

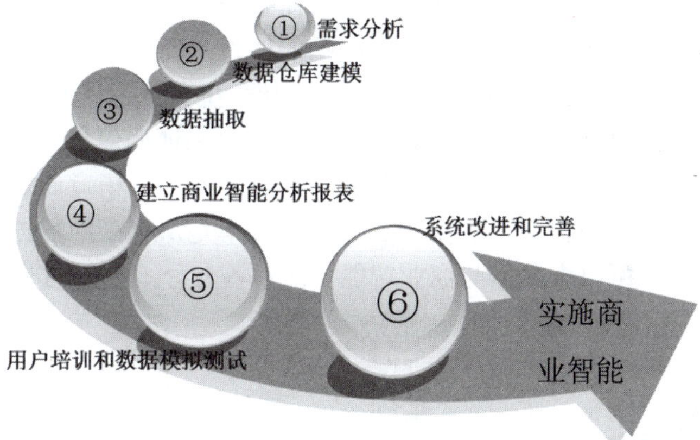

图 1-18　实施商业智能系统的步骤

第 1 步，需求分析是商业智能实施的第一步，任何的商业运作必须要考虑到需求关系。所以在商业活动开展之前，明确企业对商业智能的期望和需求是很重要的。

第 2 步，建立企业数据仓库的模型，包括逻辑模型和物理模型，规划好系统的应用架构，将企业各类数据按照某一标准主题进行组织和归类。

第 3 步，将数据从业务系统中抽取到数据仓库中，在抽取的过程中要将数据进行转换、归类，从而适应分析的需要。

第 4 步，商业智能分析报表是专业人员按照用户制定的分析报表，用于企业的开发商业模式，用户也可自行开发。

第 5 步，对于开发、使用分离型的商业智能系统，要使最终用户的使用简单化，所以在用户开始使用的时候，要给予一定时间的培训和数据模拟测试。

第 6 步，任何系统的实施都是不断地完善，商业智能系统更是如此。用户使用一段时间后可能会提出更多的要求，或者不足之处，这时需要再按照以上步骤，对系统重新进行完善，从而满足用户的要求。

1.4.2 商业智能是大数据的基础

随着技术的发展、数据的积累，商业智能系统所面临的技术挑战在不断增加，比以往任何时候都要多的数据必须要在更短的时间内处理完毕。爆炸般的数据量被企业数据系统收集，在这庞大的信息量面前，通常使企业 IT 工作人员手忙脚乱、不知所措，所以量的增加导致效率的降低。

因此，软件提供商必须要强化他们的商业智能解决方案，才能迎合日益增长的需求。

大数据与商业智能之间是一种递进的关系。商业智能的局限性催生大数据的产生，大数据是商业智能的延伸。商业的发展总需要一些新的东西来刺激它，虽然是新的定义、新的词汇，其本质只是为了迎合数据的增长、商业的发展而使传统的功能延伸，例如 20 世纪 70 年代的数据库、80 年代的超大型数据库、90 年代的数据仓库，如图 1-19 所示。而 21 世纪 10 年代总要换个新概念来证明信息化数据时代和商业发展的历程。所以在大数据时代，商业智能并不是弃之不用，毕竟商业智能比大数据要简单一点。对于在数据量没有那么复杂、信息种类不是那么杂的数据库中，运用商业智能还是没问题的。所以大数据与商业智能，两者各有分工，但同时又有协作。

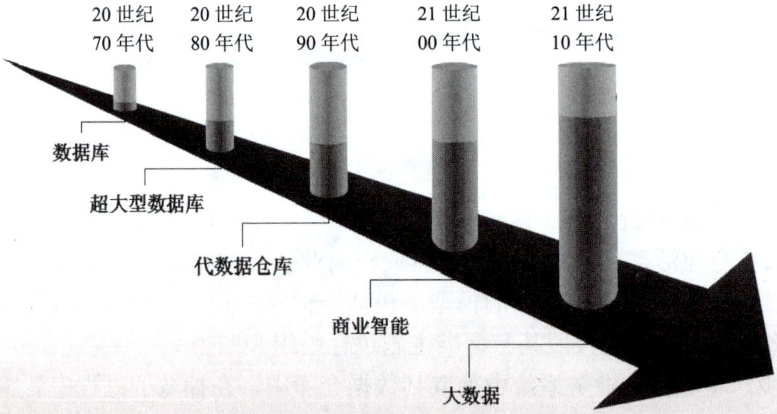

图 1-19 数据信息发展的历程

数据技术出来了，商业智能技术依旧可以使用，并且可以将二者融为一体。只有这样在数据处理中才能各取所需，以最快效率完成不同的、复杂的数据分析。

·专家提醒

大数据会对传统的商业智能、数据库造成冲击，这种冲击并不是坏事。相反，这是一个非常重要的商业机遇。因为数据库是一门非常娴熟的技术，几乎是不可颠覆的，只是发展的空间受到限制而已。现在从事大数据库相关的工作人员，大部分都是过去从事与数据库相关工作的人员，所以大数据是数据库发展的新阶段。

第 2 章 解读商业数据信息

学前提示

在一堆商业数据信息中，垃圾信息可能要占据大多数，如何利用合理的手段，方便、高效地转化为商业信息，为企业带来商业价值才是最重要的。所以解读商业信息就是将商业数据转化为商业价值的重要过程。

要点展示

- 挖掘商业数据信息
- 整合商业数据信息
- 利用商业数据信息

2.1 挖掘商业数据信息

数据挖掘是一种新的商业信息处理技术，其主要特点是对商业数据库中的大量业务数据进行抽取、转换、分类和模型化处理，从而提取出能够辅助商业决策的关键性数据。数据挖掘是一个很有技术含量的过程，通过这个过程，需要挖掘出数据潜在的模式，帮助决策者调整市场策略、减少风险、做出正确的决策。

2.1.1 商业数据分类挖掘

分类挖掘是找出商业数据库中一组商业数据对象的共同特点，并按照不同的特点，将其划分为不同的商业类别，从而通过分类模型，将数据库中的数据项映射、归类到某个特定的商业类别。

分类挖掘主要可以应用到客户的分类、客户的属性、客户的特征、客户满意度、客户的购买趋势预测等，如图 2-1 所示。

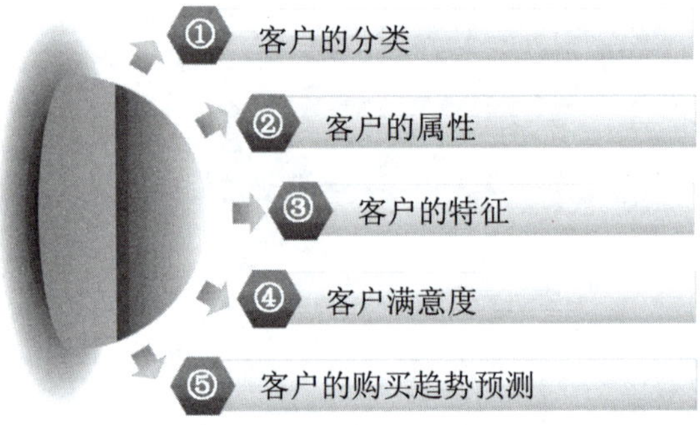

图 2-1 数据的分类

例如，在汽车保险行业，保险公司通过司机一年的事故量等方式来获取司机的驾驶信息，包括平均每天驾车多少公里、是开快车还是慢车、是经常走高风险路段还是低风险路段等。对于保险公司来说，这些数据可以确定司机下一年的保险额，例如经常出事故的汽车，保险公司就可以将保险额提高，而相反的就可以将保险额降低。通过这样的数据分析，将商业利益自动对应到各个分类中，对不同的类别采用不同的措施，从而增大商业数据的价值。

在数据分类中，方法起到关键的作用，它具有能使分类的信息显示更加明显、主题更加明确、内容更加直观等优点。比较常用的分类算法有以下 7 种，如图 2-2 所示。

图 2-2　数据挖掘的分类方法

1. 决策树

决策树是将特征的判别序列形成一棵树，从树根到叶子，进行每个节点的判断，叶子节点处对应某个类别标号，就是最终的分类结果，如图 2-3 所示。

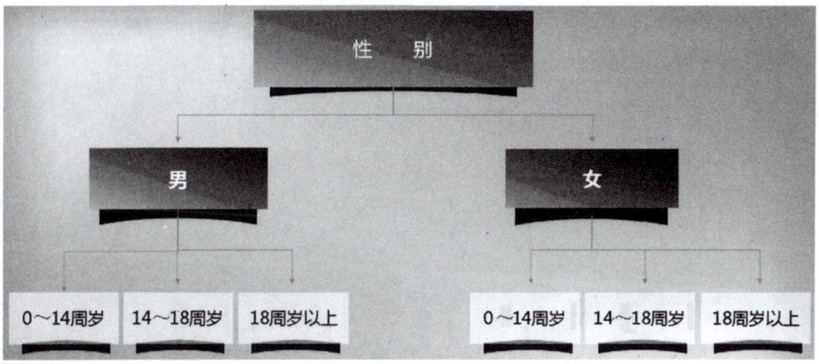

图 2-3　决策树

2. 贝叶斯分类

贝叶斯分类是利用贝叶斯公式，通过计算每个特征下分类的条件概率，来计算两个或多个概率之间的关系，选取最大概率的分类作为分类结果，如图 2-4 所示。贝叶斯分类要求各个数据之间的特征相互独立。

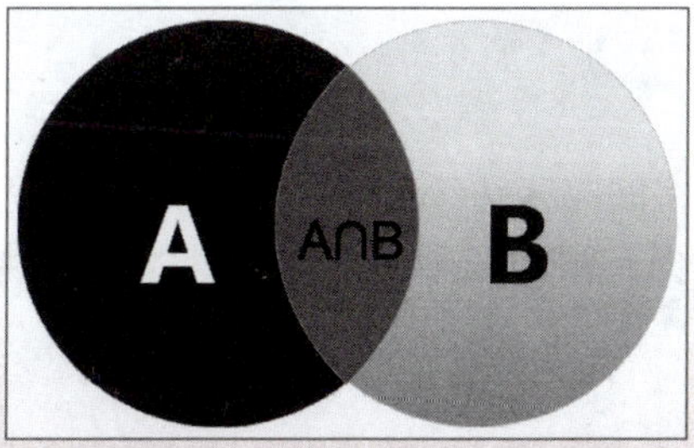

图 2-4　贝叶斯的分类方法

例如 A 和 B 两个不透明袋子，A 袋子里装了 3 个白球和 7 个红球，B 袋子里装了 9 个白球和 1 个红球，现在从这两个袋子里拿出一个球，如果拿出的这个球是红球，并且是从 A 袋子里拿出来的，那么它的概率是多少呢？

假设从 A 袋子里拿出的概率为 $P(A)$，拿出红球的概率为 $P(B)$，那么 $P(A) = 1/2$，$P(B) = 8/20$，$P(B|A) = 7/10$，按照公式，则有：$P(A|B)=(7/10)\times(1/2)/(8/20)=0.875$，即 87.5%。

3. 贝叶斯网络

贝叶斯网络又称信度网络，是贝叶斯方法的扩展。基于概率推理的图形化网络，贝叶斯公式仍然是这个概率网络的基础，如图 2-5 所示。

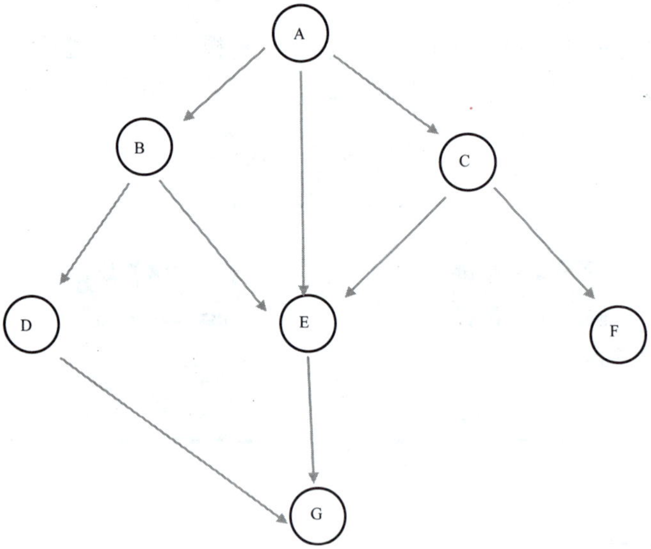

图 2-5　贝叶斯网络的分类方法

贝叶斯网络的每个节点就是一个事件，事件与事件之间用有向图连接，每个有向边有一个概率，而有向边两边的事件又有一定的关联，而目的就是从中发掘某种因果关系的可信度。

4. 支持向量机

支持向量机是指那些在间隔区边缘的训练样本点，是建立在 VC 维理论和结构风险最小原理基础上的，根据有限的样本信息在模型的复杂性和学习能力之间寻求最佳折中，以求获得最好的推广能力，如图 2-6 所示。

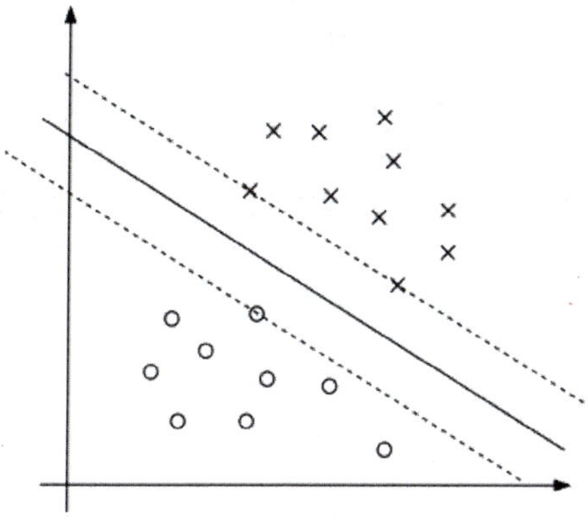

图 2-6 支持向量机法

·专家提醒

VC 维（Vapnik-Chervonenkis Dimension）的概念是为了研究学习过程一致收敛的速度和推广性，由统计学理论定义的有关函数集学习性能的一个重要指标。

是对一个指标函数集，如果存在 H 个样本能够被函数集中的函数按所有可能的 2 的 H 次方种形式分开，则称函数集能够把 H 个样本打散；函数集的 VC 维就是它能打散的最大样本数目 H。

5. 神经网络

人工神经网络也简称为神经网络，它是一种模仿动物神经网络行为特征，进行分布式并行信息处理的数学算法模型，如图 2-7 所示。这种算法网络依靠信息的复杂程度，节点与节点之间的关系，从而达到信息处理的目的。

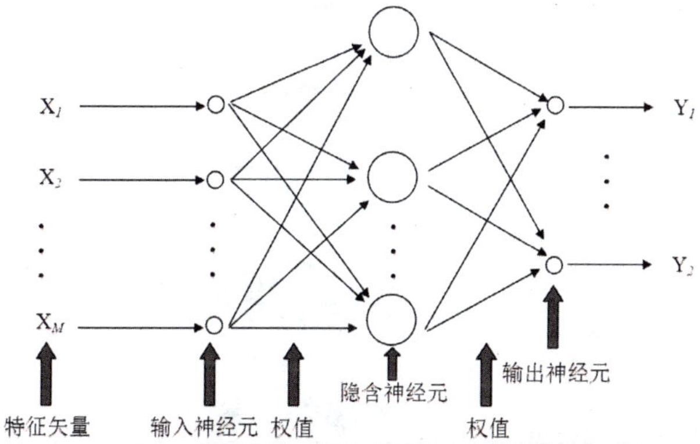

图 2-7 神经网络算法

6. KNN

KNN 算法是 K 最邻近节点算法(K-Nearest Neighbor algorithm)的缩写形式，是电

子信息分类器算法的一种，如图 2-8 所示。

该算法的思路是，在给定新文本后，根据该文本与新文本的差距相似度来判定新文本所属的类别。但当其数据量很大时计算效率成了问题，这也是算法中时间与空间的平衡问题，即一个方面的简单必然会导致另一个方面的复杂。

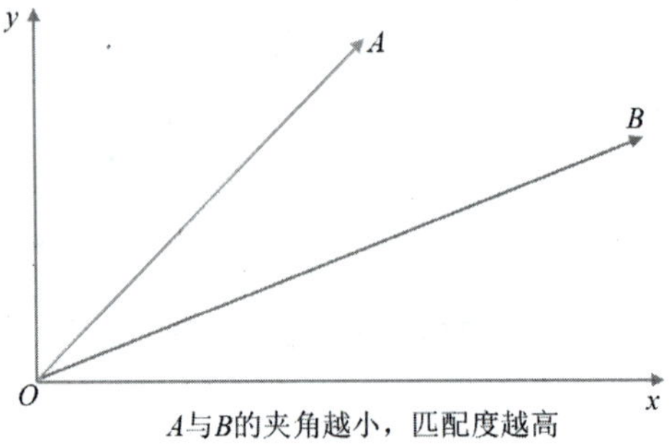

图 2-8　KNN 算法

7. 基于案例的推理

案例推理是人工智能领域中新崛起的一种重要的数据分类方法，如图 2-9 所示。它是基于知识问题的求解和学习方法，主要通过重用或修改以前解决相似问题的方案来实现的。在分类问题中，同样会有很多的历史数据：从数据中提取特征，进行总结，放入案例库，之后又有新的分类问题，通过多渠道，从案例库中寻找答案，所以这个过程就变成了如何从案例中提取有价值的特征。

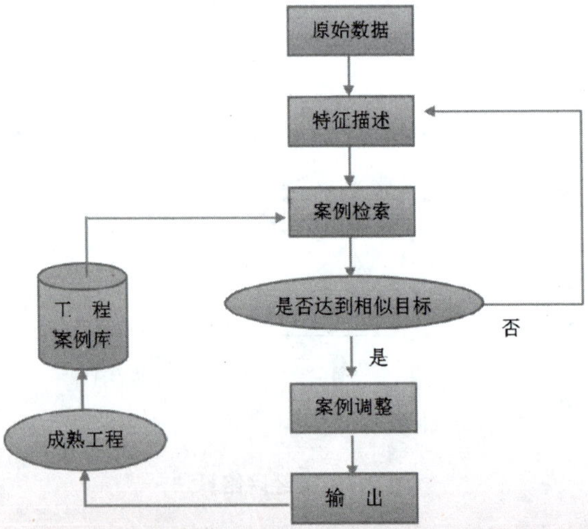

图 2-9　基于案例的推理

·专家提醒

商业数据分类的作用是：分析输入数据，通过数据表现出来的特性，为每一个类找到一种准确的描述或者模型，由此生成的类描述就可用作对未来的预测以及对数据进行分类。

2.1.2　回归商业数据分析

回归分析方法反映的是数据库中属性值在时间上的特征，即将一个数据项映射到一个实值预测变量的函数，从而发现变量或属性间的依赖关系。其主要研究问题包括数据序列的趋势特征、数据序列的预测以及数据间的相互关系等。

回归分析方法已经应用到商业和市场营销的各个方面，例如寻求客户、预防客户流失、产品生命周期分析、销售趋势预测及有针对性的促销活动等。

下面我们来看一个案例。有一家互联网金融公司，从事 P2P 的贷款业务。以往去银行贷款，需要贷款人提供个人基本信息、保证人基本信息、抵押物价值评估，然后银行再向上级申报，等待审批、发放贷款。所以对于银行来说，手续复杂，不但办事效率大大降低，而且成本增加。

而这家互联网金融公司的贷款业务非常简单。当客户向这家互联网金融公司贷款时，只需要填一张表格即可，表格中包括了姓名、家庭住址、电话号码、公司名称及职位、工资卡的卡号等一些基本信息。有人会说这家金融公司太不负责，承担的风险太大。没错，在传统的银行贷款业务中，用这样的方式为客户发放贷款，先不说风险大不大，就单单审核这一关就过不去，但是在大数据的今天，金融公司知道了这些信息之后，客户基本上就成了透明的，任何信息在金融公司来说一目了然，是藏不住的，所以这家金融公司所用的就是数据分析，来分析用户的还款能力来给予一定金额的贷款。

下面我们就来看一下顾客单都能映射出哪些潜在的信息。

首先，姓名就不用说了，任何信息数据都是建立在真实的姓名之上。

第二，住址。对于金融公司来说，通过用户的住址可以知道客户的住所是高档小区还是低档小区。如果是高档小区，说明客户具有最起码的抵押能力。

第三，电话号码。通过电话号码，金融公司可以知道客户每个月的电话费，甚至手机的型号，如果说每个月的电话费比较高，而且手机也是高档手机并一次性付款的话，那么金融公司大概就可以分析出客户的消费水平。

第四，公司名称及职位。这个数据对于金融公司来说是很重要的，就好像办理信用卡一样，银行需要客户出具公司的就业证明以及月薪等信息。金融公司通过分析客户的公司规模以及所在的职位，来分析客户的月收入。

第五，工资卡卡号。对于金融公司来说，他可以查询到客户每个月的收支情况，每个月的月薪是多少，从而分析客户的偿还能力。同时，如果客户用这张卡缴纳水电费的话，金融公司就可以知道客户每个月的水电费是多少，从而分析出客户的生活水平状况。

当然金融公司还有许多信息可以利用，从而更全面地分析出客户的还款能力。当然也有人不禁会问：如果我填的信息全是假的呢？其实对于银行来说，通过信息之间的交叉佐证，是可以发现虚假信息的，比如家庭住址是假的，他就会通过银行卡号的水电缴纳记录来佐证。再比如工资卡是假的，用的是别人的，那么银行就会检查汇入卡里工资的公司是不是所填写的这家公司。

所以金融公司在大量的客户信息面前，通过单个数据的分析来确定客户的还款能力，再通过信息与信息之间的交叉分析，从而验证信息的准确性。通过上述这种方法，这家金融公司提高了公司业务办理的效率，同时坏账率也是同行中最低的一家。

通过这个案例，我们可以发现数据分析在商业运营中的重要性。用信息去验证基本属性，再通过信息验证信息，发现信息与属性间的依赖关系，用最快的效率、最低的风险为企业创造最高的价值。

2.1.3 商业聚类分析

聚类分析是把一组数据按照不同的相似度分为几个类别，从而使属于同一类别的数据间的相似性尽可能增大，使不同类别中的数据间的相似性尽可能变小。在商业营销中，聚类分析基本上可以应用到客户群体的分类、客户背景分析、客户购买趋势预测、市场的细分等领域。

聚类分析是将数据分类到不同类别的一个过程，所以同一个类别中的对象有很大的相似性，而不同类别的对象有很大的相异性。而聚类分析的目标就是在数据相似的基础上通过收集数据来分类。

聚类分析被应用到了很多领域，包括数学、计算机科学、统计学、生物学和经济学。但无论在哪个领域，这些技术方法都被用作描述数据、衡量不同数据源间的相似性，以及把数据源分类到不同的类别中。

例如，从统计学的观点看，聚类分析是通过数据建模简化数据的一种方法。传统的统计聚类分析方法有 7 种，分别是系统聚类法、分解法、加入法、动态聚类法、有序样品聚类法、有重叠聚类法和模糊聚类法，如图 2-10 所示。

聚类分析主要有 4 步，分别是数据预处理、衡量数据点之间的相似度、聚类或分组、评估输出，如图 2-11 所示。

聚类分析的商业应用主要有 4 个方面，分别是客户细分中的应用、实验市场选择中的应用、销售片区确定中的应用、市场机会研究中的应用，如图 2-12 所示。

图 2-10 7 种聚类分析法

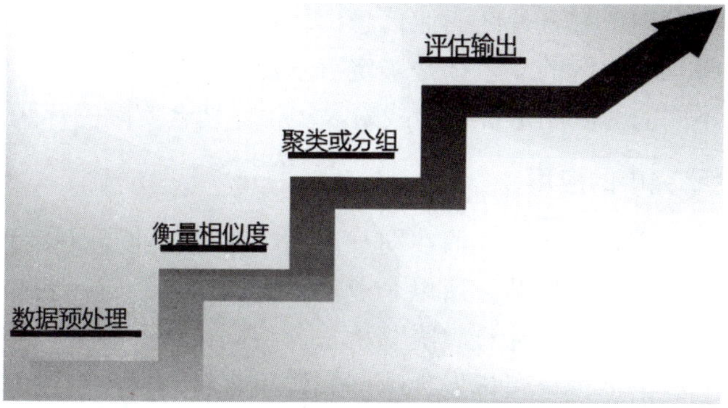

图 2-11 聚类分析四大步骤

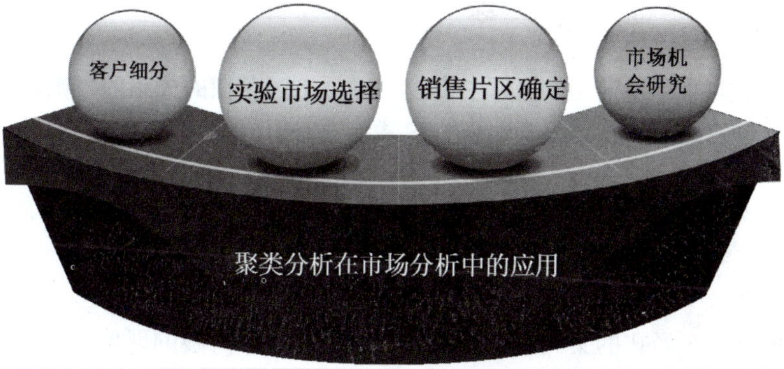

图 2-12 聚类分析的四大商业应用

1. 在客户细分中的应用

客户是引导消费的主体，客户在消费同一种类的商品或服务时，不同的客户有不同的消费特点。通过研究这些特点，企业可以制定出不同的策略，从而迎合不同消费者的消费需求，这就是客户细分的主要目的。

2. 在实验市场选择中的应用

实验调查法是市场选择中一种有效的资料收集方法，主要用于市场销售实验。通过小规模的实验，观察客户对产品或服务的反应，从而分析该产品是否值得在大范围内推广。实验调查法最常用的领域有市场饱和度测试、市场价格实验、新品上市实验等。

3. 销售片区确定中的应用

企业将销售市场划分为几个片区，是市场分析中常用的一种方式，通过下派片区经理，对片区进行管理、整合片区商业信息，从而有效地制定符合片区特点的市场营销战略和策略。每一个片区的变量都是决定市场需求量的主要因素。把这些变量作为聚类变量，针对不同的片区制定合理的战略，实行更切合实际的片区商业策略。

4. 市场机会研究中的应用

企业制定市场营销战略时，弄清在同一市场中哪些企业是直接竞争者，哪些是间接竞争者是非常关键的一个环节。所以企业需要先做市场调查，获知自己企业的商品和行业内其他产品的知名度，通过聚类分析法，将同类产品归类，再结合每一产品或品牌的多种不同属性的研究，可以发现哪些属性组合目前还没有融入产品或品牌中，从而寻找企业在市场中的机会，为企业下一步的战略提供基础性的资料。

2.1.4 分析商业数据关系

分析数据关系是指描述数据库中商业数据项之间存在的关系的规则，即根据一个事物中某一项的出现，推理出其他事物中某一项的出现情况，即隐藏在数据间的关联或相互关系。

在商业客户信息管理中，通过分析信息与信息之间的数据关系，从而为产品定位、定价与定制客户群、客户细分与保持、市场营销与推销、营销风险评估和诈骗预测等决策提供参考依据。

在这里有一个经典的案例，在沃尔玛超市里有一个有趣的现象：尿布和啤酒总是摆在一起出售。这个奇怪的举措使尿布和啤酒的销量双双增加，也就是说啤酒卖得好，尿布也相应地卖得好。沃尔玛拥有世界上最大的数据仓库系统，为了能够准确地了解顾客在其门店的购买习惯，沃尔玛对其顾客的购物行为进行数据分析，目的就是想知道顾客经常一起购买的商品都有哪些。

沃尔玛数据仓库里集中了各家门店的原始交易数据，通过对这些原始交易数据的分析，发现啤酒和尿布的销售量成正比。后来经过大量实际调查和分析，揭示了美国人的一种购物行为模式，那就是在美国，年轻的父亲下班后都会到超市去为孩子买尿布，因为妻子在家里照顾孩子，抽不开身，而这些年轻的父亲下班后多多少少会喝一点酒，所以当他们进入超市买尿布后会顺带着买几瓶啤酒，这样就致使二者的销售量成正比关系。所以在美国的沃尔玛超市，顾客经常会看见啤酒和尿布放在一起。

从上面的例子可以看出，关系数据的挖掘通常比较适用于记录中的指标取离散值的情况。由于许多应用问题往往比超市购买问题复杂，大量研究从不同的角度对数据关系规则做了扩展，将更多的因素集成到关系数据的挖掘方法之中，以此来丰富它的应用领域，拓宽支持管理决策的范围。

2.1.5 分析商业数据特征

分析商业数据特征是从商业数据库的一组数据中提取出关于这些商业数据的特征性。这些特征性表达了该数据集的总体特征，例如销售人员对流失的客户资源的因素进行提取，分析客户流失的原因，通过分析导致客户流失的一系列原因和主要特征，进而进行改进营销策略，从而有效地预防客户的流失。

2009 年美国出现了一种新的甲型 H1N1 流感病毒，这种流感病毒结合了禽流感和猪流感病毒的特点，在短短几周之内迅速传播开来。美国要求医生在发现新型流感病例时要在第一时间告知疾病控制与预防中心。

但是大多数病人在感染了流感以后，通常以为是普通感冒，不会立即去就医，而是等到非常严重了以后才会去医院，因此，通告新流感病例时往往会有一两周的延迟。虽说疾控中心每周进行一次数据汇总，但是这个速度对于流感病毒来说实在是太慢了，因为最多两周，病人基本上就无药可治了。

然而就在此时，谷歌公司居然比疾病控制与预防中心早一周预测出了流感疫情在各州的发病情况。人们感到很奇怪，谷歌是一个搜索引擎的公司，它是如何来预测流感疫情的发病情况的呢？其实它用的就是分析数据特征性的方式。

谷歌公司有一个庞大的用户搜索数据库，它通过近一周各个地域用户利用搜索引擎搜索的关键字，来判断用户是否感染流感病毒。例如：感冒、咳嗽、头痛、流鼻涕、打喷嚏等，工作人员将用户输入的关键词自动与建好的数据模型相匹配，如果某个地区搜索这类关键词的频率占总人数的百分比越大，那么这个地区的人感染上流感病毒的可能性就越大。

结果就是一周以后，人们发现谷歌公司预测的流感疫情发病区域以及感染人数，竟然和疾病控制与预防中心发布的数据吻合度高达 96%。所以，2009 年甲型 H1N1

流感爆发的时候，与习惯性滞后的官方数据相比，谷歌成了一个更有效、更及时的指示标。

所以，数据是有一定的特征性的，通过数据的特征来预测事物的发展，不仅体现了数据的准确性，更重要的是与传统的数据统计相比，使人们的工作效率快了许多。

2.2 整合商业数据信息

商业信息整合是指将某一范围内的、原本离散的、多元的、异构的、分布的商业信息资源以有逻辑、有物理关系的方式组织为一个整体，从而有利于进行商业的管理、利用和服务。

2.2.1 商业数据信息整合的作用

商业信息整合的目的就是要实现分布式环境中在正确的时间内，以正确的方式，将正确的信息传送给正确的商业用户。商业数据信息整合主要有以下四大作用，分别是管理数据信息、统一利用提高效率、推进信息化建设和提供决策依据，如图 2-13 所示。

图 2-13 数据信息整合的作用

1. 管理数据信息

商业数据信息整合可以使企业内部分散的文件、资料、图纸、图片、素材、影音资料、宣传资料、规章制度等信息资源都被有效地管理起来，通过长时间不断地积累，从而成为一种企业资源，方便员工查询使用。

2. 统一利用提高效率

商业数据信息整合可以使企业对有用的信息资源在实施有效管理的同时，实现员工、应用系统协同工作，统一利用现有信息数据资源，提高数据使用率，从而提高工作效率。

3. 推进信息化建设

商业数据信息整合以后，企业可以分步推进企业信息化建设，在此进程中逐步提高企业自身的信息技术水平，进而增加对企业信息化建设的操控能力。另外，利用信息整合技术可以将企业建成的新旧应用系统集成到统一的企业信息平台。这样，就不会因软件技术落后而淘汰它们，反而能有效地保护原有的投资。

4. 提供决策依据

利用商业数据信息整合技术，可以为企业领导提供综合的经营报表和多种数据，从而消除信息孤岛，使企业信息系统过渡成互通互联的整体，并形成各个应用系统的统一访问入口，提供满足信息安全的统一数据发布平台，为企业决策提供数据依据。

2.2.2 商业数据信息整合的方式

商业数据信息整合的方式主要有 3 种，分别是数据整合、内容整合和过程整合，如图 2-14 所示。

图 2-14 数据信息整合的方式

1. 数据整合

数据是组成信息的基本元素。数据整合就是对分散的数据源实现统一的访问，利用分析系统或其他应用系统，将有价值的数据进行加工、集成，形成一种单一的虚拟数据库。这样就不会出现与核心业务不一致的多个杂乱的数据库，这样既保持了与应用软件数据相互一致，也对企业实际情况有益。

2. 内容整合

内容整合是指对非结构化的信息，例如电子表格、文本信息、图像、音频文件和视频文件等的整合。在进行内容整合时，企业可以建立一个内容管理平台，以提供对非结构化信息的管理功能。内容管理系统要具有对各类信息的编、审、校等步骤进行分类管理的功能，并控制信息的发布与访问权限。

3. 过程整合

过程整合建立在数据整合与内容整合的基础上，将企业规则和过程转移到企业应用软件以外，变成一种外在的过程和规则引擎。过程和企业规则的这种外在转移增加了企业的灵活性，从而可以使企业对过程的改善做出更加有效的反应。其最终目的是通过提高外在和内在的过程执行效率，达到优化过程的目的。

2.2.3 商业数据信息整合的渠道

商业数据信息的整合主要可以从三个渠道进行，分别是网络数据整合、媒体数据整合和调查问卷数据整合，如图 2-15 所示。

1. 网络数据整合

网络数据整合是将非结构化的信息从不同的网页中抽取出来，保存到数据库中进行整合的过程。数据库的格式可分为 Excel、CSV、Access、MSSQL 以及 MySQL。

2. 媒体数据整合

媒体数据整合是一种综合的信息整合渠道。它是对各种营销工具和手段的系统化结合。它根据不同环境进行即时性的动态修正，是以实现交换双方在交互中价值增值为目标的营销理念与方法。媒体整合方案让用户用更低的价格，实现了更好的效果。

3. 调查问卷数据整合

调查问卷的数据是最直观的。通常来说，调查问卷所反映的问题都能切中要点，反映事物本身存在的问题。而对问卷的信息进行有效的整合、处理，并以合适的格式进行保存，可以更好地方便用户以后使用。

图 2-15 数据信息整合的渠道

2.3 利用商业数据信息

商业数据信息的利用是挖掘数据信息的最终目的，根据数据信息所能带来的商业价值，提高企业在商业运作上的效率，为企业带来更高的效益。

2.3.1 如何利用商业数据信息

企业竞争力如逆水行舟，不进则退。《欧洲金融》杂志在针对全球 602 位企业高管所做的调查显示，38%的企业表示自己在竞争力方面比对手做得更好，并认为数据对竞争特别重要。

如何才能更好地使用数据呢？通常有 5 个步骤，如图 2-16 所示。

图 2-16 数据使用的 5 个步骤

第 1 步是关注正确的数据，及时地给合适的员工提供合适的数据。例如澳大利亚有一家保险公司，他们有一个呼叫中心，衡量员工的标准是是否能够为客户提供好的服务，帮助客户解决问题。从另外一个角度讲，公司可能也在追踪另外一个信息来考核员工，即呼叫中心每个人每天接了多少电话，但是这个不应该让员工知道。如果员工知道公司在衡量这个的话，他会每天接更多的电话，而牺牲了服务质量。因此，应该给员工提供有针对性的信息，正确地引导员工发展。

第 2 步是剔除不需要的数据。在使用信息的过程中，一定要取其精华去其糟粕。在现实中，真正能把所搜集过来的超过 75%的信息应用到企业中的公司很少。所以，剔除不需要的数据，从而提高数据的应用率。

第 3 步是让更多的人使用数据。企业需要在培训方面花费更多的精力，让员工主动地参与信息的挖掘和分享。例如某公司，他以某部门为一个单位，搭建了一个公司内部的社区，里面有公司常用数据资料、搜索功能、问题平台等，员工只要一有问题就可以向社区提问，马上就有其他的员工给出解决方案，或者员工也可以直接从过往的数就据中搜索答案，每个员工在所能涉及的职能范围内，有问题就提出来，这样一来，每个人既成了信息的使用者，又成了信息的提供者。

第 4 步是提高数据使用的便利程度。数据的载体是多元化的，最好是让员工能在便携的载体上进行数据的摄取，而且要做到一目了然，让没有 IT 背景的人能简单、方便地使用。

第 5 步是树立典型，让大家意识到有效地使用数据能够为企业带来好处。企业的信息战略，现在已不仅是信息技术部门或 IT 部门在做，更多的是业务部门在做，因为只有业务部门在第一时间获得一手信息，并将其推广，企业员工才能真正受益于商业分析。

2.3.2 商业营销推广

商业营销推广是指在以等价交换为特征的商业市场推销的交易活动中，商业组织以各种手段向顾客宣传产品，以激发他们的购买欲望和行为，从而扩大产品销售量的一种经营活动。

营销和推广是两个部分。营销一般由业务员负责，而推广一般由具有技术性的专业部门负责，比如网络推广、博客推广、微博推广等。营销与推广也是相关联的，像不少中小企业或个体卖家，都是以营销带动推广。

营销推广方式有许多种，常见的推广方式有以下几种，如图 2-17 所示。

1. 搜索引擎推广

搜索引擎推广是指利用搜索引擎、分类目录等具有在线检索信息功能的网络工具进行网站推广的方法。就像前面所提到的精确投放广告一样，搜索引擎通过用户的搜索词条来为企业或产品做推广，从中获利。

搜索引擎推广的形式，有基于搜索引擎的方法和基于分类目录的方法两种。前者包括搜索引擎优化、关键词广告、固定排名、基于内容定位的广告等多种形式，而后者则主要是在分类目录合适的类别中进行网站登录，如图 2-18 所示。

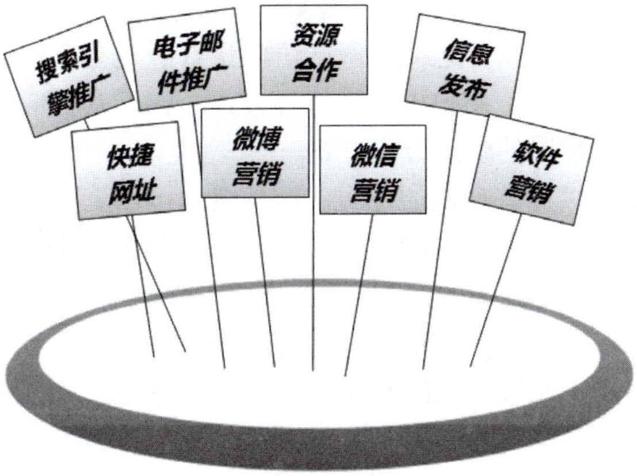

图 2-17　常见的营销推广方式

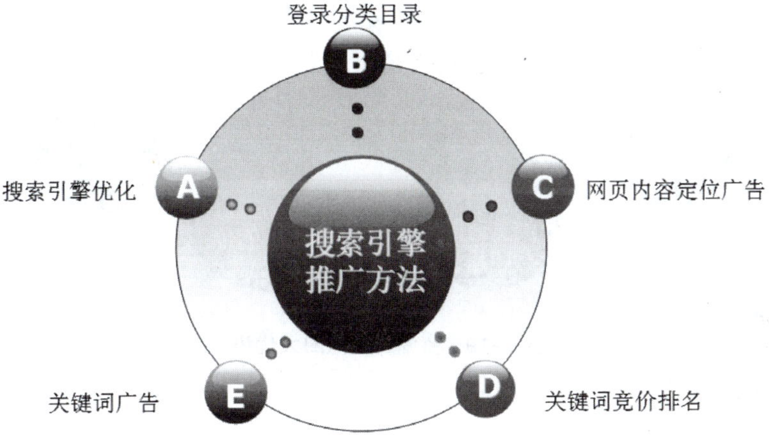

图 2-18　搜索引擎推广方法

从发展趋势来看，搜索引擎在网络营销中的地位依然很重要，并且受到越来越多企业的认可。搜索引擎营销的方式也在不断地发展变化，因此应根据网络环境的变化，选择搜索引擎营销的合适方式。

2. 电子邮件推广

电子邮件推广是网站推广的重要手段，其方法包括电子刊物、会员通讯、专业服务商的电子邮件广告等。与滥发邮件不同，许可营销比传统的推广方式或未经许可的电子邮件营销具有明显的优势。比如基于用户许可的电子邮件营销可以减少广告对用户的骚扰，从而增强与客户的关系、提高品牌忠诚度等。

3. 资源合作

资源合作就是利用合作伙伴之间的网站访问量资源互为合作推广。通过网站交换链接、交换广告、内容合作、用户资源合作等方式，在具有类似目标网站之间实现互相推广的目的，这是最常用的资源合作方式。

每个企业网站均可以拥有自己的资源，这种资源可以表现为一定的访问量、注册用户信息、有价值的信息数据等。利用网站的资源与合作伙伴开展合作，可实现资源共享，共同扩大收益的目的。在这些资源合作形式中，交换链接具有一定的互补优势，分别在自己的网站上放置对方网站的产品名称、标志，甚至直接为其推广等，使得用户可以从合作网站中发现自己的网站，达到互相推广的目的。

交换链接有以下四大作用和优势，如图 2-19 所示。一般来说，每个网站都倾向于链接价值高的网站，因此获得其他网站的链接，同时也就意味着获得了合作伙伴同类网站的认可。

图 2-19　资源合作的四大优势

4. 信息发布

信息发布推广是将有关的网站推广信息发布在其他潜在用户可能访问的网站上，利用用户在这些网站浏览的机会实现网站推广的目的。常用的信息发布网站包括分类广告、论坛、博客网站、供求信息平台、行业网站等。信息发布是免费网站推广的常用方法之一。

5. 快捷网址

快捷网址就是合理利用网络实名、通用网址以及其他类似的关键词网站的快捷访问方式，来实现网站推广的方法。

快捷网址使用自然语言对应关系，这对习惯于使用中文的用户来说，提供了极大的方便。用户只需输入比英文网址更加容易记忆的网址就可以快速访问网站，大大弥补了英文网址不便于宣传的缺陷。随着企业注册快捷网址数量的增加，这些快捷网址用户数据也就相当于一个搜索引擎，就算用户搜索的关键词与网站所注册的中文网址不一样，也同样存在被用户发现的机会。

6. 微博营销

微博营销是指通过微博平台为商家、个人等创造价值的一种营销方式。微博的火热发展使得其营销效果尤为显著。该营销方式更加注重内容的互动、系统的布局以及准确的定位。

微博营销主要有四大特点，分别是立体化、速度化、便捷性和广泛性，如图 2-20 所示。

图 2-20　微博营销的四大特点

(1) 立体化：微博营销可以借助先进的多媒体技术，从文字、图片、视频等方面进行产品的展示，从而使潜在消费者能更形象、直观地接受推广信息。

(2) 速度化：微博最显著的特征就是传播速度快。一条关注度较高的微博在互联网平台上发出后，可在短时间内被大量转发。

(3) 便捷性：智能手机时代，微博营销优于传统推广，可以随时随地发布商业信息，无须严格审批，从而节约了大量的时间和成本。

(4) 广泛性：通过粉丝进行病毒式传播，这种几何级的放大，能使广告受到更多的人的关注。

7. 微信营销

微信营销与微博营销大同小异，是指通过微信平台为商家、个人等创造价值的一种营销方式。

企业应该将微信作为品牌的根据地。首先要吸引更多人成为关注的粉丝，再通过内容和沟通将普通粉丝转化为忠实粉丝。当粉丝认可品牌，建立信任，那就成了忠实的客户，微信公众平台就相当于“鱼塘理论”中的鱼塘。

8. 软件营销

软件推广方式是一种很普遍的方式，只需要发布一款免费软件即可。软件在帮助网民的同时就实现了传递企业信息的目的。只要网民乐于下载使用免费软件，并乐于传播和分享使用免费软件，那么企业就可以在较低成本下获得大量用户，再通过各种方法来挖掘这些用户的商业价值，实现企业推广销售。

第 3 章

挖掘大数据的商业价值

学前提示

大数据的价值不是直接体现出来的，在一堆庞大的数据面前，对用户有用的信息可能会很少。所以，在拥有大数据的同时，要挖掘其有价值的信息，并进行分析解读，只有这样才能为企业带来巨大的受益。

要点展示

- 获取八大商业价值
- 将数据转化为价值
- 大数据的商业创新

3.1 大数据的八大商业价值

许多企业虽然已经感觉到大数据商业时代正在到来，不过，对大数据商业营销真正能给企业带来多少威力却并不是很清楚。大数据意味着大商机，对于企业来说，如果一个企业已经利用大数据技术，而另一个企业却没有利用，未来它们的财务状况将会出现明显的不同。

3.1.1 分析用户的行为特征

古人云“天地四方为宇，古往今来为宙”，这句话揭示了空间和时间的概念。**我们要想透彻地研究事物，就要用时间和空间两个维度来分析。在大数据商业时代，分析用户行为也不例外。**

首先，从时间的维度来看，理学大师菲利普科特勒有一个理论，用户的行为轨迹包括产生需求、商业信息收集、方案比选、购买决策、购后行为 5 个阶段，如图 3-1 所示。其中购后行为包括使用习惯、使用体验、满意度、忠诚度等。

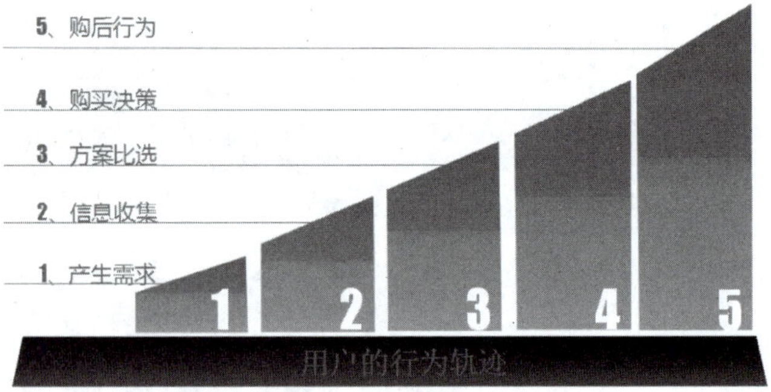

图 3-1 用户的行为轨迹

其次，用户的空间的维度就是用户购买行为的要素。例如我们要全面描述用户在购买阶段的行为，通常用购买的人物(Who)、购买的时间(When)、购买的地点(Where)、买什么(What)、购买的原因(Why)、买多少(How much)、如何购买(How)这 7 个要素来描述，如图 3-2 所示。

通过第 5 阶段和第 7 阶段要素的结合，形成了用户行为分析的研究体系。这个体系细化了用户行为的研究内容，基于这些内容，相当于就拥有了用户调查问卷的一些基本的问题。

例如，这几年电商的价格战打得不亦乐乎。每年的“双 11”“双 12”等具有特殊意义的节日，电商之间以价格为主要诉求的大规模促销层出不穷，如图 3-3 所示。

一年中所有的节日，几乎电商都被用来造势、推动消费。而消费者在一场接一场的真假难辨的价格战中，不断地被吸引着和引导着。

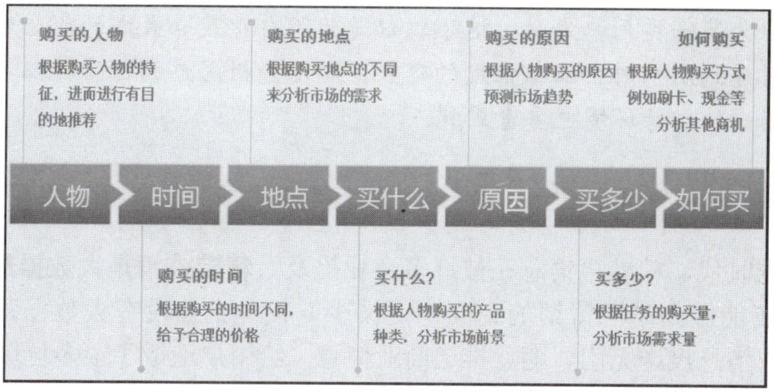

图 3-2 购买的行为要素

图 3-3 “双 11”促销海报

然而，在当今的商场上，还有一类企业、商家，不是通过粗暴的价格战来吸引顾客，而是利用大数据，对进行数据分析，从而带来客户资源。

对于商家来说，数据就是资源、就是价值，只要积累足够的用户数据，就能分析出用户的喜好与购买习惯，甚至做到“比用户更了解用户”。正是因为大数据具备这一特点，才让许多企业把大数据营销作为营销的重点内容。

在过去没有大数据的营销的时代，企业想要及时、全面地了解用户的想法与需求，是很难的。但是今天，这一切都被大数据改变了，许多企业正走进大数据时代，利用大数据了解到用户的真实需求，制定切合市场需求的商业营销手法。所以过去那些将“一切以客户为中心”作为口号的企业，应该去调整一下企业的运作方式了。

·专家提醒

用户的行为特征是实现大数据商业价值的根本，因为通过用户的行为特征，基本上可以为某一类用户定性，这不仅仅是为了自身获取最大的商业利益，更重要的是要考虑到用户对企业信任度的建立。所以分析用户的行为特征不能只为自身考虑，用户的切身环境也要考虑到。

3.1.2 精准推送商业信息

在大数据时代，精准营销总在被许多企业提及，**精准推销是大数据最大的商业用途，**但是真正能做到精准营销的企业少之又少，很多企业没有大数据营销体系的支撑，经常出现消息投送无门、随意推送商业信息，给用户造成了很多垃圾信息。

造成这些现象的主要原因是许多企业缺少详细的商业数据信息，再加上没有系统地分析已有的数据信息，致使精准营销难以实现。如果企业拥有大数据营销体系，将会使企业更加快速地掌握潜在用户，实现精准营销。例如，通过分析客户的信用卡的消费记录，就可以获知客户的消费水平、消费方面、消费地点等信息，从而为商家提供精准的短信广告。

实现精准推送要考虑的因素有很多，大致可分为五大类：推送哪些信息、给谁推送、谁来推送、通过什么推送、推送效果如何等都是需要解决的问题，如图 3-4 所示。

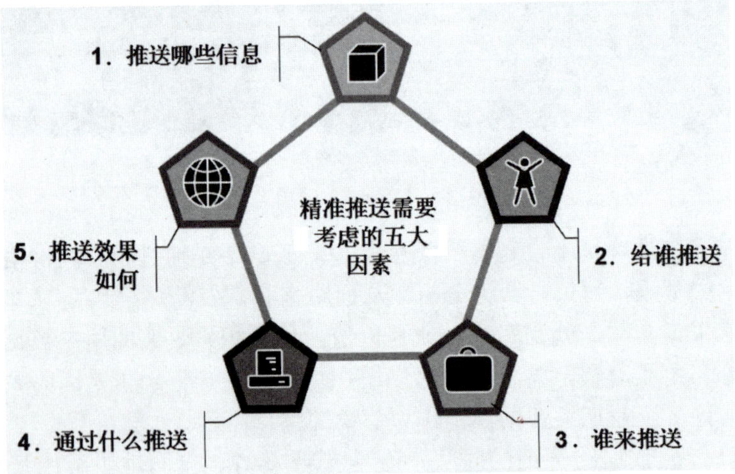

图 3-4 实现精准推送的五大因素

1. 推送哪些信息

推送的商业信息种类要根据所获取的信息源为依据，对获取的信息进行分类，从而精准地实现某一类信息的推送。

(1) 领域的分类，例如医疗、金融、零售等领域，根据不同的领域，推送符合该领域的信息。

(2) 从需求程度上，可以分为一级、二级、三级等分类，通过需求的不同，在推送方式和力度上也呈现出不同。

(3) 关键词推送，是通过搜索改变以往的推送方式，使传统信息数据源才能制定的分类，变成每个人都可以设定的关键词。

2. 给谁推送

给谁推送也就是寻找商业信息的接收者。这需要建立在系统的信息分类基础之上，根据不同的信息类别属性，向符合这个类别属性的人群推送信息。

3. 谁来推送

谁来推送就是利用合适的商业信息载体实现信息的传达。例如再抢眼的新闻，倘若没有传统媒体、网络转载等信息载体的介入，是无法形成持久宽广的传播影响力的。因此，信息载体的可靠性、真实性，将成为衡量信息质量与受欢迎度的最重要指标。

4. 通过什么推送

通过什么推送就是选择合适的信息格式与信息的表达方式，有效传达信息内容，例如常用的有印刷物、文字、图片、音频、视频等。根据不同的终端要求，运用不同的方式将信息呈现。

5. 推送效果如何

信息推送的目的就是达到推送的效果，包括信息的影响范围、用户的口碑等。对信息精准、智能推送效果的衡量，就商家而言在于信息的影响力以及为商家带来的利益如何，就大众而言在于大众对此信息的口碑如何，就个人而言在于是否习惯这样的信息接受方式。

·专家提醒

精准推送要注意的一点是什么时候推送。一个在沙漠中即将渴死的人，你向他推送再便宜的钻石，他也会无动于衷，相反，如果你向他推送昂贵的矿泉水，他会毫不犹豫地接受。所以为了发挥精准推送的最佳营销效果，选择合适的时机，也是很重要的。

3.1.3 投用户所好占领商业市场

投用户所好是任何品牌市场竞争中必备的战术。企业产品在生产前必定要做一个

市场调查，以此来判断该产品的市场需求、企业可以获得的利润等信息。所以，企业的生产要投用户所好，用户就是市场，用户所需就是市场所需。

例如，现在的电影在公映之前都会在网上公布电影的预告片，电影公司通过预告片的市场反响，来确定下一步的宣传策略。

尤其当企业处于市场领先地位时，更要时刻了解用户市场、监控用户市场变化。因为当企业处于商业金字塔顶端的时候，自己就成了众多竞争对手的目标，而自身已经找不到合适的目标学习，进行提高，所以只有更加关注用户所好，不断推陈出新，才能不给竞争对手任何机会，才能一直占领市场。

3.1.4 监测竞争对手与传播品牌

古人云："知己知彼，百战不殆。"在商业竞争中，竞争对手在干什么是每个企业都想了解的。但是通常对方是不会公布自己的商业机密的，其他企业想要获取是很困难的。

现在，在大数据到来的时代，即使对方不告诉你他的商业机密，**你也可以通过大数据监测分析得知对手的经营状态，进而调整自己的商业布局，占领整个市场，甚至击败对手。**

品牌的传播亦可通过大数据分析找准方向。现在很多企业都在利用大数据进行传播趋势分析、互动用户分析、内容特征分析、口碑品类分析、正负情绪分类、产品属性分布等，还可以通过对竞争对手的检测与分析，借鉴其品牌传播方法，从而作为自己企业营销运作的参考，完善自身。

3.1.5 客户分级管理

所谓客户分级管理，就是根据客户对企业的贡献率等各个指标进行多角度衡量与分级，最终按一定的比例对客户的权限与优惠程度进行加权管理。

客户分级管理在一定程度上能增强客户对企业的依赖性，尤其是对于新用户，他为了获得更多的权限与优惠，随着时间的推移，可能会形成一种消费习惯，适应该企业的商业模式。对于企业来说，这不单单是客户资源的积累，同时也是商业信息数据的积累，通过这些信息数据就可以获知更多的市场动态与市场需求。

另外，面对日新月异的新媒体，许多企业都通过对粉丝公开的内容和与企业的互动记录来分析企业用户市场，将粉丝转化为潜在用户，激活社会化资产价值。大数据可以通过分析企业活跃粉丝的互动内容，准确设定消费者画像。

客户分级管理的作用主要有以下 3 点，如图 3-5 所示。

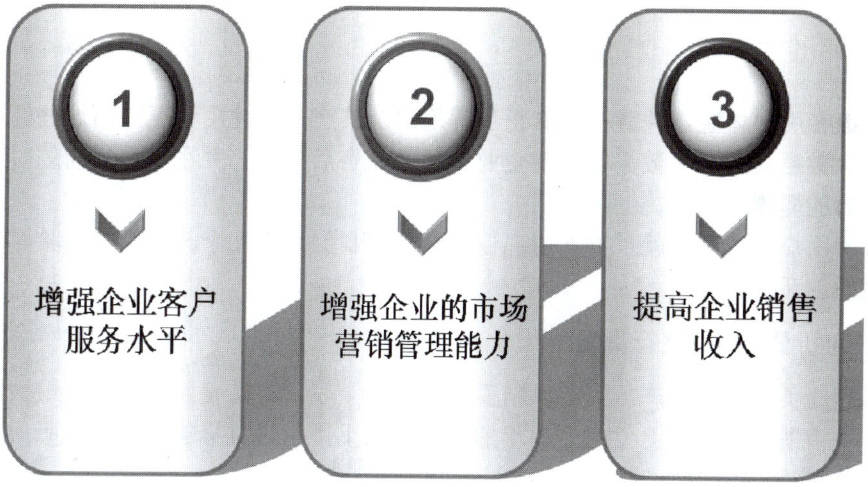

图 3-5 客户分级管理的作用

1. 增强企业客户服务水平

增强企业客户服务水平是众多企业实施企业客户管理系统的一个主要目标。系统整合与记录企业各个部门所接触的客户资料，并对这些资料进行统一管理。通过对这些客户信息的分析和挖掘，深入了解客户的需要，发现企业的高价值客户，从而向客户提供更加具有针对性、更加专业化的服务。

2. 增强企业的市场营销管理能力

增强企业的市场营销管理能力可以帮助企业制定合适的市场营销计划，并对各种推广渠道所接触的客户进行记录、分类和辨识，加强企业对潜在客户以及现实客户的管理，对企业的各项营销活动效果进行评价。

当前企业的客户管理解决方案，很多都游离在各个独立的部门之间，并没有实现各部门之间资源的整合，各个部门之间的协调也显得欠缺，所以在很大程度上影响了客户管理系统的发展。为了使业务流程能够有效地重组，企业就必须实现从职能管理到面向业务流程管理的转变，使整体流程得以优化。

3. 提高企业销售收入

提高企业销售收入是诸多实施客户管理系统的一个重要目标，而销售自动化又是企业客户管理系统中不可分割的一部分。销售自动化是通过相关通信设备、网络设施以及相应的管理软件，进行商业信息资源的分析，从而得到销售记录的实时信息并利用该信息为企业带来更高的价值。

3.1.6 改善用户体验

要改善用户体验，关键在于真正了解用户及其产品的使用情况，而这些情况都可以通过大数据获悉。大数据能帮助企业了解产品售后信息，并在产品出问题时，为用户做适时的提醒。

改善用户体验其实就是方便用户使用。下面我们来看几个改善用户体验、方便用户使用的创新案例。

1. 可折叠的雷朋飞行员眼镜

雷朋为美国空军生产出了有倾斜反光镜面的太阳镜，给使用者提供了最大的视力保护。在雷朋庆祝品牌诞生 75 周年的时候，隆重推出最具标志性的限量版原创、独特折叠式眼镜：Ray-Ban 折叠式飞行员眼镜，如图 3-6 所示。

这一全新款式是卓越设计和风格的典范，沿袭了品牌的技术基因，并延续其永恒的传奇。随着 P3 Plus 镜片的推出，Ray-Ban 印证了其在品质、材质挑选及技术研究方面的优势。

图 3-6 雷朋折叠式飞行员眼镜

2. 螺旋葡萄酒软木塞

如今，在葡萄酒市场上使用螺旋盖封装的葡萄酒越来越多，如图 3-7 所示。

对于服务者以及顾客来说，螺旋瓶塞的酒瓶在餐桌上很容易开启。新西兰和澳大利亚等国的葡萄酒行业已经进入了螺旋塞时代，很多酒商把螺旋塞应用在了他们整个的生产线上。

图 3-7 螺旋葡萄酒软木塞

3. 符合人体工学设计的枕头

这种枕头是依照人体解剖学颈椎 40° 的仰角的设计，能有效撑颈部，避免了传统枕头不科学的曲度，减少了颈椎不适，如图 3-8 所示。

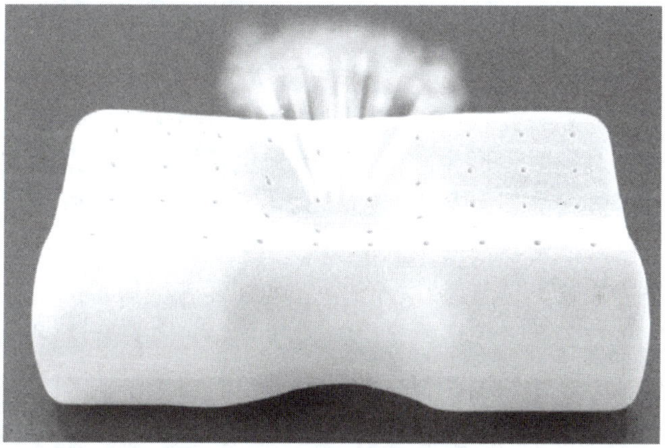

图 3-8 符合人体工学设计的枕头

3.1.7 发现商业市场发展新趋势

大数据的分析与预测对企业家洞察新市场与把握经济走向都是极好的支持。例如，阿里巴巴从大量交易数据中更早地发现了国际金融危机的到来。发现市场的新趋势不单单是盈利，降低损失同时也是一种盈利。提早发现，提早预防，才能在市场运作中屹立不倒。

3.1.8 市场预测与决策分析

关于数据对市场预测及决策分析的支持，过去早在数据分析与数据挖掘盛行的年代就被提出过。例如，前面提到的沃尔玛著名的“啤酒与尿布”案例，就是在那时进行数据预测的代表。

现在，由于大数据时代数据的规模在增大，数据的类型在变多，**因此对数据分析与数据挖掘都提出了新要求，只有更全面、更速度、更及时的大数据，才能为市场预测、决策分析以及企业进一步的发展提供更好的支撑。**

3.2 数据转化为价值

在商业信息爆炸的时代，各行业的信息量都在呈几何式的增长，只有高效地利用好这些数据，才能为商业世界带来巨大变革。因此商业世界的中心就是将数据转化为价值。

3.2.1 数据本身不产生商业价值

山上的石头可以随意丢弃，毫无价值可言，但是石头经过运输、加工等一系列程序之后，就成了商品，同时也产生了价值。**数据也是如此，数据的本身是不产生价值的，数据的价值是要经过分析、处理、归类、利用才能产生价值的。**

《纸牌屋》是一部非常热播的美剧，如图 3-9 所示。热播到什么程度呢？当第二部《纸牌屋》播出的时候，就连美国总统奥巴马都发表微博说：“你们谁也不能向我透露这部剧的剧情，等到我下了班以后，我要回家好好地去看这部电视剧。”

图 3-9 《纸牌屋》封面

这部电视剧由一个名叫 Netflix 的网站制作。该网站是一个视频点播网站，用户在这个网站每天会产生成千上万的行为，例如收藏、回放、暂停等。通过长期的积累，该网站已积累了大量的用户行为数据。

之后这家公司利用大数据分析了用户最喜欢的情节、最喜欢的演员组合、最喜欢的编剧等因素。所以这家公司将收视率最高的剧情、搭配上最受欢迎的演员，组合起来之后就生产出了一部非常热播的电视剧。

这个案例相信很多人都听过，虽说很少有人注意到这家公司处于大数据应用链的顶端，而为其提供分析服务、提供大数据存储、提供数据清洗的公司拘束于中下游，但不同的是，Netflix 除了自身产生数据且具备分析能力外，关键还具备把分析结果转化为产品的能力。将本身没有价值的数据转化为具有一定价值的商品，这才是产生高利润和竞争力的核心。

3.2.2 数据商业需要舍得投入

大数据门槛很低，用一个 Excel 就可以起步，**但随着研究的深入，数据量的不断激增，想利用大数据分析进行获利，还是需要投入一定的预算。只有充分考虑到投入与回报之间的关系，才能发挥大数据应有的价值。**

大数据的商业投入主要有三大方面，如图 3-10 所示。

图 3-10 大数据三大方面的投入

第一大方面，需要组织专业的分析团队，如大数据分析师，大数据出现之前这个职位就存在，即前面所提到的 BI(商业智能)。其工作内容就是分析大量的数据，并通过建模等方式帮助企业制定战略或进行商业决策。

第二大方面，有了分析师就需要有配套的工程师配合，从海量的数据中挖掘出有价值的东西。

第三大方面，就是服务器。可能对于大数据来说，消耗最大的资源就是服务器，从存储到计算再到带宽，都是需要不断地进行投入。

所以商业公司进入这个行业前要考虑是否有足够的预算，没有一定的投入，是不可能得到高回报的。

3.2.3 医疗方面的运用

大数据影响着各行各业，医疗卫生行业也不例外。我国的医疗正在迈入大数据时代，原因是医疗行业具有典型的大数据特征：一是数据量大；二是数据类型复杂。利用好大数据会给医院带来“大价值”。

大数据的医疗价值主要体现在 3 个方面，分别是发掘数据资产价值、IT 投资的价值和提高服务能力最终惠及患者，如图 3-11 所示。

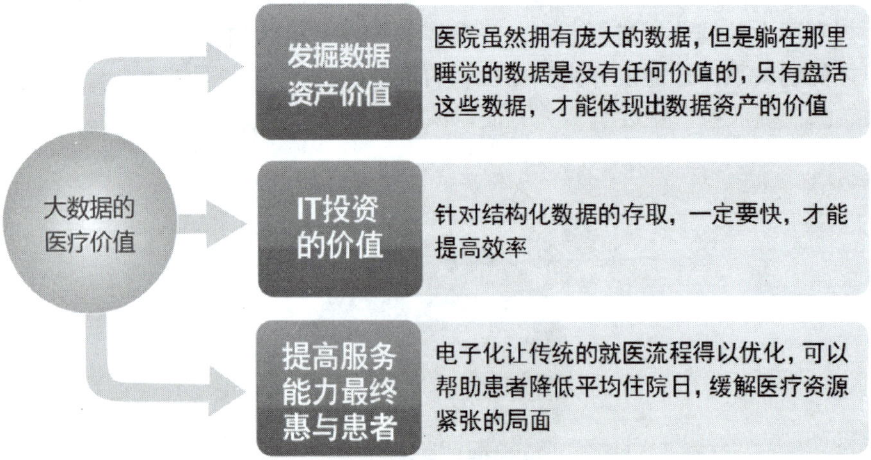

图 3-11　大数据的医疗价值

根据估算，我国一个中等城市(1000 万人口)50 年所积累的医疗数据量会达到 10PB 级。同时，随着时间的推移和业务系统的不断升级换代，医疗数据模式的一致性也无法保证。

因此，每天都会有大量的数据持续不断地导入区域医疗数据中心。区域医疗数据中心并不是简单的传统数据仓库概念，它的模式更灵活、写入和更新的操作更多，对数据存储的水平和可扩展性的要求也更高。

同时，医疗销售是关系复杂的多维数据。它是多种数据源数据的汇总，数据之间的关系非常复杂。比如，一个简单的医疗化验，必须同时记录患者的检测时间、检验项目、标本编码，以及患者的就诊机构、申请科室、申请医师标识号、报告医师标识号、审核医师标识号、正常值参考等。

所以，一条检测记录就可以把患者、医生、医院的不同科室、机构在不同层次上关联起来。

对于企业来说，降低成本就是盈利的一种方式。美国快捷药方公司是一家资产达930亿美元的药方福利管理公司。该公司每年能从1亿多客户手中收到近15亿个处方，并对每个处方中有价值的数据信息进行分析，通过数据输入、药店管理和系统执行等方式追踪每一个处方和各种各样的数据信息。这种方式在加快公司药品交货效率的同时也降低了出货错误率。

快捷药方通过邮购药品的数据，可以分析出病人是否以最优惠的价格购买了处方药，如果没有的话，就会向病人提供高出优惠价格那部分费用的信息，并调整药品递送方式以减少病人的麻烦。例如，某患者常常从零售药店购买治疗心脏病的药物，而快捷药方就会根据患者购买的数据信息，根据患者的情况发送邮件，让他们通过邮购药品购买，这样就为他们节省了买药的开销。

3.2.4 普拉达的试衣间

普拉达是意大利著名的时尚品牌，在全球各地都有零售店，其品牌主要有包包、鞋子、香水和女装。

在美国纽约的一家旗舰店中，店里的每件衣服上都有RFID(射频识别)码。这种识别码的作用是，每当一个顾客拿起一件普拉达进试衣间时，RFID会被试衣间的自动感应装置所识别，并将数据传回至普拉达公司总部。

就这样，一件衣服在哪个城市、哪个旗舰店、什么时间被拿进试衣间、停留了多长时间等等数据信息都会被公司存储起来加以分析。在其他的服装公司看来，如果有一件衣服的销量很低，传统的做法是直接下架。而普拉达总部利用RFID传回的数据进行分析，发现了其中的不足。

首先这件衣服为什么会被拿进试衣间？毫无疑问，既然被顾客拿进试衣间，那么这件衣服在款式、外形设计上是很吸引顾客的，通常这类衣服的销量应该不会少，如果是这样就没什么问题。但是如果这件衣服被拿进试衣间的频率很高，但是销量却上不去，那就说明这件衣服在穿着上的设计是不合理的，例如大小不合适、衣服什么地方有不明显的缺陷等。

所以普拉达公司总部就根据这些信息所反馈的问题，进行反复斟酌与研究，找到衣服的缺陷并进行修改，因为也许某个细节的微小改变就会重新创造出一件非常流行的产品。

3.3 大数据的商业创新

大数据具有很大的潜能，就算在别人看来数据已经被挖掘、利用得差不多了，它的价值也仍可以不断地被释放出来，例如通过创新的方式，在原有的、已经利用完的数据之上，进行合理的改进、分析与再利用，会创造出超越数据本身的商业价值。

3.3.1 商业数据的再利用

大数据只是互联网的一种延续。随着大数据的革命，越来越多的数据，可以收集、分析并利用数据，但是大多数的公司只用了其中的一部分数据。他们利用这一小部分的数据作为样本，来解决各个方面的问题，这显然是不够的。**只有分析所有相关现象、所有的数据，或者说大多数的数据，差不多才能够发现此前没有发现的一些问题。**

对于大数据在商业利用方面，要能够擅于挖掘它潜在的价值。挖掘大数据的潜在价值可以简单地理解为数据的再利用，数据的再利用对其所能创造的价值具有重要的意义。下面我们就来看一个关于电动汽车的案例。

近几年，电动汽车的出现已经不是什么新鲜事物了，如图 3-12 所示。但是它只是在小范围内使用，并不普及。这是因为电动汽车能否成功地作为一种普及的交通工具，其决定因素多如牛毛，其中一个最大的因素就是电池的寿命。

图 3-12　电动汽车与充电站

电动汽车与传统的汽车不同，普通汽车没有油了，只需将车开进加油站 2 分钟就能加满油。而电动汽车想要将电池充满电，则需要几个小时。所以，决定电动汽车普及的最重要的因素就是，司机需要能够快速而便捷地为汽车电池充电。

此前，IBM(国际商业机器)公司与加利福尼亚州的太平洋天然气与电气公司以及汽车制造商本田合作，收集了大量信息来回答关于电动汽车应在何时何地获取动力及其对电力供应的影响等基本问题。

基于大量的信息数据分析，如汽车的电池电量、行驶的耗电量以及附近充电站的可用插槽等，IBM 开发了一套复杂的预测模型。它将这些数据与电网的电流消耗以及历史功率使用模式相结合，通过分析来自多个数据源的巨大实时数据和历史数据，从而分析出了司机为汽车电池充电的最佳时间和地点，并揭示充电站的最佳设置点。

最后，系统需要考虑附近充电站的价格差异，甚至是天气预报，也要考虑到。例如，如果这段时间是晴天，附近的太阳能供电站会充满电，但如果预报未来几天都会是阴雨天气，那么太阳能电池板将会被闲置。

过去，一旦数据的基本用途实现了，我们便认为数据已经达到了它的目的，准备将其删除、丢弃，总之就是让它彻底消失。毕竟，数据的首要价值已经得以提取。而在大数据时代，数据的首要价值在被发掘之后仍能不断地产生价值。

尽管如此，挖掘数据潜在价值的重要性还没有被企业和社会充分认识到。例如纽约联合爱迪生公司的高管中就几乎没有人想到，19 世纪的电缆信息和工作人员的维修记录，今天可被用来预防未来事故的发生。所以很多互联网公司、大数据公司直到现在才意识到数据潜在价值的挖掘、数据的再利用在今天的重要性。当然，在今天来说，想要完全利用大数据信息，还必须通过新一代统计人员的不懈努力，并借助新一代的方法和工具。

3.3.2 商业数据的重组

数据的重组就是利用新的方式混合这些数据，通过数据与数据之间的内在联系、数据与想要完成的任务之间的关系，进而组合出更有创意的东西来。

关于手机是否会增加致癌的可能性研究，由于样本量太少、研究时间不足、报告数据不准确等各种因素，一直停滞不前。但在 2011 年这项研究却被丹麦癌症协会的研究团队利用大数据重组给攻克了。

首先，丹麦拥有自 1985 年手机推出以来所有手机用户的数据库，他们分析了从 1990 年到 2007 年间所有拥有手机的用户，涉及人数高达 358 403 人。与此同时，丹麦还记录了所有癌症患者的信息，其中有 10 729 名患有中枢神经系统肿瘤。这对于研究团队来说，拥有足够量的样本，是分析数据结果的重要条件。

紧接着，研究团队结合这两大数据集，寻找手机与癌症之间的关系。第一个要解决的问题就是手机用户是否比非手机用户患癌的频率要高；第二个要解决的问题就是患癌的频率与使用手机的时间是否成正比。

尽管研究的规模、数量非常大，但是该研究团队却丝毫没有出现混乱或者研究方向模糊不清的问题。由于研究结果关系到医疗和商业两大方面，两大数据集的数据都经过了严格的质量标准，保证了信息源的准确性。

最后的研究结果正如大家所料，就是手机与癌症之间没有任何的关系。

正如前面所提到过的一样，**数据之合的价值远远大于数据的价值之和，局部的数据的价值永远比不上数据的价值总和。当我们将多个数据集按需要重新组合在一起的时候，可能这个总和的数据集的价值要比单个数据集的总和更大。**

3.3.3 商业数据的扩展

大数据的创新最重要一点就是在刚开始的时候要设计好它的可扩展性。但是很少有人会意识到这一点，因为在数据的搜集过程，许多人觉得只要把数据整理出来，使数据发挥它的商业价值，他的任务就基本上完成了。

举一个最简单的例子，现在许多的商场都会安装监控录像，最主要的目的就是监视扒手，其次是老板可以通过摄像头监视员工的工作状况。但是很少会有人通过摄像头来分析顾客在哪些柜台前逗留的时间有多久。

当顾客走进商店，径直走进了某个柜台，说明那个柜台的商品是比较吸引人的，如果顾客只是看看，而并没有购买，或者至多询问商品信息，那说明该柜台的商品只是在样式上很吸引人，而其实际的使用价值或价格，可能并不受顾客的喜欢。如果是这样的话，商店就需要根据大多数顾客的喜好，调整柜台布局，或者调整某一商品的销售方式等。

所以，数据的扩展就是寻找“一分钱两分货”的买卖。如果监控只是用于商店的安保，那么这就是 1 比 1 的等价交换；如果能够扩展事物本身的职能，那将实现的是 1 比多的商业投资。

在数据扩展方面，比较熟悉的案例，应该就是微信街景了，如图 3-13 所示。采集照片信息的汽车，在拍摄了照片的同时，也采集了照片的 GPS 数据，使每一张照片都有一个定位。当我们打开微信，点击“街景”的时候，扫描周围的环境，其实就是用手机定位的一个过程，当手机定位成功以后，就会呈现出周围的建筑、道路等。

所以如果没有采集照片 GPS 信息，用户可能就需要用搜索的方式来查看周围的街景了。当每一张照片有了 GPS 信息，就能以最简单、最高效、最实际的方式方便用户查询了。

•专家提醒

数据的扩展与数据的再利用有很大的区别。数据的再利用是将已经发挥了其本身价值的数据继续使用，将数据中所有有利于商业发展的信息全部“榨干”，且再利用的数据与已经利用完的数据不重复。而数据的扩展是在数据利用之前，就将其规划好，数据的主要任务用来做什么，次要任务是做什么。用来扩展的数据与数据本身的职能是基本上相同的。

虽然旧数据相比较新数据已经没有太大的商业价值，但是作为企业仍然需要在可能存储的空间内将其保存起来。因为谁也不知道什么时候会再次需要这些数据，就像前面所提到的雅昌的案例，也许在不久的某一天，旧数据会发挥其巨大的潜在价值，为企业、个人带来丰厚的商业价值。

•专家提醒

旧数据的使用与数据的再利用同样有很大的区别。数据的再利用是将数据利用完之后“丢弃”掉。而旧数据的使用是无论这个数据有用与否，都要在尽可能的情况下将其保存起来。前者是“用完就丢”，而后者是“装不下再丢”，二者在行为意识上有很大的区别。

3.3.5 信息数据的高速处理

大数据的数据量大是其最直观的特点，并且这个“大”是无法控制的。所以，**在信息量剧增的时代，如果人们处理数据的能力与数据的增长模式无法成正比的话，那么人们的商业信息运作将会被数据“拖垮”。**

其实人类科技进步的动力，多少跟数据量的增加有一点关系。试想一下，古代人们的数学运算基本都是口算和笔算，稍微复杂的就是用算盘，由于数据量小、运算的顺序并不复杂、运算时间较为充足，所以通过口算、笔算、算盘这些方式就能够满足生产生活的需要了。

到了近现代，随着工业、商业、金融业的快速发展，运算的数据量剧增、运算方式复杂化、运算时间紧迫，这些状况在人们拥有了一定的工业基础之后，迫使人们生产出了计算器。

到了现代更不用说了，计算机的应用，使数据的运算更加方便、完善、高速。基本上数学界内所有的运算需求，都可以通过计算机来完成。如果现在的银行还在使用古代的数学运算方式来处理业务的话，相信早就得倒闭了。

所以数据的高速处理是自古以来商业创新的重要任务，也是未来商业发展的一项重要任务。

虽然现代的商业信息数据处理的速度已经很快了，但是要想在商业、产品等方面有所突破，信息的处理速度还是太慢。就拿机器人来说，人类研制机器人已经几十年了，虽然在功能上不断改进，但是要想和好莱坞科幻大片中的机器人相比，那差的可就不是一点点了。

例如印度的一部电影《宝莱坞机器人之恋》。影片的内容是一位天才科学家设计的智能机器人“七弟”，他有了人类的感情，并且爱上了这个科学家的女朋友。由于主人的反对，导致机器人“七弟”后来被科学家的老师利用，变成了杀人机器。最终科学家取出安放在机器人体内的芯片，使他回到了以前那个善良的“七弟”。

图 3-16 《宝莱坞机器人之恋》

为什么人类总是拍摄一些关于机器人的影片，一方面是为了宣传机器人的利与弊，更重要的是为了表达人类对于自身没有达到的领域的一种期待与向往。为什么机器人或者自动驾驶的汽车等一些智能机器一直没有被人类完整地生产出来？为什么世界上生产出来的所谓的“机器人”只能做一些简单的、机械性的事情？其中最重要的原因就是处理信息的速度还远远不够。

试想一下一个高度拟人化的机器人，它对信息处理速度的要求会有多高。以“为主人冲一杯咖啡”这样的指令为例，对于机器人来说，需要获取并处理的信息量是非常大的，如图 3-17 所示。

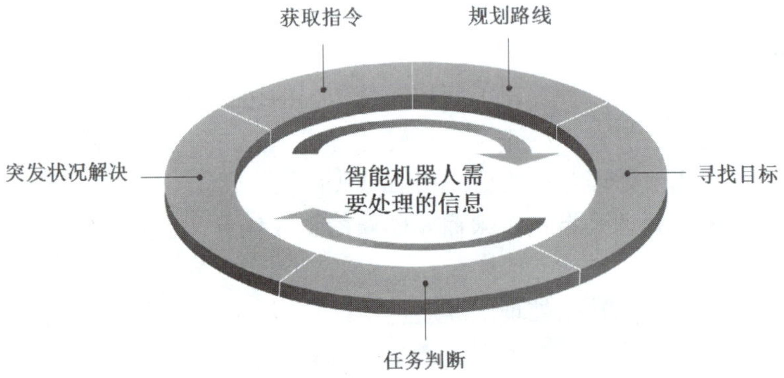

图 3-17 智能机器人需要处理的信息

获取指令：捕获主人的语言信息，进而分析出主人的指令，即冲咖啡。

规划路线：规划出往返的路线，包括从原地到存放咖啡处，从存放咖啡处到厨房去取杯子，从厨房走到饮水机旁，再从饮水机旁走到主人身边。

寻找目标：寻找咖啡放在哪儿，厨房的杯子放在哪儿，饮水机在什么位置，饮水机的热水开关是哪一个等。

任务判断：对任务进展做出正确判断，包括判断咖啡的量够不够，倒的开水够不够等。

突发状况解决：完成一项指令中间可能会有一些突发状况，例如杯子不干净，饮水机没有水了等信息，都需要机器人去做出合理的判断并解决。

再例如一辆可以自动驾驶的汽车，要前往目的地，那么汽车就需要规划好路线。在路上行驶的时候，要时刻处理周围的路况信息，包括红绿灯、行人、超车等信息，并且做出正确的判断，如图3-18所示。

如果前方有一个十字路口，汽车就需要清楚红绿灯的时间，判断车与十字路口的距离，从而计算出汽车能否在规定时间内驶过十字路口，如果不能的话就要放慢速度，准备停车。而对于前方是否会出现急刹车、行人过马路等状况，这些都需要汽车在最短的时间内接收信息并做出正确的应对。

所以这样的机器一直没有普及，是因为人类的数据处理的速度没有达到。如果将来某一天，人类的信息处理速度达到这样的要求，并且真正有这么一台机器人、一辆可以完全自动驾驶的汽车，并投入大量的生产，那么将会带来巨大的商业价值。

所以数据的高速处理是大数据一直没有停止过的一种商业创新，因为人类还在期待着，用大数据的高速数据处理来实现今天的梦想。

图3-18 自动驾驶的汽车规划路线

第 4 章

玩转电商大数据

学前提示

网店表面上看起来与传统实体店的销售模式差不多，其里面却蕴含着更大的大数据学问。可以说电子商务将大数据运用得淋漓尽致，所以要想玩转电子商务就要先从它背后的大数据入手。

要点展示

- 电商的基础知识
- 大数据下的电子商务
- 电商大数据背后的微信营销

4.1 电商的基础知识

电子商务就是在互联网上从事交易活动，例如国内最出名的淘宝、天猫、京东、苏宁等。在互联网发达的今天，电子商务的发展伴随着互联网用户的增加呈直线上升。

4.1.1 电商的概念

电子商务(Electronic Business)是指通过互联网、企业内部网和增值网进行电子交易和相关服务的活动，是传统商业活动各环节的电子化、网络化。

电子商务是一个共同体，主要由四个部分组成，如图 4-1 所示。

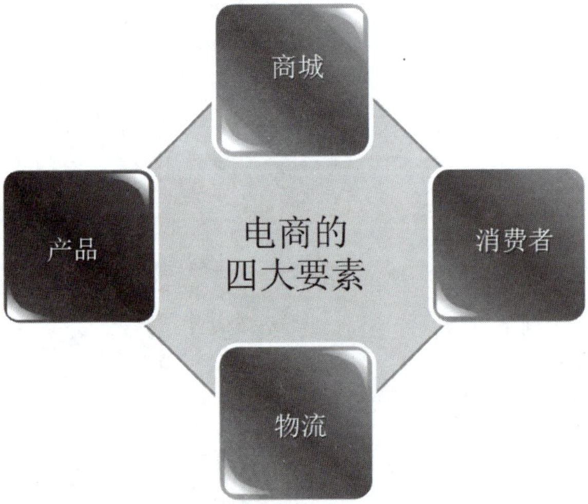

图 4-1 电商的四大要素

1. 商城

商城是消费的源头，就像生活中的商场一样，没有卖方就没有买方。

2. 产品

产品是商城的资本，是商城获取利润、顾客满足需求的重要物质，也是构成电商的重要因素。

3. 消费者

消费者就是商家的资源，是利益的源头，有了消费者，买卖双方的链条才能完善。

4. 物流

与传统的实体店不同的是，电子商务的成功交易，必须要有物流这一环节。

电子商务虽然是互联发展的产物，但是在互联网盛行之前，已经有电子商务的存在了。中国电子商务的发展从19世纪90年代末开始大致可以分为四个阶段，如图4-2所示。

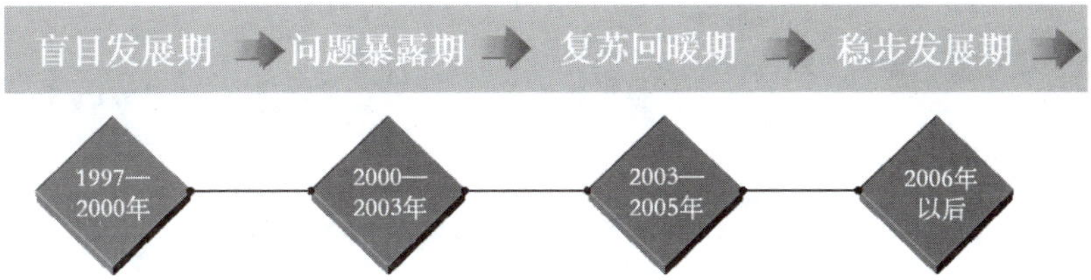

图4-2　中国电子商务发展的阶段

第1阶段，盲目发展期(1997—2000)

电子商务在这一阶段呈爆炸式的发展。1995年，亚马逊网络书店的冉冉升起，使电子商务成了经济活动的热点，导致大量风险投资涌入电子商务，网络概念股在美国受到青睐，电子商务出现爆炸式发展。

第2阶段，问题暴露期(2000—2003)

由于扩张速度过快，资金投入增多，电子商务的问题也随之暴露出来，例如物流跟不上、管理一塌糊涂等。国际股市从5000点跌破到2000点，部分投资撤离，各大电商网站进入残酷的淘汰环节，优胜劣汰，电子商务发展经历了寒冬腊月。在这一时期，超过三分之一的电商销声匿迹。

第3阶段，复苏回暖期(2003—2005)

经过严峻的市场考验，电子商务网站开始务实经营，完善配套程序，尤其是物流，电子商务又迎来了一个发展的春天。

第4阶段，电商稳步发展期(2006年以后)

这个阶段最明显的特征就是，电子商务已经不仅仅是互联网企业的天下。数不清的传统企业和资金流入电子商务领域，使得电子商务世界变得异彩纷呈。

•专家提醒

在过去十年，影响电子商务发展的三大问题是信用、支付和物流。其中前两个都是主观原因，而最后一个是客观原因。在当时，由于电子商务的发展过于迅速，物流业务没有跟上，导致发货速度慢，阻碍了电子商务的正常发展。

目前国内电子商务比较发达的地区有，以北京为主的京津地区、以江浙沪为主的长三角地区、以广州深圳为主的珠三角地区，如图4-3所示。

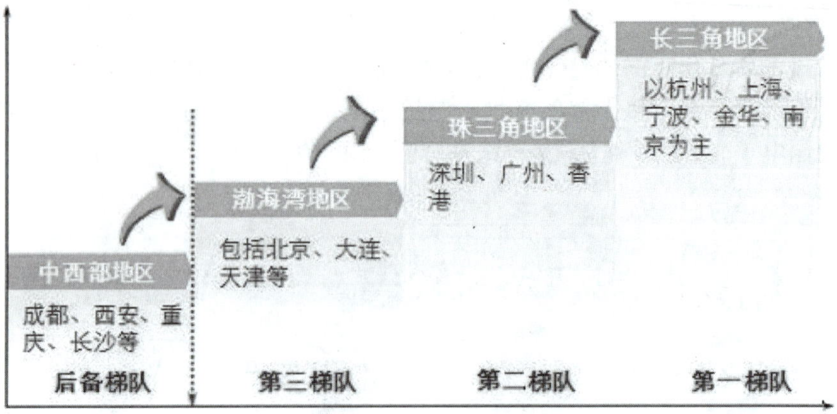

图 4-3 电子商务区域发展对比

电子商务存在的价值就是让消费者通过网络在网上购物、网上支付，节省了客户与企业的时间和空间，大大提高了交易效率。对于上班族来说，节省了其上街的时间，而对于商家来说，节省了门店的租金，于是很多商品在价格上比较实体店就便宜了许多，从而使商家与客户之间达到了互惠的目的。

4.1.2 电商的商业类型

电子商务的商业类型，是指在网络环境中基于一定技术基础的商务运作方式和盈利模式。研究和分析电子商务的商业模式类型，**有助于挖掘新的电子商务模式，为电子商务模式创新提供新的途径。**

随着电子商务应用领域的不断扩大和信息服务方式的不断创新，电子商务的商业类型也层出不穷，主要可以分为以下四种类型，如图 4-4 所示。

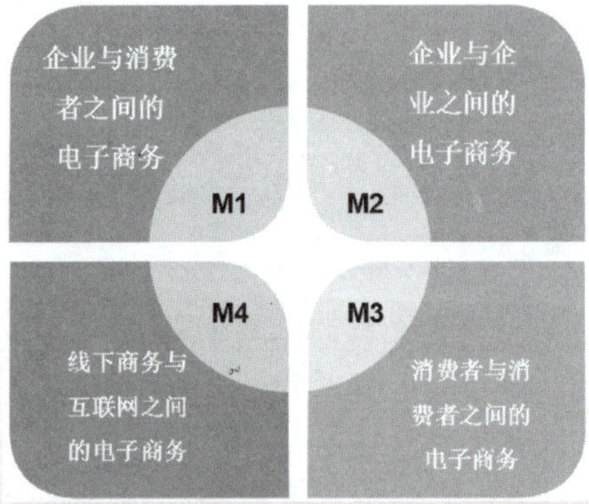

图 4-4 电子商务的商业类型

1. 企业与消费者之间的电子商务

企业与消费者之间的电子商务(Business to Customer)，即B2C，也就是通常说的商业零售，直接面向消费者销售产品和服务。这种形式的电子商务一般以网络零售业为主，主要借助于互联网开展在线销售活动。

企业通过互联网为消费者提网上商店，例如卓越亚马逊、天天团购网、京东商城、她秀网、红孩子商城、斯翰宾尼男装、当当网、购物中国等，消费者通过网络在网上浏览、网上购物、在网上支付从而完成商品的交易。由于这种模式节省了客户和企业的时间和空间，因此大大提高了交易效率。

企业与消费者之间的电子商务可通过商业模式分为六类，如表4-1所示。

表4-1　电子商务的六大商业模式

类　型	特　点	代　表
综合商城	有庞大的购物群体，有稳定的网站平台、完备的支付体系和诚信安全体系，促进卖家进驻卖东西，买家买东西，如同淘宝自己是不卖东西的，而是提供完备的销售配套	淘宝商城
百货商店	有满足日常消费需求的丰富产品线，自有仓库，会库存系列产品，以备更快的物流配送和客户服务。这种店甚至也有自己的品牌，就如同线下的沃尔玛等百货商场	亚马逊、当当、卓越、翠微百货
垂直商店	这种商城的产品存在着更多的相似性，要么都是满足于某一人群的，要么是满足于某种需要，抑或某种平台(如电器)	中国巨蛋、苏宁、京东
复合品牌店	随着电子商务的成熟，会有越来越多的传统品牌商加入电商战场，以抢占新市场，拓充新渠道，优化产品与渠道资源为目标	佐丹奴、百丽
服务型网点	服务型的网店越来越多，都是为了满足人们不同的个性需求，甚至都有人帮你排队买电影票	—
导购引擎型	使购物的趣味性、便捷性大大增加，并推出了购物返现。这些都用来满足大部分消费者的需求，所以许多消费者购物前都会通过一些导购网站网购	返还网、网易返现

2. 企业与企业之间的电子商务

企业与企业之间的电子商务(Business To Business)，即B2B，是指企业对企业之间的营销关系。它将企业内部网，通过B2B网站与客户紧密结合起来，通过网络的

快速反应，为客户提供更好的服务，从而促进企业的业务发展。例如，中国的阿里巴巴网、慧聪网、商机网等。

B2B 的交易流程，如图 4-5 所示。

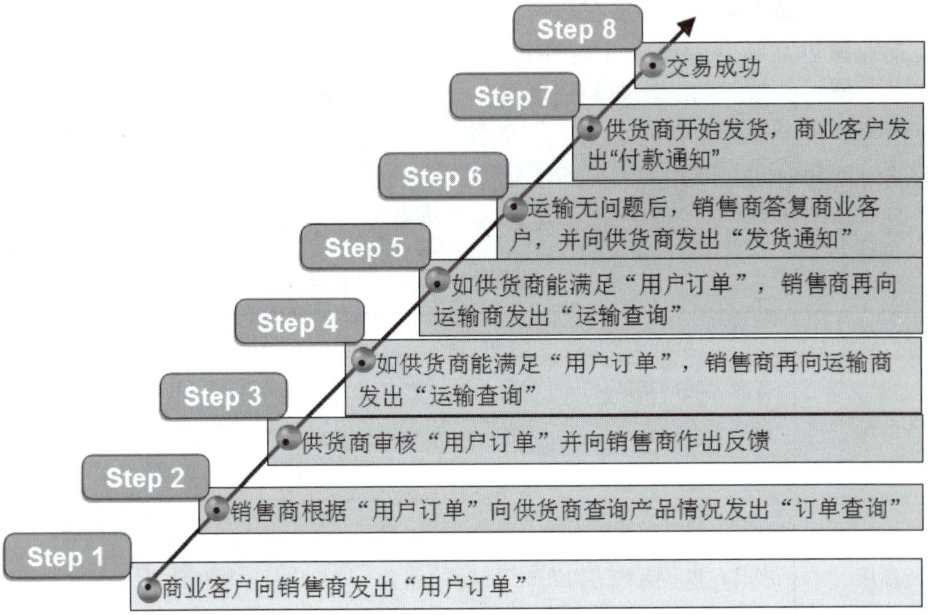

图 4-5　B2B 的交易流程

传统的企业间的交易往往要耗费企业大量的资源和时间，并占用产品销售成本。通过 B2B 的交易方式买卖，双方能够在网上完成整个业务流程，使企业之间的交易减少许多工作流程和管理费用，降低了企业经营成本。网络的便利性及延伸性使企业有更大的活动空间，企业发展跨地区、跨国界更方便，成本更低廉。

3. 消费者与消费者之间的电子商务

消费者与消费者之间的电子商务(Consumer to Consumer)即 C2C。C2C 商务平台就是通过为买卖双方提供一个在线交易平台，使卖方可以主动提供商品上网拍卖，使买方可以自行选择商品进行竞价。

在这方面，淘宝网的领先地位暂时还未被撼动。在中国 C2C 市场，淘宝的市场份额每年依然超过 60%。如果是在传统行业，淘宝完全可以高枕无忧。然而在瞬息万变的互联网领域，这样优势并不是坚不可摧。由于 2006 年 5 月推出的招财进宝受挫，马云便意识到这样的市场地位并不稳固，竞争对手完全可以在短期时间内爆发出惊人的力量，而这样的爆发极有可能摧毁淘宝的权威。

消费者与消费者之间的电子商务只是一种初期的策略，不管是中国还是日韩欧美等地区，C2C 模式都难以成为主流，这种模式的消亡恰恰反映了我国电子商务时代已经逐渐由蛮荒走向文明。

消费者与消费者之间的电子商务的交易有 7 个步骤：

第一步，卖方将要出售的商品登记在服务器平台上；

第二步，买方透过入口网页服务器得到卖方的商品信息；

第三步，买方透过检查卖方的信用度后，选择欲购买的商品；

第四步，透过管理交易的平台，分别完成资料记录；

第五步，付款认证并付款给卖方；

第六步，透过网站的物流运送机制，将商品送到买方；

第七步，买家根据商品质量做出合理的评价。

4. 线下商务与互联网之间的电子商务

线下商务与互联网之间的电子商务(Online To Offline)即 O2O。这种模式是将线下的商务机会与互联网结合，让互联网成为线下交易的前台。其涉及范围非常广泛，只要产业链中既涉及线上，又涉及线下，就通称为 O2O 模式，如图 4-6 所示。

图 4-6　O2O 的商业模式

4.1.3　电商的特点

与传统商务形式相比，电子商务有以下 7 个特点，如图 4-7 所示。

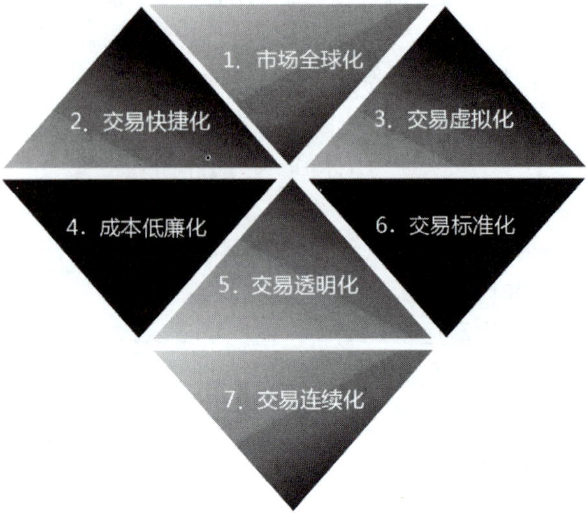

图 4-7 电商的 7 个特点

1. 市场全球化

互联网时代，将世界各地的人集中在互联网平台上，电子商务就好像一个巨大的集市一样，凡是能够上网的人，无论身处何处，都将被包容在一个网络市场中，都有可能成为电商的客户。

2. 交易快捷化

电子商务能在世界各地瞬间完成信息、资金的传递，整个过程无须人员干预，完全由计算机自动处理，于是使交易变得更加快捷、方便。

3. 市场虚拟化

电子商务通过互联网实现贸易洽谈、签约、订货、支付等，无须当面进行，整个交易完全虚拟化。并且电子商务中的商品也在逐渐虚拟化，有时候交易的不是某件商品，而是某项服务、某条信息等，例如话费充值。

4. 成本低廉化

由于通过网络进行商务活动，信息成本低，足不出户，可节省交通费、房租费、中介费等，因此整个电商活动成本大大降低。

5. 交易透明化

电子商务中买卖双方的业务洽谈、签约，以及货款的支付、交货通知等，整个交易过程都显示在电子屏幕上，显得比较透明，在发生商业纠纷时，这些都是很有保障的证据。

6. 交易标准化

电子商务的操作标准需要一步一步地进行。无论购买任何商品，基本上都只有一套交易流程，这样既方便了买卖双方，也降低了交易的风险。

7. 交易连续化

电子商务可实现 24 小时的连续交易，任何人都可以在任何时间向网上卖家订购商品、付款交易。

4.2 大数据下的电子商务

时代的发展带动了商业的发展，尤其是到了信息化、数据化时代，给电子商务带来了空前的挑战。也许你的企业正站在风口浪尖存在着极大的风险，但是如果成功了，那将是别人所无法超越的。

4.2.1 电商更需要数据

信息时代的商业发展其实就是商业数据的挖掘，电子商务更是如此，例如下面这则案例。

台塑集团的创办人王永庆被人称作“台湾经营之神”，他 16 岁时靠父亲借来的钱开了一家米店。在刚开始创业的时候，由于当地的居民对其米店不甚了解，再加上当地的居民都有自己熟识的米店，王永庆新开的米店的生意就变得很冷清。

为了解决这一问题，他一家家地走访附近的居民。他发现买米的主要是家庭主妇，由于家庭主妇体力都有限，所以他当时就决定比其他米店多增加一项服务，那就是送货上门。不仅如此，每当王永庆把米背到顾客家里的时候，他还会热心地询问家里有多少人，每天大概会用掉多少米，并在随身携带的小本子上记录顾客购买的米的数量、家里米缸的大小、家庭住址等信息。回去后他就通过这些信息，很容易地计算出各家主顾大概什么时候需要新购大米。

就这样，每到哪家的米快吃完的时候，他就会主动将米送上门来。于是渐渐地，王永庆的米店红火了起来。

从中看出，王永庆通过对顾客的深度了解与服务，迅速占领了市场。试想一下，如果你家的米快吃完了，而一家自己比较熟悉的米店主动将米送上门来，你会拒绝吗？

在电子商务中，卖家同样可以通过搜集客户资料的方式对买家进行深入的了解。

只不过这种搜集客户资料的方式不再需要像王永庆那样挨家挨户地询问，因为互联网已经将这一切不知不觉地“告诉了”卖家。

客户在互联网上的行为都是有迹可循的，例如客户只要登录到卖家的页面，他都浏览了哪些产品、产品的价格区间是多少等，他的一举一动都可以变成数据被记录下来。之后电商就可以用精准推荐的方式，向买家推荐所需要的产品。

4.2.2 大数据是电商竞争的利器

古语有云：“长袖善舞，多钱善贾”，意思是凡事有所依靠，就会容易成功。在电商各类庞大的消费人群背后，我们可以看到基于互联网的电商企业数据量正在呈几何倍数增长。面对数据量的快速增长，以大数据为中心的分析与挖掘互联网端消费者购物习惯、频率和诉求、企业营销等竞争方式已成为可能。**分析后的大数据利剑，将会为企业带来竞争优势，改变企业决策、价值创造和价值实现的方式。**

国美在线，在 2012 年底以大数据平台为基础，建立了以营销、数据分析、流量管控、BI 报表、个性化推荐等数据为驱动的业务模型和产品。运行两年以来，提高了国美在线的客户服务能力，也给企业带来了显著的经济效益。

国美在线通过用户数据分析，进而形成一份用户个人属性和购买习惯调查报告。针对用户的分析，目前已应用到团购业务专项分析、个性化推荐效果分析、优惠券效果专项分析等领域。这些分析结果对营销工作起到了个性精准化的作用。

谈及大数据平台，电商巨头已经构建了完善技术，电商运用大数据就相当于拥有了三大利器，如图 4-8 所示。

图 4-8　电商大数据的三大利器

随着大数据潜能的大爆发，电子商务正在用大数据思维与技术影响着商业的决策推广思路。电子商务的大数据分析，正如利剑出鞘、铠甲上身，已成为电商之间相互竞争的利器。

4.2.3 淘宝店的四大核心数据

在淘宝店上有很多数据，想要一步将所有数据进行分析、处理，进而转化为商业价值，是比较困难的。比较可行的方法是在众多的数据中，电商只需注意淘宝店的四大核心的数据即可，如图 4-9 所示。

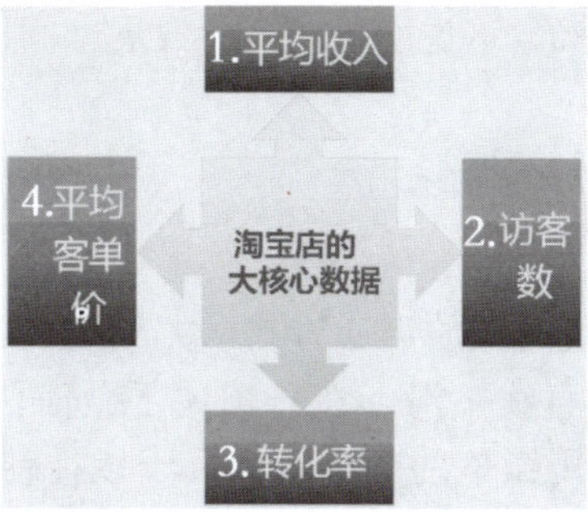

图 4-9 淘宝店的四大核心数据

1. 平均收入

淘宝店的平均收入是指网店在一定时间区间内的收入，例如每月、每季度、每年等，通常可以用支付宝成交金额作为收入数据。淘宝店的平均收入是四大核心数据中最需要关注的一点。

2. 访客数

访客数就是某网店的浏览人数以及浏览量，它包含 UV 和 PV 两方面的数据。

UV(Unique Visitor)意思是唯一访客数，指的是访问该店铺的人数。PV(Page View)是页面浏览量的意思。 UV 和 PV 的区别在于，PV 是要在 UV 的基础上才能产生数据，例如**一个客户访问了淘宝网站的 10 个网店，PV 算是 10，而 UV 只算 1 个**。

3. 转化率

转化率是指产生实际消费的客户与浏览网页的客户总数量的比值，是将流量转化为实际的销售额的一种衡量方式。电商吸引顾客进入店内浏览的最终目的就是为了让顾客消费。所以，转化率的高低将直接影响到电商收入的高低。

4. 平均客单价

平均客单价是指单位客户在电子商务网站上的平均消费金额。所以在相同访客数的情况下，平均客单价越高，网站的整体收入就会越高，平均客单价的计算公式为

客单价=总成交金额/成交笔数

4.3 电商大数据背后的微信营销

相关数据显示，在整个中国社会消费品零售总额中，网络零售市场交易额只占了8%，移动商务占比还不到 1%。这说明移动商务发展空间巨大移动电商正在以前所未有的速度发展。

4.3.1 微信利用大数据

微信的出现，打破了传统时代的沟通方式。尤其是对于移动短信业务，更是呈现出巨大的冲击，以至于使其直线下滑。在一项关于微信使用时间和频率的调查报告中，明显可以看出，用户使用微信的频率远远高于以往使用短信的频率，如图 4-10 所示。

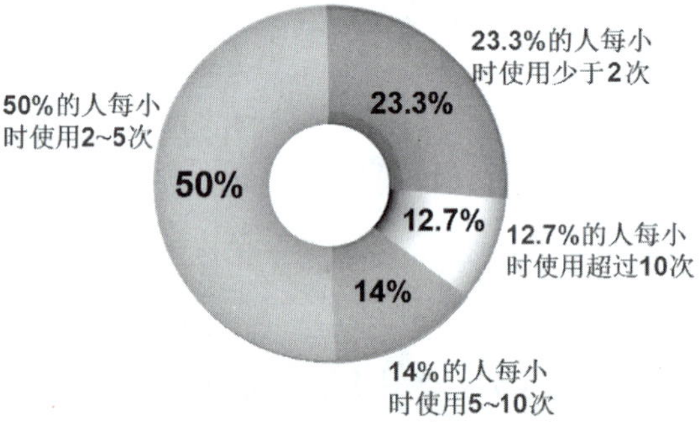

图 4-10　微信用户使用时间与频率

微信对社会的改变在于更大程度上颠覆了以往的商业运作模式和管理方式。随着微信用户呈几何级式的增长，商家也发现，利用微信的朋友圈做广告的效果可能也不会差。例如一家餐厅就实行了一种营销方式，凡进店顾客，在微信朋友圈发布关于在这家餐厅用餐的消息，就可优惠 5 元。

互联网产品的商业模式都是建立在用户的使用习惯之上，商家想要利用微信赚钱，首先要考虑的就是用户能不能接受。腾讯的产品偏重于休闲和娱乐，这就为积累用户提供了可能。

每个人可能拥有不同的终端，从 iPad、手机到其他各种移动式终端，与 PC 一样，微信每时每刻也会产生大量的数据信息。虽然其数据量比 PC 互联网要小得多，但是数据的利用率却比 PC 互联网要高出很多。

4.3.2 查找附近人

微信的附近人查找功能对微信营销起到很大的促进作用，体现了数据的地域性特点，例如学校、医院、车站等。而**对于某一地域周围的人，对产品需求的一致性比较高，如果能在特定区域发布符合这一区域的营销信息，那么信息的“命中率”就相比较在其他地方要高得多。**

微信附近人功能的应用主要有两方面，分别是主动添加附近人和等待附近人添加。这两种虽然都是利用附近人功能，但其营销方式和产生的效果却大相径庭。

1. 主动添加附近人

由于微信里面的好友可以有针对性地添加，例如车站附近的旅馆就可以定向的添加附近的人，成为好友之后向其推荐住宿信息，这就提高了数据的利用率，如图 4-11 所示。这是最基本也是最直接的一种数据信息推荐方式。

2. 等待附近人添加

等待附近人添加与上面的方法不同。这种方法是在自己的昵称或者是个性签名中加入广告信息，从而让周围的人能够通过查找附近人的方式看到广告信息，如图 4-12 所示。

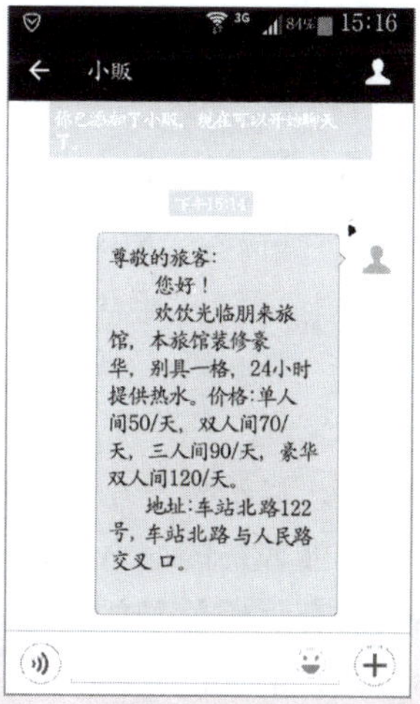

图 4-11 微信发送的广告信息

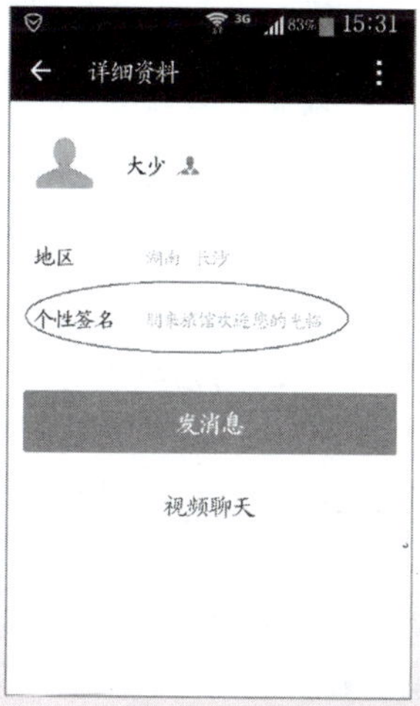

图 4-12 附近人搜到的住宿信息

4.3.3 多元化的信息传递方式

微信信息的传递是多元化的，可以使文字、图片和语音等方式。其实无论用哪一种方法，最终的目的就是将数据信息传递给别人，所以**选用合适的信息传递方式是很重要的**。例如在学校图书馆附近最好使用文字或图片传递信息，如果是在公园或广场就可以用语音的方式进行信息的传递。

其实不管用什么样的信息传递方式，能让别人愿意接受你的信息才是最根本的，例如陪聊式的微信对话就是微信营销的一个方式。陪聊式微信对话满足了许多用户希望私密聊天的需求，因而广受欢迎，如图 4-13 所示。

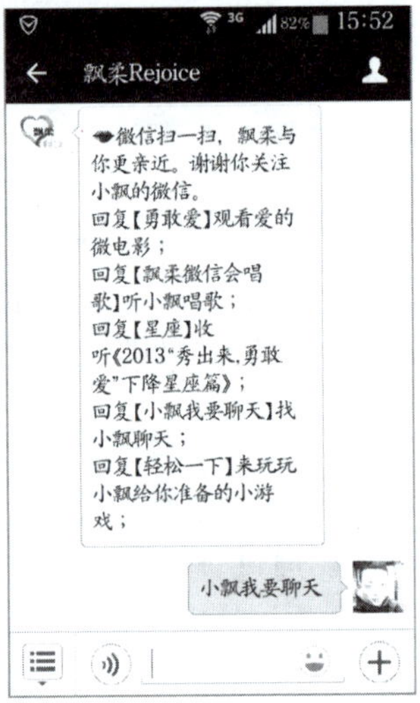

图 4-13　飘柔陪聊式的微信对话

用户关注“飘柔 Rejoice”后，就可根据选择进入聊天模式。对于用户来说，一个能陪你聊天、给你唱歌、跟你分享星座运程的人性化品牌自然令人垂爱有加，在营销方面更使人记忆深刻。

4.3.4 二维码营销

二维码总会给人一种神秘感，尤其是现在的一些商家，只给你一个二维码，所有的信息都需要通过扫描二维码来显示、接收，这难免会增加客户的好奇心。“我一定要知道这里面有什么东西”的心理瞬间被激发，这不仅没有阻碍信息的传递，反而使信息的接收者更加急切地想知道信息的内容，从而给人留下深刻的印象。

在现实中，二维码多用于促销活动，例如顾客在长沙 JCI 湘核影城利用微信扫描二维码就可以享受 40 元的观影优惠活动，如图 4-14 所示。

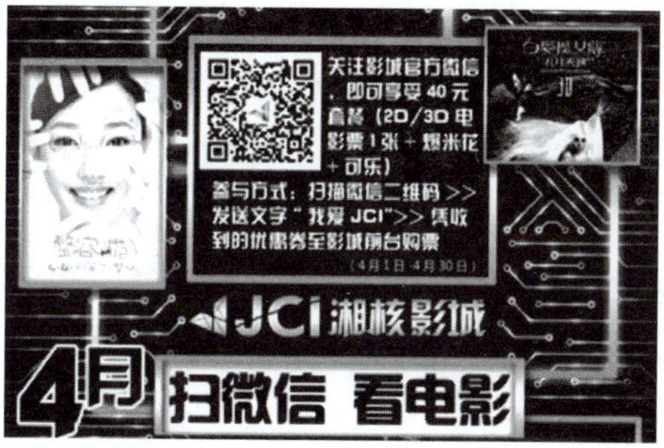

图 4-14　长沙 JCI 湘核影城扫二维码享折扣活动

4.3.5　微信漂流瓶

微信漂流瓶是一种随机推送文字、语音、视频等互动信息的工具，用户可以发布语音或文字将其投入“大海”中，如果被别人捡到就可以与对方展开对话。当然也可以从海里打捞别人的漂流瓶，同样可以与对方展开对话，但是每个用户每天只能捡 20 次。

奇瑞汽车开通了“奇瑞汽车”官方微信，消费者只要关注“奇瑞汽车”官方微信，不但可了解最新、最全的产品及活动信息，如果参与微信互动，还可以赢取多种好礼。例如奇瑞就对外投递了共计 30000 个漂流瓶，用户只要捞到奇瑞的“感恩四百万，新春聚划算”抽奖活动介绍的微信，回复信息，并添加其官方微信号就有机会获得 30 元的手机话费充值卡等！

专家提醒

在电子商务繁荣发展的今天，利用电商获得商业价值的途径有许多。但是毫无疑问，要想以最便捷的方式获得商业价值，只要合理地利用大数据，将会为企业带来空前的商业价值。

第 5 章

大数据在销售行业中的应用

学前提示

零售行业获取的数据可以说是最直接也是最直观的，但同时也是最杂的。如果能对它们进行及时有效地整理和分析，就可以很好地有效地帮助企业进行营销决策，为企业带来巨大的增值效益。

要点展示

- 大数据与零售相结合
- 大数据时代，电商对零售的冲击
- 大数据下零售业的应用案例

5.1 大数据与零售相结合

对于数据的使用，许多实体零售商一方面表示非常重视，他们对企业积累的数据进行了各种预测和分析。然而另一方面，对具体的销售业务来说，往往又存在理想与现实的纠结。

所以国内的很多零售企业都知道大数据的好处，但一旦让他们将大数据的应用与自己的实际经营状况相结合的时候，便会出现与当前经营有非常大的不适应的问题。由此导致许多企业对大数据与零售相结合持非常谨慎的态度。

5.1.1 零售业大数据的形成

今天的零售业，数据的产生已经完全不受时间和地点的限制。从一开始的手工记录作为数据管理的方式开始，零售业的数据的存储与产生方式大致经历了 4 个阶段，最终催生了零售业大数据，如图 5-1 所示。

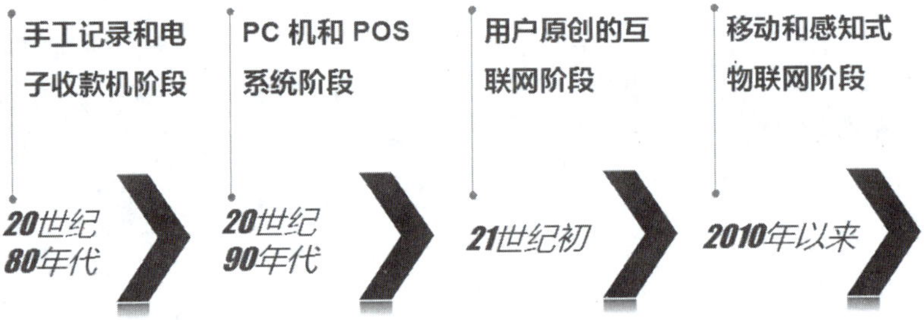

图 5-1　零售业大数据产生的 4 个阶段

1. 手工记录和电子收款机阶段

20 世纪 80 年代之前，数据的产生主要依靠手工记录，例如算盘结算、书写记录等，数据管理没有太高的科技含量。20 世纪 80 年代初，终端经营网点引入电子收款机，相比较手工记录，电子收款机的实际使用有如下特点：

(1) **模仿手工劳动和进行简单的计算；**

(2) **仅在工资管理、合同管理和财务管理等小范围内使用；**

(3) **仅限于前台结账收款，没有形成与后台连接的网络系统。**

2. PC 机和 POS 系统阶段

20 世纪 90 年代，企业开始使用磁盘、磁带、光盘等存储介质对信息进行有效的保存。PC 机应用后，企业内部出现了以公文档为主要形式的数据，包括 Word、

Excel 文档、图片、图像、影像和音频等。

20 世纪 90 年代中期，数据存储与产生进入 POS 阶段。POS 系统是由电子收款机和计算机联机构成的终端网络系统。该系统能够直接入账、实时处理、随时显示销售信息等。

到了 90 年代后期，基于 POS 系统的条形码技术、色码技术、银行卡互联互通技术和系统集成产品广泛应用，老一代 POS 正在被新一代的 POS 平台所代替。全功能 POS 除了满足传统的销售管理外，还支持退货退款、刷卡处理、库存查阅、员工培训、忠诚度计划、网上销售、人力管理、自助结账、全渠道营销等功能。新一代 POS 已成为现代零售企业无可替代的神经中枢系统。POS 的功能也极大地促进了零售业数据量的增长。

3. 用户原创的互联网阶段

进入 21 世纪，互联网的广泛应用促成了数据量的大规模增长。在互联网时代，几乎全民每时每刻都在制造数据。与此同时，数据的形成也极其丰富，一方面，是社交网络、多媒体、虚拟服务等应用所主动产生的数据；另一方面，又有搜索引擎、网页浏览过程中被被动记录、收集而产生的数据。

4. 移动和感知式物联网阶段

随着移动互联网、感知物联网和云计算的广泛使用，数据存储和产生实现了从手工被动到原创主动再到智能自动的时空跨越。各行各业的每个领域的不同感应设备，每时每刻都在自动产生着大量的信息。零售业无线射频技术的大规模应用，不仅提高了数据采集的频率，也极大地推动了零售行业数据量的增长。

•专家提醒

很多零售商拥有的数据量在过去 3 年里增加了 5 倍。大数据的意义已不在于数据量大，而在于数据价值的最大化。大数据真正重要的是数据的新用途和带来的新见解，而非数据本身，这些认识是大数据分析和应用的前提。

5.1.2 大数据对于零售业的重要性

大数据就像空气一样已经渗透到零售行业的各个角落，零售企业从不断生成的交易数据中获取有关消费者、供应商和运营管理方面的信息。所以，**大数据的形成与应用必将对现代零售业的数据竞争力、组织业务流程、市场营销决策以及新型商业模式等产生巨大影响。**以往的商业决策依据可能要从经验、直觉转换为数据分析。

零售业大数据应用的重要性体现在以下三个方面，如图 5-2 所示。

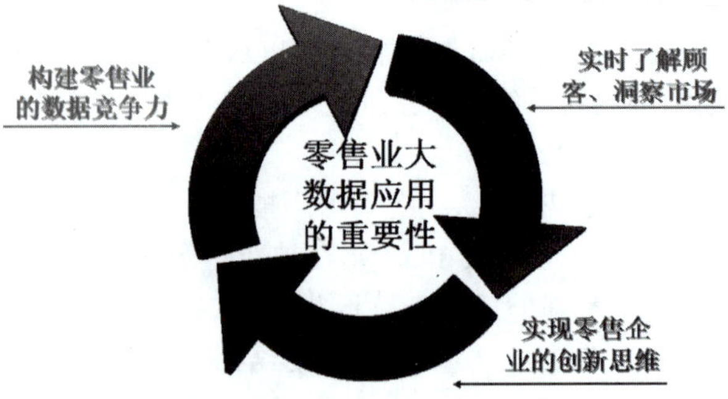

图 5-2 零售业大数据应用的重要性

1. 构建零售业的数据竞争力

麦肯锡报告指出：已经有越来越多令人信服的证据表明，只要实施正确的政策和激励，大数据将成为竞争的关键，并成为下一波生产率提高、创新和为消费者创造价值的支柱。托马斯·达文波特指出：要做到“低成本、高效率”的运营及决策正确，企业必须广泛推行以事实为基础的决策方法，大量使用数据分析来优化企业的各个运营环节，通过基于数据的优化和对接，把业务流程和决策过程当中存在的每一份潜在的价值都“挖”出来，从而节约成本、战胜对手、在市场上幸存。

2. 实时了解顾客、洞察市场

大数据背景下，零售企业通过记录或搜集顾客在各种渠道、各个阶段的行为数据和偏好数据，通过数据分析，从宏观上把握顾客的结构、流量、购买周期以及不同顾客群的利润率和贡献率；从微观上获知每位顾客的购买频率、购买兴趣、忠诚度和流失的可能性。

通过信息的分析可以从点到线，从线到面德了解顾客的消费信息以及市场走向，确定最忠诚的顾客群体，预测消费群体的消费意愿，主动为其提供私人定制，提供专属性的个性化产品和服务，从而实现精准销售。

3. 实现零售业的创新思维

大数据环境下，零售业的创新思维涉及以下三个方面。

(1) 整合企业各个方面的大数据信息，分析多渠道、互联网与移动网、线上线下消费者的行为方式，通过顾客的数据识别，设计潜在的个性化服务，满足不同细分市场的需求。

(2) 基于大数据平台的数据实时分析，预测顾客实际行为的动态变化，从而设计出与之适应的销售策略，并实时更新。

(3) 零售业新型商业模式创新，依赖于从海量的可拓展数据中挖掘有价值的信息，依靠这些信息影响零售企业运营系统中的销售模式、组织结构调整、劳动生产率、经营绩效、管理决策和管理效率，从而实现大数据的商业模式创新，给零售企业带来价值提升。

•专家提醒

大数据时代已经完全不是此前单纯的数字媒体化年代，一些商业巨头已经用大数据驱动市场营销、驱动成本控制、驱动产品和服务创新、驱动管理和决策的创新好多年。大数据就像是零售企业发展的导航仪，如果能对它进行及时有效整理和分析，就可以很好地、有效地帮助企业洞察行情，进行经营决策，从而为企业带来巨大的效益。

5.1.3 如何将大数据与零售企业无缝对接

面对海量、碎片化的数据，零售企业该如何利用和管理大数据，才能实现零售企业与大数据的无缝对接、完美结合呢？

笔者认为，**个性化精准推荐是各个行业运用大数据的最重要“法宝”，尤其是对于零售行业。零售企业谈到大数据的最大价值，是在零售策略上与大数据技术进行结合，最大限度地编制前置性的零售策略，确保销售计划的实现。**

根据大数据的四大特性，企业应在业务数据产生的同时主动地做出相应的策略应对，为企业赢得更多的时间和市场策略调整空间。例如实体零售商，往往对一组在15分钟内要促销出去的商品，准备着3套应变策略，以确保其能够按计划卖出。

零售企业可以利用大数据的特性，根据不同的业务数据做出相应的策略应对，会为企业赢得更多的时间和市场策略调整空间。因此笔者认为，要做到这一点，零售企业的需要注意以下四个方面，如图5-3所示。

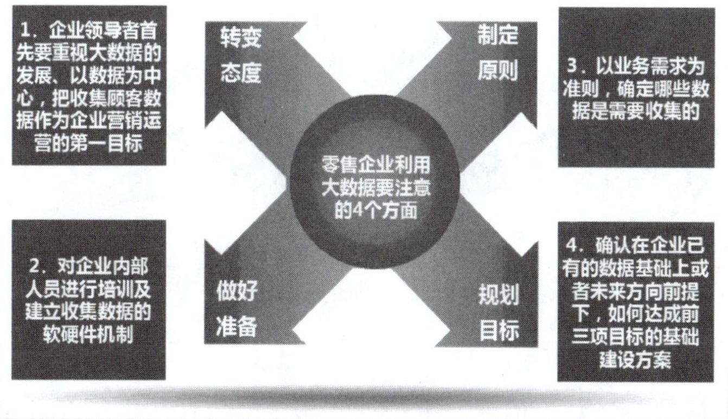

图5-3 要注意的四个方面

·专家提醒

任何企业经营都要有自己的特色，了解自己企业的客户群，把适合的产品与服务提供给客户，线上线下要走出差异化的道路。只有这样，实体零售商才能跟上时代的步伐，顺应市场的发展趋势。

5.2 大数据时代，电商对零售的冲击

尽管大数据在零售行业的运用已经步入正轨，尽管国内的零售市场一直保持着增长的态势，但是零售业的商业运作在别人看来还是战战兢兢、如履薄冰般地发展着，似乎稍有不慎或遇到其他行业的猛烈冲击就会将其击垮。那么零售行业如何利用大数据更好更稳地发展，就成了零售业讨论的焦点。

5.2.1 发展零售业的自身优势

目前全国有 59 家连锁百强企业开展了网购业务，其中百货有 26 家、超市有 22 家，其他的为家电专卖店、家居专卖店、药店等，共经营着 70 多家网店。

今天，对于每一个企业来说，互联网销售已经是一个不能不重视的渠道。然而，高速发展中的电子商务并非一帆风顺。**当前国内电子商务正在使用各种方式抢占市场份额，价格竞争异常激烈，甚至有的企业最终以惨败告终。所以传统的零售行业如果能利用大数据抓住电子商务所涉及不了的方面，那么传统零售行业守住自己的江山是没问题的。**

传统零售业与电子商务相比，有以下三大优势，如图 5-4 所示。

图 5-4 零售业的三大优势

1. 零售业优势之——品牌

尽管电商发展势头迅猛，但就品牌来说，传统零售业与电子商务相比仍具有较大优势。品牌优势，是传统零售企业与电子商务“拼杀”的基础。

2. 零售业优势之——体验

现在的消费者已经不仅仅满足于购物，其中还包括了购物所带来的享受。中国在建的购物中心，为了满足顾客多样性的需求，传统百货企业也逐渐向超市和娱乐等形式的购物中心转型，例如超市中设有麦当劳、肯德基、电玩城等。

3. 零售业优势之——资源

在一些大型百货店的店庆促销或者节假日期间，大部分品牌都参加活动。与电商的促销不同，电商的促销多是因款式过时、库存积压等因素造成，而购物中心的促销大部分还是为了吸引顾客，为了带来客户资源。所以这就意味着，百货商场的促销价就可以买到当季新款，而电商促销的品牌商品虽然价格低，但很少能买到新款。

专家提醒

零售业自身的优势是电子商务永远无法达到的，就像汽车再怎么高档，也永远达不到飞机飞翔的效果。零售业坚守自己的阵地，发展自身的优势，合理地利用大数据，做好数据分析和应用，就算再大的电商冲击，也能够应对自如，留住自己的客户资源。

5.2.2 扬长避短，抓住时机

电商自然有其高速发展的道理，但是凡事有利就有弊，所以**针对电商的诸多劣势，传统的百货零售就可以抓住这些短处，主动出击，抢占客户市场**。以下为笔者总结的五个对抗电子商务的新招，如图5-5所示。

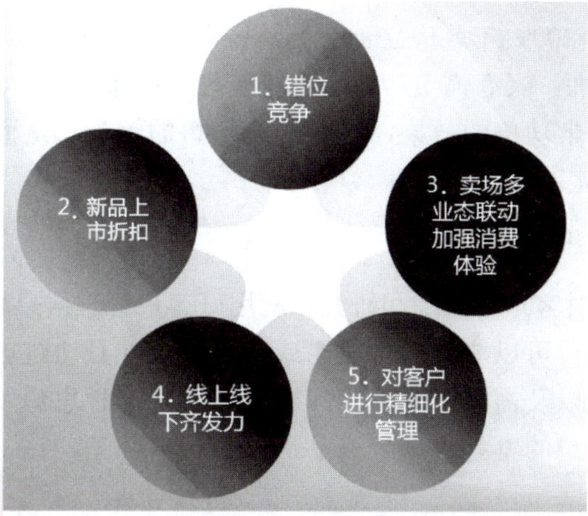

图5-5 零售业对抗电商的五个新招

1. 错位竞争

错位竞争就是避开网上的促销日。我们知道电商的促销往往是比较“狠”的，“11·11”购物狂欢节以一天狂收 191 亿元订单的“网络神话”鸣金收兵，如果实体零售在这个时候与其竞争的话，那无疑是鸡蛋碰石头。所以面对淘宝等电商的强大攻势，传统实体商店要想“绝地反击”，那就必须避其锋芒。例如，有商场欲将年底促销，前提一个月抢夺消费者。

2. 新品上市折扣

相比于电商，传统零售更具备资源优势，一般新品上市，电商的价格不会便宜。如果传统零售可以针对电商的当季新品做到“折上折”，同样可诱使消费者进行多件购买，这与电商低价引导消费者大量选购的行为有异曲同工之效。

3. 卖场多业态联动，加强消费体验

多业态联动促销是传统零售企业打出的一张体验优势牌。虽然电商可以拉拢千家品牌参与促销，但他们大多是各自为战，甚至是互打价格战、互相竞争。而传统零售业要好很多，传统零售可以通过多业态联动推出一条线的整体促销优惠，加强消费者的购物体验。毕竟网上购物永远体会不到与实物接触时的细微感受，更是享受不到卖场消费时的那种贴心的服务。

4. 线上线下齐发力

“与狼对着干，不如选择与狼共舞”。传统零售可以布局网上销售平台，入驻国内主流电商开发平台，或自己发展电子商务，这让本就激烈的网购领域竞争更趋白热化。例如苏宁电器在 2009 年就成立了网上销售平台——苏宁易购，还有一些实体零售商既有实体零售店面，又有淘宝店面。传统零售企业通过线上、线下的有效互动，使得两者融合起到事半功倍的效果，增加传统零售的销量，从而使企业进入良性发展，真正做到两条腿走路。

5. 对客户进行精细化管理

零售业可以加强对客户的跟踪和研究，应用好客户管理信息系统。例如，让顾客办理会员卡，在会员日可以享受折扣优惠或积分等，并且通过客户会员卡的消费情况，分析客户的喜好以及需求。北京的翠微百货就将这种思想发挥到极致，店庆前一个月可根据会员客户的喜好挑选好商品后发至客户邮箱，让来不及进店挑选的客户选择。

·专家提醒

在互联网时代，电商的迅速崛起是情理之中的，但电商只是一种新的销售渠道，并不能替代或者淘汰原有的销售模式，毕竟生活中不可能所有消费都由电商完成。零售与电商只是两个不同的销售领域，而二者的对抗只是两个领域的一点点交集而已。只要实体零售业合理利用大数据，做好数据分析、吸引顾客眼球、留住回头客，电商对其影响就不会很大。

5.3 大数据下零售业的应用案例

当国内的大数据研究，还停留在概念阶段和初步应用阶段时，国外的一些企业已经将大数据运用得如火如荼。如果国内企业能把国外企业对大数据的成功应用作为目标，去借鉴、学习，那么国内企业在大数据的应用道路上就会少走许多弯路。

5.3.1 Zara——可以预见未来的时尚圈

ZARA 是西班牙 Inditex 集团旗下的一个子公司。它既是服装品牌，也是专营 ZARA 品牌服装的连锁零售品牌。在世界各地 56 个国家内，ZARA 设立了超过两千多家的服装连锁店，如图 5-6 所示。

图 5-6 ZARA 服装连锁店

ZARA 平均每件服装价格只有同行 LVHM 的 1/4，但是，对比两家公司的财务年报，ZARA 税前毛利率比 LVHM 集团要高 23.6%。究其原因，ZARA 主要通过以下三个步骤来形成自己的盈利模式，如图 5-7 所示。

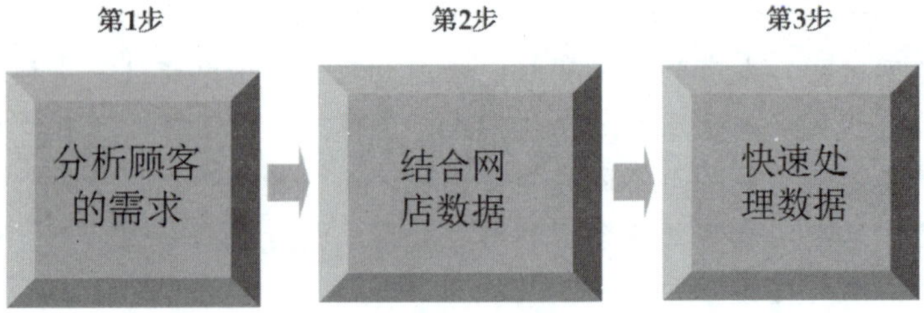

图 5-7　ZARA 盈利的三个步骤

1. 分析顾客的需求

在 ZARA 的各家门店里，店内的每个角落都装有摄影机，门店经理随身带着 PDA(Personal Digital Assistant，又称为掌上电脑)，目的是记录每个顾客的意见，如有的顾客向店员反映衣服图案不好看、扣子的大小不合适、拉链的款式不够新潮等情况，店员会及时向门店经理汇报。

当经理了解到这些衣服的缺点之后，会通过 ZARA 内部全球资讯网络，每天至少两次传递资讯给总部的设计人员。总部的设计人员根据各个店面上报的顾客反映的情况做出判断，如果确实存在某方面的不足，总部就会做出决策，并立刻将修改结果传送到生产线，改变产品样式。

每天停止营业后，销售人员还会盘点每天货品的上下架情况，并对客人购买与退货率做出统计。再结合柜台现金资料、销售额等交易数据，做出当日成交分析报告，分析当日产品热销排名，然后，数据直达 ZARA 仓储系统 。

所以 ZARA 通过收集海量的顾客意见，以此做出生产销售决策，这使库存率大大降低。同时，ZARA 还分析出相似的“区域流行”，根据不同区域的流行特点，做出最靠近客户需求的市场区隔。

•专 家 提 醒

市场区隔(Market Segment)是将消费者以不同的需求、特征区分成若干个不同的消费群体。市场区隔是通过新产品或新服务，从消费者那里获取相关消费产品或服务的信息反馈，根据这些反馈的信息做出合理规划，从而制定出不同区域的商业营销计划。

2. 结合网店数据

ZARA 为了增加数据资料的广泛性，2010 年，在欧洲 6 个国家成立了网店。2011 年又分别在美国、日本推出网络平台。除了增加营收，更重要的是，网店强化了信息搜索与资料分析功能。不仅回收意见给生产端，让决策者精准找出目标市场，而且对消费者提供更准确的时尚信息。无论是 ZARA 公司还是消费者，都能享受“大数据”

带来的好处，ZARA 以此至少提升了 10%的营收。

此外，网店除了交易行为，也是实体零售的营销试金石。ZARA 先在网络上举办消费者意见调查，通过网络顾客的回馈，撷取顾客意见，改进产品，从而改善实际出货的产品。

ZARA 将网络上的海量资料看作实体店面的监测指标。因为在网络上搜寻时尚资讯的人，对服饰的喜好、资讯的掌握以及催生潮流的能力，比一般大众更强。再者，如果这类主动在网络上搜寻相关时尚信息的顾客，当他们进实体店面时就可以为其主动推荐相关产品，这样消费的成交率就大大提高。

ZARA 推行的海量数据整合，后来被其所属英德斯集团下的 8 个品牌学习应用。

3. 快速处理数据

“大数据”最重要的功能是缩短生产时间，让生产端依照顾客意见，能在第一时间迅速修正。所以瑞典的 H&M 一直想跟上 ZARA 的脚步，但其成效并不显著，而且两者差距愈拉愈大。其原因就是在 H&M 的供应链中，从打版到出货，需要 3 个月左右的时间，完全不能与 ZARA 只用 2 周的时间相比。

ZARA 设计生产近半维持在西班牙国内，数据的实效性比较高。而 H&M 产地分散在亚洲、美洲各地，跨国沟通的时间，拉长了生产的时间成本，而且各个地区的销售状况大不相同。就算大数据当天反映了各区顾客意见，也无法立即改善，因为时间和距离的延长，限制了 H&M 的大数据系统功效。

所以大数据运营要成功的关键，是资讯系统要能与决策流程紧密结合，迅速对消费者的需求做出回应、修正，并且立刻执行决策。

•专 家 提 醒

零售业大数据最重要的作用是缩短生产时间，让生产端依照顾客意见，能在第一时间迅速修正。大数据成功进行商业营销的关键，是信息分析与商业决策紧密结合，在最短时间内对消费者的需求做出正确的回应和修正，并且执行正确的决策。

5.3.2 淘宝——妙用“数据魔方”

我们知道，淘宝每天会进行数以万计的交易，这些交易记录包括了交易时间、商品价格、购买数量等。更重要的是，这些信息可以与买方、卖方的年龄、性别、地址、甚至兴趣爱好等个人特征信息相匹配，这就形成了一个庞大的交易数据。对于这些数据资源的妙用，别说是普通的零售超市，即便是一线城市的大型购物中心都很难获取到，而互联网时代的淘宝却可以轻松做到。

所以为了巧妙地运用这些数据信息，2010 年 4 月，淘宝网开放了网站所有的交易数据，并将其命名为“数据魔方”，如图 5-8 所示。

淘宝魔方开通的主要目的是，提供分析淘宝平台行业趋势和规模、分析买家行为数据、提供热销榜单、搜索分析，以及帮助店铺分析访客行为等功能。这些功能主要针对 3 个方面，如图 5-9 所示。

对于淘宝来说，数据魔方的主要任务就是获取数据。通过数据获取到的信息来分析市场，了解市场行情、提供热销排行、关键词的积累与应用，从而为卖家提供最新的商业资讯，为卖家建立更好的销售平台。例如今年春天流行穿什么、喝什么、玩什么、网上最热销的品牌，最热搜的关键词又是什么等问题，这些都能通过淘宝数据魔方一一得到解答。

图 5-8　淘宝数据魔方界面

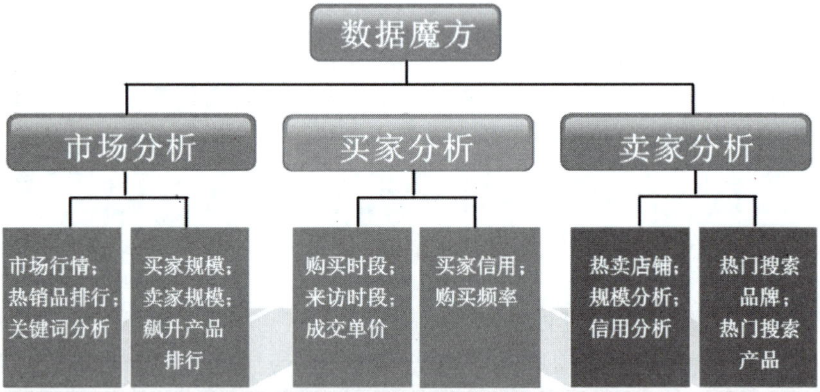

图 5-9　数据魔方三大主要功能

对于买家来说，最大的好处就是提供方便。如今的消费者大部分的消费都是主动消费，也就是说，买不买无所谓。消费者徘徊在买与不买的边缘，而决定买与不买的因素，很大一部分取决于商家的推荐力度，如果产品足够好，价格足够优惠，即使顾客不是很需要该产品，但在商家的强烈推荐下，顾客可能也会去买。

对于卖家来说，数据魔方无疑就是一个大型的数据库。通过这个数据库，卖家可以了解到热卖的店铺以及规模等信息，从而分析出各个行情的销售情况，以及热门的品牌与产品，为卖家提供正确的销售方向。

例如下面的 3 个小案例，就是因为充分利用了数据魔方而为商家带来了巨大的收益。

1. 茶叶占据食品销售前三位

每年三月正是新茶上市的时节，2014 年淘宝数据魔方的月度数据显示，最近消费者在进行食品类搜索时，与茶叶相关的搜索词汇占了一周热点的前三位，如图 5-10 所示。也就是说，茶叶是这一周搜索的人最多、甚至是销售最火的是食品。那么卖家就可以根据这些数据，调整经营方向，购进适量的茶叶。

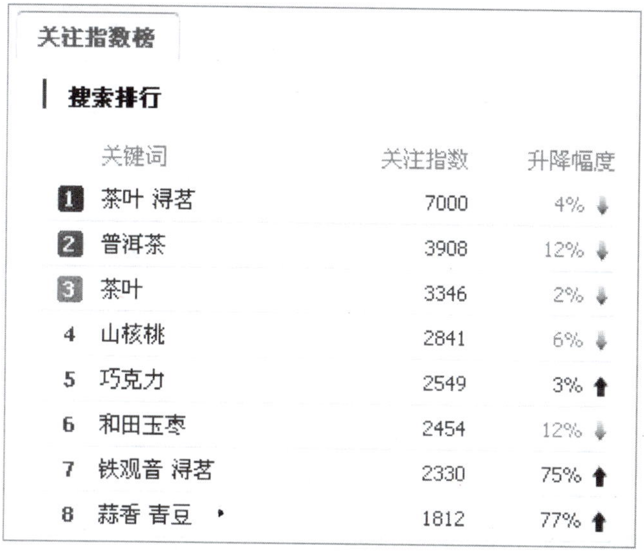

关注指数榜

搜索排行

	关键词	关注指数	升降幅度
1	茶叶 浔茗	7000	4% ↓
2	普洱茶	3908	12% ↓
3	茶叶	3346	2% ↓
4	山核桃	2841	6% ↓
5	巧克力	2549	3% ↑
6	和田玉枣	2454	12% ↓
7	铁观音 浔茗	2330	75% ↑
8	蒜香 青豆	1812	77% ↑

图 5-10 淘宝食品类一周热点榜

当然其中的数据还包括其他方面的许多数据，例如从江苏一直到广东沿海的这几大省市占据了三月茶叶消费总金额的前五位；25～34 岁之间的买家是茶叶的主流消费人群，其中男性购买者较女性多出约三成。如果商家再根据这些数据进行有目的的推荐，就有可能给店铺带来巨大的收益。

2. 女装全套搭配

据数据魔方 2014 年 5 月的数据显示，连衣裙的销量是主流，占到总销售额的

22.27%。和往年相比，T 恤的销量占到女装总销量的 15.01%，如图 5-11 所示。

与此同时，淘宝女装类集结了淘宝上 50 家优秀女装店铺进行春季专场促销，各店家都奉上最能代表自己店铺的人气搭配，消费者可以直接将一整套搭配好的衣服买回家，省去了搭配的时间和精力。例如一家店铺的小西装搭配修身连衣裙只需要 168 元，无论从款式上，还是从价格上都在顾客可接受的范围之内，如图 5-12 所示。

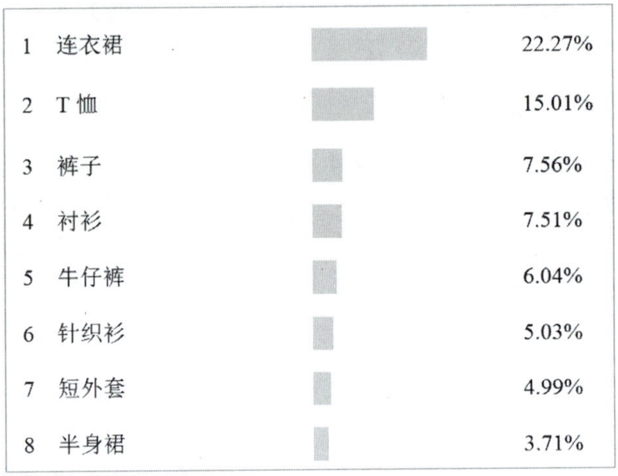

图 5-11 淘宝三月女装热销榜

图 5-12 全套搭配，小西装+连衣裙

3. 情人节用花量超 3 倍，价格涨 50%

每年传统的东方情人节要来临的时候，情人之间表达爱意最普遍的方式就是送一束鲜花。2014年七夕情人节快来临时，各地的鲜花市场已经“热”了起来，鲜花价格普遍开始上涨。一枝红玫瑰的价格由原来的8～10元涨到了12～20元，一束四五百元的蓝玫瑰已卖到了五六百元。

据淘宝数据魔方的数据显示，每年情人节期间，各种玫瑰花很受追捧，价格更是一路飙升。有数据显示，情人节这天，花卉的价格要比平时上涨30%～50%。

另外在情人节这天，淘宝网售卖的各种鲜花、仿真花的店铺都将鲜花展示在店铺的重要位置，如图5-13所示。显然，这些店主已经为情人节的销量爆发做好了充分准备。

图5-13　情人节，店铺的鲜花摆在最显眼位置

另外，淘宝数据魔方的数据还显示，情人节前夕的鲜花销量与平时的鲜花销量比为26∶1，而随着情人节的逐步临近，这个比例还将进一步增加。

·专家提醒

在本案例中，淘宝的数据魔方俨然已成为卖家和买家的数据中心。这个数据中心所辐射的范围之广，受益的人群之多，为买家和卖家提供了很有利的数据资源。

5.3.3 母婴零售——利用大数据扩大生意

目前中国的母婴零售店已遍地开花，市场竞争也越来越激烈。越来越多的母婴零售店与大型超市一样，都采用了会员制度，并开通会员日，以“会员专享优惠”、“多倍积分”、“积分兑换商品”等优惠方式吸引大批新的消费者。而消费者为了获得更多的优惠就会留下个人手机号码、宝宝性别、宝宝月龄、家庭地址等相关信息。

虽然并不是所有消费者都会办理会员卡，但是不得不承认，办理会员卡的消费者要占大多数，这也就积累了越来越多的会员数据。在数据化管理的时代，会员的消费数据意味着公司的财富。如何对会员数据进行深入挖掘、更好地帮助母婴零售商、母婴品牌商共同把生意做大做好，这成了母婴店关注的焦点。

要想通过数据挖掘帮助母婴零售商、品牌商把生意做得更好、更强，需要一个分析数据的过程，在这里笔者总结了母婴店利用大数据扩大生意的四个步骤，如图 5-14 所示。

图 5-14 母婴店利用大数据的四个步骤

1. 细分客户群，挖掘潜力消费者

不同的群体具备不同的行为特征，所以，不同的消费群体所采取的营销策略也不尽相同。母婴零售行业更不例外，只有对会员进行有效的客户细分，然后针对不同的会员采取符合实际的营销政策，才能更好地达到相应的营销效果。

通常母婴零售店的会员主要分为以下四类。

(1) 新妈妈/孕妈妈。

新妈妈/孕妈妈主要指近 3 个月新招募过来的且小孩年龄在 0～3 岁的妈妈，或者是还在怀孕期的妈妈，并且是在该母婴店没有任何消费记录的会员。

(2) 成熟妈妈。

成熟妈妈是指近 3 个月招募的，且小孩年龄已超过 3 岁的妈妈，并且是在该母婴店没有任何消费记录的会员。

(3) 奶粉购买会员。

奶粉购买会员是指小孩年龄在 0～3 岁，且是在该母婴店购买过奶粉的会员。

(4) 奶粉沉睡会员。

奶粉沉睡会员是指小孩年龄在0～3岁，且是在该母婴店购买过非奶粉的会员。

对会员进行分类的目的就是为了挖掘消费高档奶粉的潜在目标客户，帮助母婴零售店及奶粉品牌商获得利润。奶粉购买会员里面可以细分出高档奶粉消费者及高档奶粉潜力消费者两种目标客户。而奶粉沉睡会员众多，需要找出那些具有消费能力的客户进行激活。

根据上述对目标客户的分类方法，我们可得出母婴店目标消费者的细分结构图，如图5-15所示。

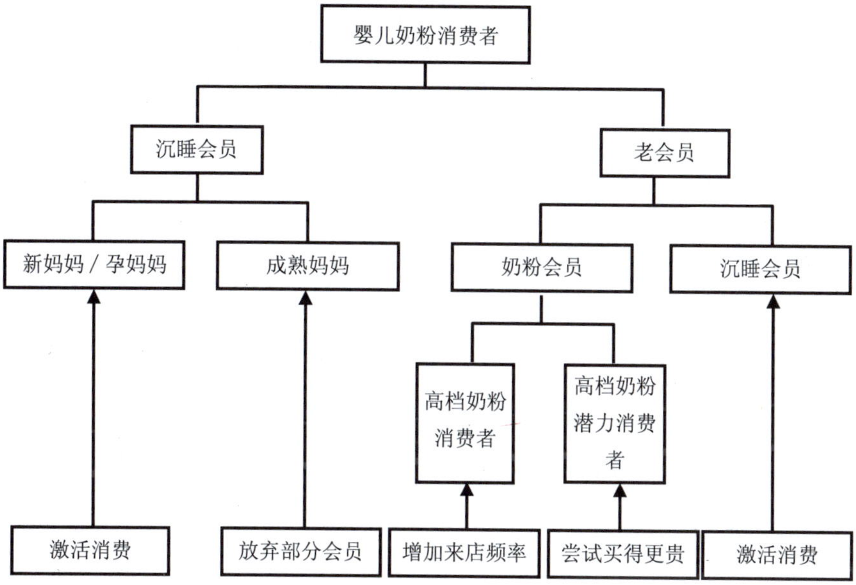

图5-15 婴儿奶粉消费者细分图

通过对会员数据的有效细分，寻找潜在目标用户，并针对不同的客户群体进行营销，例如增加高档奶粉消费者的来店频率，而对高档奶粉潜力消费者，则让其尝试购买奶粉，这样才能最大限度地释放其消费价值。

2. 判断客户价值

不同的消费者在消费观念上有很大的不同，母婴消费也是如此，比如有的妈妈倾向于购买高档尿片，而有的妈妈则认为购买中档品牌就可以了。因此，进行客户细分之后，还要对消费者对目标商品的消费观念进行预判。

那么母婴店在获取了会员的消费信息之后，要做的就是判断不同客户所能产生的商业价值，通常他们会从三个角度进行会员价值判断。

(1) 分析是否有关联产品。

“啤酒与尿布”的案例再熟悉不过了，即通过数据挖掘的“购物篮关联分析法”去研究购买者的行为特征。在母婴店，通过“购物篮分析法”可以发现，很多客户在购买高档奶粉的同时还会购买某品牌的婴儿专用洗衣液，那么该品牌的婴儿洗衣液就是该高档奶粉的亲缘品类。通过亲缘品类的购买情况可以分析出，购买目标品牌的消费者是否需要购买亲缘品类，从而对顾客做出合理的推荐。

(2) 判断会员消费能力。

家庭条件的好坏是影响消费者购买产品高档与否的重要因素，但并不是唯一因素，例如家庭条件差一点的消费者同样会去购买高档婴儿用品。那么通过什么来判断会员的消费能力呢？

通常母婴店会根据会员所购买的一系列商品来判断消费者的消费水平。如果会员在购买了高档奶粉的同时，又购买了高档奶瓶、高档手推车等，那么他的消费水平应该不会差，这些会员便是高档婴儿用品的潜在会员。

(3) 利用会员信息纠正会员的价值。

会员在登记时，母婴店通常会要求留下联系电话和住址等相关信息，这不仅可以方便母婴店后期更好地开展精准营销，更重要的是通过登记地址信息梳理，可以辅助纠正会员的消费价值。所以在进行会员价值判断的时候，必须结合会员的历史消费记录、登记地址进行梳理，才能更有效地识别会员的价值，从而找到潜在的高档婴儿奶粉消费目标。

例如某一会员在某母婴店购买了中档婴儿奶粉以及相关商品，结合以往的购买记录很容易发现这位会员的消费水平一般，但是再结合会员登记的地址，发现该会员的住所在一个高档小区。由此可以判断，该会员应该是有能力购买高档奶粉的，可以发展成高消费能力的潜在会员。

所以，判断会员的价值要从多方面分析，利用信息之间的相互佐证，来判断会员更倾向于哪种消费水平，如图 5-16 所示。

母婴店通过多角度的会员数据分析，可以将会员大致分为以下四类。

第 1 类　高档母婴用品消费的高消费人群。

这类人群不但购买过高档奶粉，而且又有较高消费能力，是母婴店的核心顾客，就像 VIP 一样，需要重点维系。

第 2 类　高档母婴用品消费的低消费人群。

这类人群虽然购买高档奶粉，但消费能力比较低，对促销优惠会更加敏感，该类会员为优惠敏感顾客。

第 3 类　低档母婴用品消费的高消费人群。

这类人群消费能力高，却只买低档奶粉，所以通常比较容易被忽略，但却是非常具有潜力的群体。

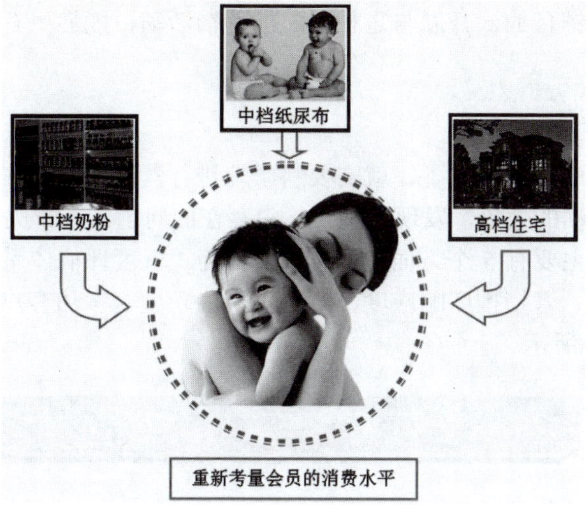

图 5-16 会员价值判断举例

第 4 类 低档母婴用品消费的低消费人群。

这类人群既没有高消费的能力，又不买高档奶粉，该类人群为低消费群体。在营销经费有限的情况下，可以有选择性地放弃。

3. 营销活动设计与执行

大部分的零售商每个月总要搞几次活动来扩大效益，那么如何设计合理的营销活动呢？

对会员进行营销推广有很多不同的形式，其推广的目的也不一样。推广营销通常有这几个目的：引起试用产品、使消费者重复购买、鼓励增加购买量、刺激非计划购买、增强广告促销效果、巩固品牌形象。

母婴店对消费者进行营销推广的各种目的，以及每种目的可以使用哪些营销推广方式，如表 5-1 所示。

表 5-1 推广方式与推广目的

推广方式 / 推广目的	卖点促销	赠优惠券	赠送样品	价格折扣	举办竞赛	购买奖励	免费包装
引起试用产品	√	√	√	√	√		
使消费者重复购买		√		√			√
鼓励增加购买量		√		√		√	√
刺激非计划购买	√	√		√		√	√
增强广告促销效果					√		
巩固品牌形象					√	√	

根据不同的营销目的，开展与之相匹配的营销活动，能够更有效地提高营销活动的成功率。

4. 营销效果评估

当上述工作都有序地完成了，就需要科学地进行营销效果评估，以帮助母婴零售店及时了解营销活动的效果，发现营销执行中存在的问题，不断优化营销活动方案。

营销效果评估主要有 5 个方面，所以也被称为“五度评估体系”。这 5 个方面包括营销目标完成度、营销推广响应度、营销推广成功度、参加客户成长度、参与客户满意度，如图 5-17 所示。

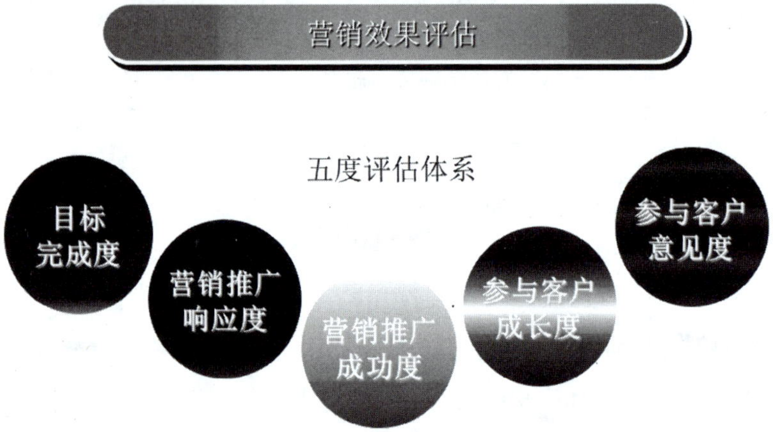

图 5-17　营销效果评估体系

针对母婴零售行业的特性，通常从以下 3 个方面对营销效果进行科学评估。

(1) 对营销活动前后的整体销售额、客户数大小变化情况进行评估。

(2) 对营销活动前后的老客户响应度、购物频率以及消费金额等关键指标的变化情况进行评估。

(3) 对沉睡会员的转化率、参与活动的客户数以及所产生的销售额进行评估。

•专家提醒

在本案例中，给人最大的感觉就是，母婴店通过各种手段、利用各种数据信息、挖掘各种商业价值、带动各种可能进行的消费，从而扩大利润。不得不承认，这种方式的数据挖掘与数据利用，发挥到了极致。

5.3.4　上品折扣——用大数据走全渠道营销

在国内，最早用“折扣”吸引大众眼球的，不是淘宝和京东，而是上品折扣。

上品折扣(Shopin)是中国都市型百货折扣连锁店旗舰品牌，囊括 8 家实体店和 1 家电子商务网站——上品折扣网。它包括 600 余个国内外知名品牌、近 10 万款商品，基本上涵盖了所有百货门类。

2009 年，上品折扣率先在传统零售商中开始了 B2C 网上商城业务，并在行业中逐渐处于领先地位。2009 年 5 月，上品折扣旗下官方购物网站“上品折扣网”上线，如图 5-18 所示。从那以后，“上品折扣网”实现了由单店购物系统到多店购物系统的升级。

图 5-18 上品折扣网主页

1. 对所有进店商品进行数据采集

公司要求每个进店品牌的供应商等能搜集到的信息，全部进行详细的录入，并实时更新。2009 年，公司为所有员工配备了 PAD，所有商品信息必须从 PDA 录入，用 PDA 开票，以使商品销售数据全都汇聚在上品折扣的数据库中。

后来，上品折扣又自己独立研发安卓应用终端，所有导购员通过 PDA 录入商品数据，使商品信息全部数字化。这样一来，公司就可以根据这些录入的数据信息进行商品调配，导购员也可以查询商品的具体信息，帮助顾客下单购买。

2. 实现门店之间、线上线下的数据共享

各个门店之间想要做到业务的融合，就必须做到数据的共享。所以，2009 年 7 月，当上品折扣网正式上线时，其商品信息系统实现了线上线下、门店与门店之间的

互通。无论哪个渠道售出了商品，其后台的单品管理系统都会实时锁定该商品的销售数据。这样所有的销售数据，任何一家门店、线上商店都能获取到。

3. 利用数据进行商品规划

上品折扣公司拥有一个商品规划部，它的职责是依托后台系统支持，制定年、季、周的商品营销计划。每个营销计划都要参照以往的销售数据、物价变动、市场发展趋势、气候变化等综合因素，然后再细化到每个商品的价格区间、商品颜色等内容。

4. 逐步尝试商品定制

2010 年上品折扣推出了“定制化商品”，即提前半年与知名品牌商预约下一季的款式，在质量与潮流元素不变的情况下做出部分“减法”，以便形成价格优势，适应折扣店的销售需求。

通过数字化的单品管理，为上品折扣进行战略的调整和转型提供了非常大的空间，也使他们在电子商务大潮到来之际显得比其他传统零售企业更从容。三年后，上品折扣就积累了大量的商品数据。为了利用好这些数据为企业和供应商服务，上品折扣开始了 BI 分析的探索之路。

2013 年新年刚过，在北京中关村的一家上品折扣店内，出现了一台带有触摸大屏的导购机。顾客只要用手指在屏幕上随便浏览点击，上面就会显示所需商品的所有信息，例如商品的价格、品牌商、尺码和库存等信息，以及在店内的货架位置。这还不是主要的，顾客还可以用手指拖拽几件同类商品到显示屏中央，进行全方面比对，甚至还可以发邮件给亲朋好友，请他们给出合理的建议。

•专家提醒

尽管不断涌现的新技术正在快速催生新一代全渠道消费者，但对诸多传统零售商，特别是百货零售商而言，面对不确定的战略转型路径，那些敢冒风险、大胆探索的企业，其经验是值得关注的。

5.3.5 英国酒吧——用大数据分析顾客喝什么

英国 37 岁的诺厄·布尔金毕业于牛津大学，曾经在美林和拉扎德做过 15 年的并购专家。2013 年他离开自己的老本行，开起了自己的酒吧公司。截至 2014 年 8 月，他已经收购了几百家经营不善的酒吧，这个举动看起来有些疯狂，而对于布尔金来说，他打算从追踪啤酒价格、日销售波动、顾客饮酒偏好等各处细节入手，帮助这些酒吧扭亏为盈。

想要让这些酒吧扭亏为盈，了解定价以及酒水种类是关键，而许多酒吧恰恰缺乏这类数据。在他看来，英国酒吧因为缺乏对自身经营的关注，已经在很长时间里受到不利影响。如果能够让定价和产品成为业务核心，那么就会有绝佳的机会摆在面前。

英国啤酒与酒吧协会提供的数据显示，在经济衰退、2007 年公共场所实施禁烟令、超市售卖更便宜酒类等多重因素的冲击下，2004 年至今，整个英国已有大约 1 万家酒吧关门。酒吧的啤酒销量比 2000 年下降了 45%，由此导致那些之前急于扩张的酒吧被债务压垮。

不过如今，酒吧业经历的寒冬正在逐渐消融，这在一定程度上要感谢布尔金这样的投资者。在下滑了 6 年之后，开业一年以上的酒吧已连续 14 个月实现了销售额的不断上涨，各个酒吧也因此看到了希望。

整个英国 5 万家酒吧大致可以分为以下三类，如图 5-19 所示。

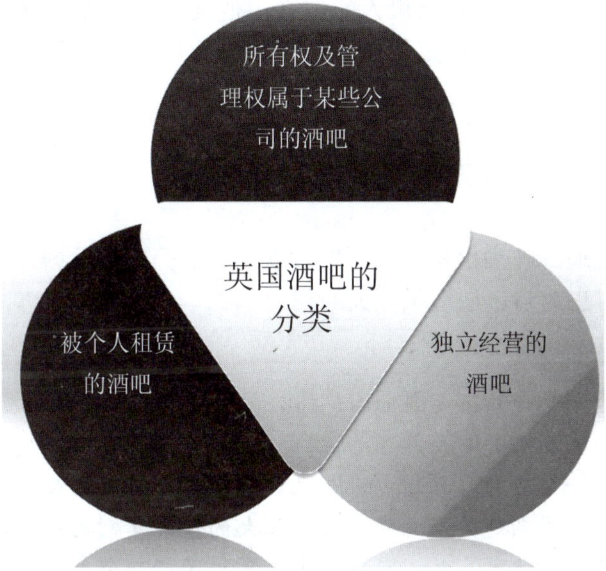

图 5-19　英国酒吧的分类

1. 所有权及管理权属于某些公司的酒吧

这种公司旗下的酒吧一般是最能在行业中站得住脚的。由于酒吧背后有强大的公司、企业做后盾，所以酒吧的规模是比较大的。同时也有强大的经济支柱，就算出现经营不善或者行业变化等问题，在公司的帮助下也能做出很好的调整或转型。

2. 被个人租赁的酒吧

租赁型酒吧的日子最不好过。由于酒吧所有者“肆意欺压”酒吧承租人，所以英国议会一个商业委员会，在过去十年对酒吧所有者占承租人便宜、隐瞒租金制订标准、强迫承租人只能从一家供应商购买啤酒等投诉展开了多起调查。

3. 独立经营的酒吧

独立经营的酒吧正好处于以上两种酒吧类型的中间地带，它比不上大公司旗下所属的酒吧，但又比租赁型酒吧的日子好过得多。所以这类酒吧在正常情况下很难做大，同时酒吧为其所有者带来的利润也是可观的。

而布尔金看中的酒吧大多是租赁型酒吧，他对每家酒吧都投入了 1 万到 10 万英镑不等的资金进行翻新，并且安装了新式触摸屏收银机。该收银机能够连接到一个中心数据库，方便他观察酒吧卖出了哪些酒，又有哪些酒无人问津。

布尔金在过去一位银行业同事的帮助下，对酒吧的潜在销售额和利润进行预测，分析顾客可能会点什么酒以及他们愿意付多少钱，而此前酒吧行业的低端市场并没有做到这一点。

布尔金还希望改善同酒吧承租人的关系。他要求公司经理每周与酒吧承租人碰面，讨论供应哪些啤酒、如何定价以及怎样才能让自己的酒吧在众多竞争者中脱颖而出。

除此以外，要吸引英国人进酒吧还需要营造出轻松惬意的氛围。在赫特福德郡韦林的白马酒吧，当顾客走进酒吧的时候，大部分顾客都觉得自己就像是电影《欢乐酒店》里的诺姆。

就这样，通过追踪啤酒价格、分析顾客饮酒偏好等细节数据，布尔金帮助这些酒吧扭亏为盈，同时也为自己创造了巨大的利润。

·专家提醒

《欢乐酒店》是一部在美国全国广播公司首播的长篇情景喜剧。该剧于 1982 年 9 月 30 日开播，1993 年 5 月 20 日剧终，共 11 季 270 集。故事背景设在马萨诸塞州波士顿的一个名为 Cheers 的酒吧里，那是一个当地人见面、喝酒、放松以及社交的去处。该剧是美国电视史上最伟大的情景喜剧之一，之后又以《欢乐一家亲》的剧名延续故事，共同陪伴美国人度过了 22 个春秋，见证了美国电视情景喜剧的全盛时期。

第 6 章

大数据在交通行业中的应用

学前提示

目前行车安全、交通拥堵等问题无时无刻不困扰着司机，给人们的出行带来了极大的不便。而在大数据时代，解决这些问题已经不是什么难事，利用好大数据，可使我们的行车更安全、交通更畅通。

要点展示

- 汽车、交通行业的几大问题
- 用大数据解决汽车行业问题
- 大数据在汽车、交通行业中的应用

6.1 中国汽车行业的现状

汽车是人们日常生活中必不可少的交通工具，随着人们收入的提高，私家车也越来越多，由此带来的交通拥堵、交通事故、汽车防盗等问题也越来越突出。

6.1.1 交通拥堵

交通拥堵是现代城市最突出的问题，尤其是在我国一线、二线城市，似乎再合理的道路建设和管理，都很难在一定程度上缓解交通的拥堵。其实最根本的原因除了与司机本身的驾驶素质有关之外，就是中国城市道路的建设跟不上汽车数量的递增。

2014 年 1 月，公安部交管局公布，截至 2013 年年底，包括汽车、农用车等在内的全国机动车数量已突破 2.5 亿辆，机动车驾驶人近 2.8 亿。10 年间，我国汽车增长过亿辆。目前，全国有 31 个城市的汽车数量超过 100 万辆。

然而在 2003 年，我国汽车仅有 2400 万辆，占机动车总量的 25%。在这十年里，汽车年均增加 1100 多万辆。2013 年，汽车保有量已达到 1.37 亿辆，占全部机动车的 54.9%，比十年前提高了 29.9%。

目前，全国有 31 个城市的汽车数量都超过了 100 万辆。北京、天津、成都、深圳、上海、广州、苏州、杭州 8 个城市的汽车数量甚至超过了 200 万辆，而北京的汽车数量更是超过了 500 万辆。

所以，**相对于道路网的承载力来说，汽车数量过多，是诱发交通拥堵的主要原因。**从某种程度上说，交通拥堵是汽车活动的产物，汽车越多，车流量越大，尤其是在人们上下班的高峰期，交通阻塞现象尤为明显。例如在北京的中心区，高峰期交通速度每小时仅有 16 公里，如图 6-1 所示。

图 6-1 北京早高峰的拥堵状况

交通拥堵导致时间和能源严重浪费，影响城市的经济效率。尤其是对于上班族来说，早高峰如果堵车的话，基本上注定就要迟到。在大城市，汽车数量的增长速度远远高于道路的建设速度，道路的建设和汽车的增加有可能形成恶性循环，导致更为严重的交通阻塞。

6.1.2 交通事故

交通事故是许多城市都存在的且日趋严重的问题。交通事故不但导致了对贵重医疗设施需求的增加，而且使受伤者痛苦不堪。

2012 年 8 月 26 日凌晨 2 点 40 分许，高茂高速安塞段发生一起客车与运送甲醇货运车辆追尾碰撞交通事故，引发甲醇泄漏并导致两车起火，造成 36 人遇难，3 人受伤。

图 6-2 高茂高速交通事故现场

2012 年 8 月 29 日，国务院“8·26”特别重大道路交通事故调查组在延安召开第一次全体会议宣布：初步调查显示，这是一起因两车驾驶员违章导致的事故。

据统计，2008 年全国共发生 265204 起交通事故，2009 年 238351 起、2010 年 219521 起、2011 年 210812 起。从统计来看，虽然近几年我国的交通事故量呈下降趋势，这与交通管理部门加强管理、城市道路建设改善以及司机驾驶素质提高有很大关系，但是事故总量还是很大。

6.1.3 停车困难

汽车行驶会占用交通道路，停车时又会占据一定空间，汽车越多占据的空间就越大。所以在城市中心区，人多车多空间少，停车场与汽车数量很不相称，停车困难也

是我国交通行业的一大现状。

停车难有多种因素在里面，除了汽车数量越来越多的问题，还有一部分是因为找不到停车位，或者是不知道自己准备停车的地方是否有空闲车位。于是司机就开着汽车在停车场里徘徊，寻找停车位。这不仅耽误了时间，更重要的是这样没有头绪地在公共道路上边开车边寻找车位，更加重了交通拥堵，如图 6-3 所示。

图 6-3 停车场入口拥堵现象

对于有车族来说，不仅外出没地方停车，即使回家在小区里也可能会出现这样的情况：过道上“塞”满各种车辆，拥挤不堪，居民楼下和小区内的人行横道变成了露天停车场。

除了小区停车难，一些大型的商场、酒店、医院等地车位也非常紧缺。

6.1.4 汽车盗窃

有车一族还有一个顾虑就是害怕爱车被偷，或者是车内物品被盗。近年来，随着汽车盗窃率的增高，防盗器、中控锁、排挡锁、方向盘锁等防盗装置层出不穷，如图 6-4 所示。尽管如此，汽车失窃的案件还是没有减少，偷车贼的盗窃技术也是花样百出，这让很多车主，特别是一些新车主“寝食难安”。

2013 年 9 月 26 日凌晨，赣榆县青口镇居民王某报警称，其停放在楼下的一辆北京现代轿车被盗。案发后，赣榆县公安局立即成立专案组展开案件侦破工作。

民警通过网上拓展联查，借助异地高清平台对被盗车辆进行检索，锁定了犯罪嫌疑人的逃跑路线。通过高清图片甄别，发现驾车嫌疑人的一些外形特征。于是，民警通过异地监控锁定的时间反查被盗车辆在赣榆县视频监控下的活动轨迹。

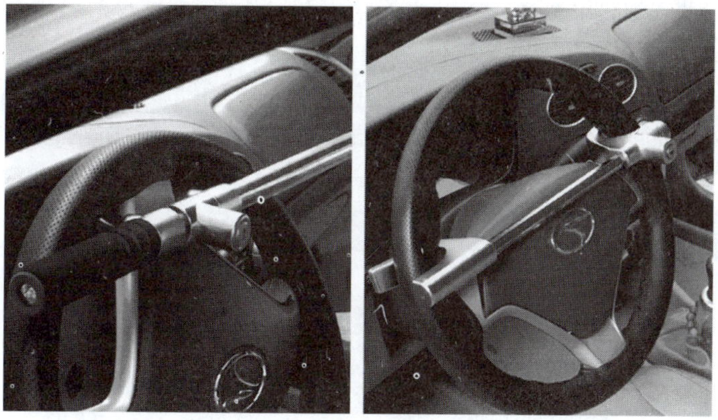

图 6-4 汽车方向盘锁

通过跟踪侦查将嫌疑人驾车逃跑路线的监控视频一一刻画出来，成功锁定了嫌疑人的逃跑路线，并迅速确定嫌疑人系山东省临沂市沂南县人。专案组第一时间赶赴沂南县实地开展侦查工作。

专案组在山东警方的大力配合下，经过周密部署、伏击守候，成功抓获正准备交易赃车的 2 名犯罪嫌疑人。经审查，自 2013 年 8 月份以来，犯罪嫌疑人窜至江苏省赣榆县、山东省枣庄市、泰安市、安丘市等地盗窃轿车 12 辆，涉案金额 70 余万元。

除了汽车防盗之外，车内的贵重物品近年来也成了窃贼的目标。与汽车相比，车内的物品往往也是价格不菲，而车内的物品更容易被窃贼携带、隐藏，这也是为什么车内物品成了窃贼目标的原因。

6.2 用大数据解决汽车行业问题

现在，汽车既能接收数据，也能将数据发至云端、交通基础设施以及其他车辆。我们能否充分挖掘出互联汽车的价值，直接与这些数据有关。

6.2.1 用大数据缓解交通拥堵

2014 年五一期间，京藏高速公路出现的 55 公里的大堵车再次震惊了世界。中国的交通拥堵问题又被空前关注起来。难道这种拥堵真的没有解决之道了吗？

可以肯定地说，大数据的应用对交通管理部门而言将是一种非常好的工具，它能提升管理部门的效率和能力。

在目前，大数据在交通中的商业应用主要是智能导航。例如智能手机的地图应用，打开 GPS 或北斗定位系统，地图提供商将收集到的这些数据进行大数据分析，由此得出实时道路交通拥堵状况、出行流动趋势或特定区域的人员聚集程度，从而给出行提供参考。

又如百度手机地图就根据用户设置的出发地与目的地，主动规划出行路线，并标出这条路线中可能拥堵的路段，从而方便司机选择，如图 6-5 所示。

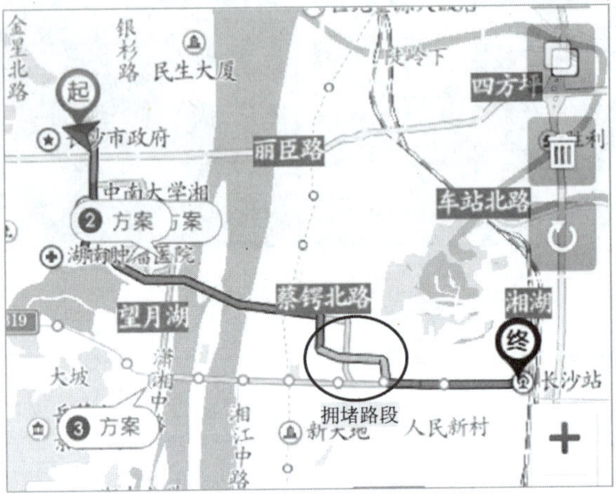

图 6-5　百度地图标记的拥堵路段

一个城市，如果把车和车以及车和道路充分链接到位的话，从理论上来说，可以提升这个城市道路的通行能力 270%。交通拥堵的核心是通行能力与通行需求不匹配，可能是道路资源不够，也可能是车流量的迅增而导致。但无论是什么情况，能做到各个路段车辆的有效分流是关键。

6.2.2　用大数据降低事故率

利用大数据降低车辆的事故率看起来是一件不可思议的事情，因为这似乎是在说大数据会主动告诉司机接下来将会发生什么、存在什么样的危险。当然这有点将大数据给神化。但是利用大数据了解汽车某个部件的损耗情况，能在车辆因机械原因发生事故前做出预警，也是很有必要的。

例如现在的 4S 店基本上都可以为汽车安装上特殊的感应装置，可用来监测车辆各个重要零部件的运行参数，然后这个装置会自动将参数发送给 4S 店，再由 4S 店的工作人员对这些参数进行分析，从而实时监测汽车重要零部件的情况，并预测可能会出现的故障。

当工作人员发现有些零部件的参数发生变化时，再通过数据变化的幅度来判断车辆发生故障的概率，并通知车主，从而降低事故率。

所以说，大数据在降低事故率方面，将会带来巨大的市场。也许在不久的将来，通过大数据，车主可以第一时间了解到车子可能会发生的故障，甚至是当汽车将要发生撞击的时候，汽车会自动进行减速，自动打开车内的保护装置，从而最大可能地保护车内人员的安全。这些在大数据时代都是有可能实现的。

6.2.3 用大数据缓解停车难

“停车难”，之所以难是因为不知道哪里有车位，如果有人能告诉司机哪里有车位或者是哪辆车即将开走马上就会有车位的话，停车也将不再是难事。

现在智能手机的应用软件基本上已经涵盖了生活中各种所需。就拿停车来说，没有人会主动告诉我们哪里有停车位，而智能手机却可以。例如安卓应用中的《停车百事通》这款软件，就可以根据 GPS 位置快速精确定位，让车主快速找到关注地附近停车场的位置、类型(地面、地下)、价格以及剩余车位等信息，并提供给车主实景图、最佳到达停车场路线，如图 6-6 所示。

从图 6-6 中我们可以发现，深圳市宝安区的宝安国际大道旁的华丰国际商贸大厦有 286 个停车位，虽然周围还有一些免费的停车场，但是车位并不是那么多，再加上华丰国际商贸大厦的停车费只需要 5 元，综合考虑一下这个停车场还是比较合适的。

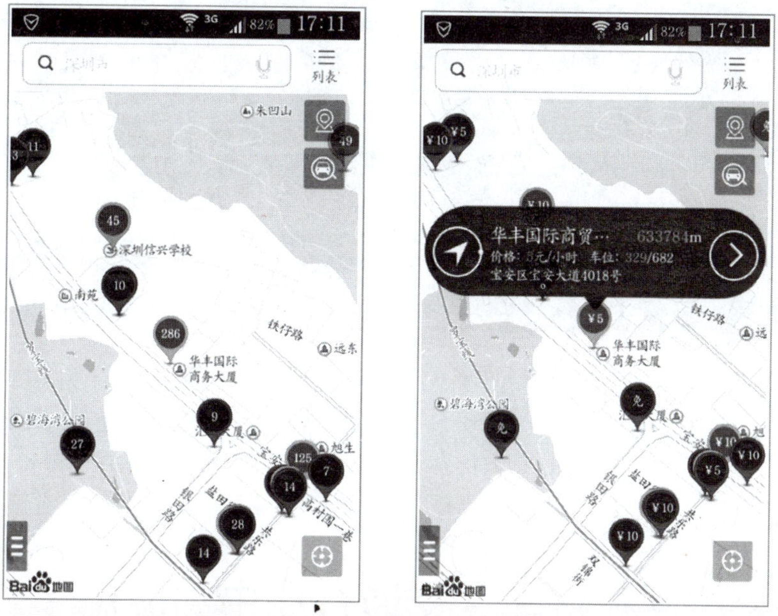

图 6-6 《停车百事通》查找界面

6.2.4 用大数据预防汽车盗窃

几乎所有路上跑着的汽车都在时刻生成惊人的海量数据，例如谷歌无人驾驶汽车每秒产生约1G的数据，相当于每秒发送20万封纯文本电子邮件或用电脑复制一部高清电影。倘若能有效地收集并利用每辆汽车的数据，则十分有助于整个汽车行业。

前面曾介绍过，自动驾驶、机器人等拟人化的设备，对数据传输速度要求是非常高的。大数据利用到汽车防盗中，目前最常用的就是汽车的GPS定位功能，无论这辆车走到哪里，都可以通过GPS的定位功能找到这辆车，所以这就需要汽车每时每刻都要向数据中心发送位置信息。但是偷车贼没那么笨，偷走了车以后要做的第一件事情肯定是破坏掉GPS功能。

所以，利用大数据对汽车进行无法破坏性的武装，这才是根本。看过电影《2012》的人应该还记得里面的一个场景：当杰克逊·柯蒂斯在飞机内想要启动一辆宾利汽车时，始终启动不了，随后坐在副驾驶的尤里说了一句“发动、引擎”，车子就点着火了，如图6-7所示。

别看这是一个简单的声控操作系统，它要处理的信息量可不小。首先这个系统要记录声控密码，即“发动、引擎”；其次系统要在周围嘈杂的声音中辨别出正确的声控答案，然后与系统匹配之后方可启动。所以像这样的汽车，一般的偷车贼即使进入了车内，如果不知道车子有这种声控系统的话，也是开不走的。

图6-7　电影《2012》中的声控宾利车

所以对于汽车防盗，以后可能还会有更加全面的防盗系统，甚至是语音解锁。但无论什么样的系统，都离不开对数据的处理。这应该算是大数据对于汽车防盗所做的最突出的贡献。

6.3　大数据在汽车、交通行业中的应用

其实大数据在汽车、交通行业中的运用已经不是什么新鲜事了，只是我们没有发现而已。下面就通过具体的案例来分析一下，商家是如何利用大数据来为自己获取更大的价值，占领汽车市场的。

6.3.1 日本——研究坐姿与汽车防盗

坐姿、汽车防盗，这两个词就像是两条平行线，估计谁也不会把它们联系在一起。然而在日本就将这两个词紧密联系在了一起，那就是“坐姿能够促进汽车的自我防盗功能”。这个概念听起来有些可笑，除非汽车能够通过驾驶员的坐姿自动辨识出坐在车上的人是否为驾驶员，的确如此。

日本先进工业技术研究所的教授越水重臣和他的工程师团队，通过在汽车座椅下安装压力传感器，以测量人对椅子施加的压力。这个压力传感器多达 360 个，基本上将座椅与人体的整个接触面都覆盖了。通过一个个传感器，把人体屁股特征转化成数据，每个传感器的数据范围是 0～256。

司机就像为保险箱设置密码一样，坐上座椅以后，座椅会自动将司机与座椅的压力转化为数据存储进系统，这样就会产生关于专属司机的精确数据资料，如图 6-8 所示。如果坐在驾驶座上的不是车主本人的话，压力感应装置的数据信息与系统的数据信息就无法匹配，进而也就无法发动汽车。在这个试验中，这个系统能根据人体对座位的压力差异识别出乘坐者的身份，准确率高达 98%。

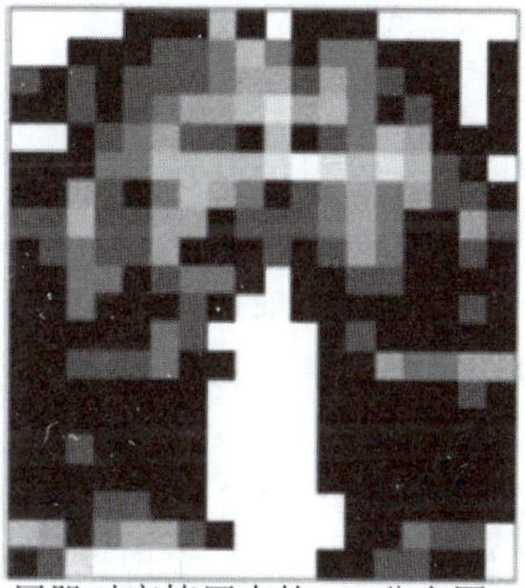

屁股对座椅压力的 2D 分布图

屁股对座椅压力的 3D 分布图

图 6-8 屁股对座椅压力的分布图

那么这时候就会有人担心了，如果司机的身形发生改变的话，不就影响系统的识别了吗？其实这个系统并不是那么简单，因为这套系统并不会那么脆弱。一些数据的汇集不仅仅是验证谁是车主这么单一。在日常的行驶过程中，这个系统可以收集司机的姿势变化情况，就算系统一时无法“辨认”出车主，也可以通过反复改变坐姿来使汽车能够“识别”。

如果系统真的无法“识别”车主的话，系统就会要求司机输入密码，如果司机无法输入准确的密码，汽车就依旧发动不了。就像现在的智能手机有一个人脸识别解锁的功能，如果因人脸发生变化(如发型)而使手机无法识别的话，系统就会转到密码锁，输入正确的密码同样可以解锁。

另外这个系统还可以警示疲劳驾驶者或者触发自动刹车，甚至可以记录盗贼的身份，帮助警察建立偷车贼档案。

·专家提醒

通过本案例坐姿与汽车防盗研究的介绍，相信很多人都能深刻体会到大数据的细微之处。站在商业的角度来看，如果能用大数据“武装”汽车的话，那将会为汽车生产商、汽车销售商以及 4S 店带来巨大的商业利润。而站在车主的角度来看，就算花再多的钱，只要能让爱车达到很高的安全级别那也是非常愿意的事。

目前汽车上已有很多应用了大数据的地方，比如自动转向、自动刹车等，更多的是汽车制造商通过对驾驶者数据的监听来获得汽车零部件的消息，来判断汽车零部件的损耗情况。例如大型的车辆所在的公司可能需要这些数据来判断哪些部件会出现问题，提前进行预防和更换，以减少维护和燃料费用。

6.3.2 福特——用大数据来造皮卡汽车

福特为美国福特汽车公司旗下的众多品牌之一，是世界著名的汽车品牌。其品牌名“福特”来源于创始人亨利 • 福特的姓氏。福特汽车公司是世界上最大的汽车生产商之一，成立于 1903 年，旗下拥有福特和林肯汽车品牌。

F-150 是福特旗下的经典皮卡，是 F-Series 系列中销量最高的车型，并高踞美国十大畅销车榜首，连续多年获得美国最佳汽车称号。它的销量超过了其他任何一种大型卡车品牌。

F-150 的设计团队 Cavaretta 为 CO_2 减排做了许多努力，这个项目主要是用来研究现有的和将来可能成为主流的技术。在估算了成本和利润，以及实现这种技术可能需要的时间后，把它们都放到一起并做一个优化处理。其最终的目的就是发现车辆各个组成部分的特点，通过各个组成部分的数据进行分析，找出最佳的搭配组合。而轻量铝就是被挑选出来的新技术之一。例如重新设计的 F-150 皮卡，由原来的钢换为轻质量的铝，从而减轻车的重量，以减少燃料消耗，如图 6-9 所示。

数据和分析已经渗透福特公司的每一个活动中，从预测商品的价格到理解消费者真正需要什么，从公司应该为客户生产哪种车型到这种车型应该采购哪些零部件，再到是否要新增轿车和卡车的车型等。而背后支持这些活动的就是福特公司近 200 名大数据和分析专家，他们分别来自不同学科，工作在福特称之为卓越分析中心的部门。他们会参与到福特公司各个部门，包括营销、研发以及信贷服务等。

图 6-9 福特 F-150 皮卡车

Cavaretta 的团队通过使用完全不同的数据源、社会媒体帮助公司弄清楚，为什么美国和欧洲国家的车主一样，都不喜欢 three-blink 转向信号(行车线变化时转向灯闪烁 3 次)。后来在对社会媒体进行一些深入的数据挖掘后，发现其中的满意度问题，原先被定位于车辆的转向信号上，而实际上是方向盘的问题。所以解决了方向盘的问题，人们也就不再抱怨转向灯了。

这样不断地通过对用户数据的挖掘、分析，使福特公司的汽车更加人性化，在市场上夺得了较好的口碑。

•专家提醒

大数据对福特公司有着很重要的意义。关于汽车的数据，关于这家世界五百强公司战略的数据，甚至还有关于客户如何看待福特公司这样的数据，对于福特公司来说都是至关重要的创新依据。所以汽车生产行业和普通产品制造业一样，要根据消费者的意见进行改进，因为消费者的消费观念、消费水平、审美观念在变化，而生产也更要随时改进。

6.3.3 车联网——用大数据建立商业模型

车联网概念引申自物联网，是由车辆位置、速度和路线等信息构成的巨大交互网络。车联网的概念尚无定论，传统的车联网定义是指装载在车辆上的电子标签通过无线射频等识别技术，对所有车辆的属性信息进行提取和有效利用，并根据不同的功能需求，对所有车辆的运行状态进行有效的监管和提供综合服务的系统，如图 6-10 所示。

车联网的商业模式主要是卖设备、卖服务和卖数据。

卖设备就是把 OBD(车载诊断系统)设备卖给车联网的运营商。OBD 设备包含了 OBD 模块、通信模块(多是蓝牙的或 GSM(全球移动通信系统))、GPS 定位模块等，还有些厂家的设备包含 G-Sensor(重力感应器)。

图 6-10　车联网示意图

卖服务一般是由车联网运营商为车主提供的各种用车管车服务，比如车队管理。除此以外也包括增值服务，比如 4S 集团使用 OBD 设备来加强与客户的联接。其服务收费方式通常是按年收费。

卖数据是指通过对车联网数据的分析，从而提供某种个性化的服务。这种服务不限于汽车使用，更侧重汽车活动，例如目前比较盛行的汽车保险。

为了发挥数据的最大价值，数据应该具备一定的、可控的开放性，才能形成良好的生态链及其多样性。具体而言，数据开放性体现在 3 个方面：设备、车联网服务、保险服务。

首先是设备。**设备是哪个厂家的并不重要，重要的是这些设备采集的数据能够进入运营平台。**这些数据可以是异构的，即结构是不一样的，但具备同样的含义和价值。

其次是车联网服务。**目前的车联网服务商是要控制设备的，而 OBD 设备更多的是由服务商自己做(因为需要卖设备来赚钱)**。对这些服务商，可以采取数据合作的形式，让车主自主选择。

最后是保险服务。**对于车联网服务商来讲，可以同时为几家保险公司提供设备、系统或者服务。于是他们就有可能让自己的客户来选择保险公司**。运营平台可以对此开放相关保险数据，而保险公司要控制的是现金流等金融操作。

当然，数据必须是在可控的、安全的前提条件下。要做到数据的开放与可控，需要运营管理与技术处理的良好结合。以大数据营销中的卖车险为例，整个数据的处理流程如图 6-11 所示。

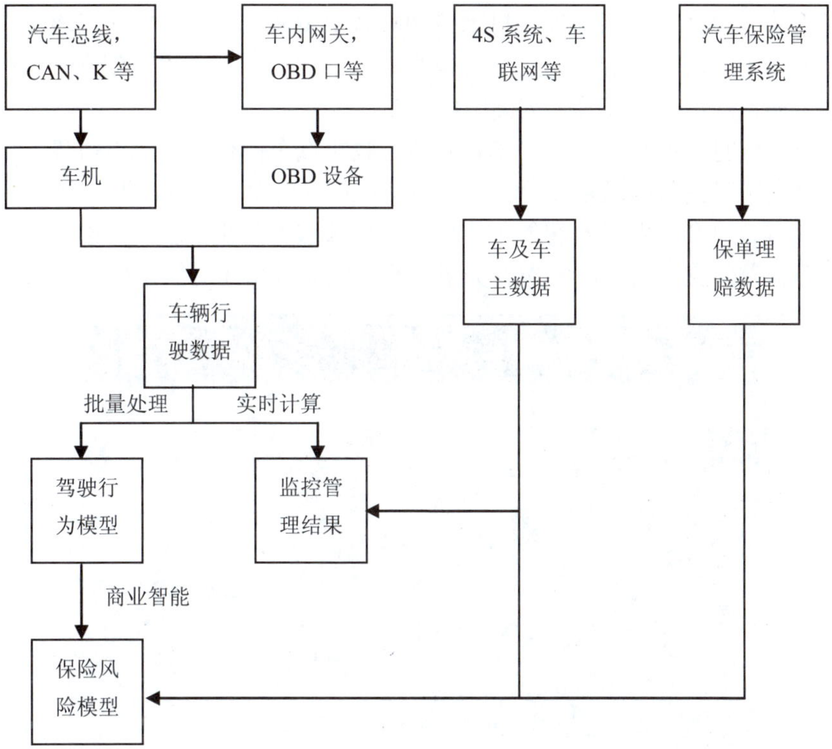

图 6-11　大数据处理车险流程

这些过程都有较为成熟的技术，并且都较好地解决了透明化通信、热部署等编程及系统管理性问题。通过这样一个数据系统，最终可以得出一个最佳的保险风险模型，而这个模型就等于是利益或利润。

•专 家 提 醒

在车联网中，由于车型的多样性、设备工作环境的复杂性，数据是不可能达到统一的质量标准的。如何处理不同的可用率的数据、如何对待由这些数据产生的价值精准性，是必须考虑的重点问题。所以不管在数据处理的哪个环节，使用哪种处理技术，对于数据的质量识别、优劣控制都是必需的。

车联网大数据其实就是大数据的不同商业模式。大数据转卖他人，同时又可以直接利用产生价值，将价值的产物继续使用或转卖：卖设备、卖服务和卖数据等。这些信息一旦到了汽车生产商、汽车销售商、汽车 4S 店就能产生出更大的商业价值。

6.3.4 丰田——用大数据提供交通信息

丰田汽车公司是一家总部设在日本爱知县丰田市和东京都文京区的汽车工业制造公司，是世界十大汽车工业公司之一，也是日本最大的汽车公司，创立于 1933 年，旗下品牌主要包括雷克萨斯等系列高中低端车型等。

2013 年 5 月 29 日，丰田汽车宣布通过收集汽车的位置和速度等庞大的“大数据”，开发出了可提供交通量和行驶线路等交通信息的服务。这项服务计划从 6 月 3 日起面向地方政府和企业以及智能手机用户。此项服务的重点在于，改善道路的拥堵状况，并且在发生灾害时及时掌握受灾情况和实施灾害重建对策，如图 6-12 所示。

图 6-12 丰田通信信息终端

丰田的“大数据交通信息服务”使用通信信息终端，收集了 330 万台搭载导航系统的汽车行驶 1 年的位置和速度等信息。通过分析这些信息为用户提供在地图上显示道路的拥堵情况、发生灾难时可行驶的道路以及避难所的位置等服务。

不仅如此，该服务系统还能够将急救车和消防车等车辆的位置信息显示在地图上。地方政府和企业可通过电脑、平板电脑以及手机获得这些信息。每月的使用费用最低 21 万日元(约合人民币 1.2 万元)。除交通量等信息外，可将“防锁死刹车安全控制系统(ABS)”启动的地点显示在地图上，费用为月 20 万日元(约合人民币 1.15 万元)。对于企业和政府来说，这个价格已经非常低廉了。

·专家提醒

汽车积累的信息越多，数据分析的精确度也就越高，同时其信息价值也会增加，分析企业市场营销战略的服务需求也会不断扩大。这样用户就可以通过电脑和智能手机轻松地掌握事故多发地点的信息。

交通拥堵是全球大部分国家的大问题，丰田利用大数据进行交通信息的收集与共享，使城市交通拥堵的现象有所缓解。虽然在互联网智能时代，获取交通信息的渠道多种多样，但是下载丰田这种实时更新的、精准的交通信息服务还是很少的。当然笔者也希望这样的服务系统能够更广泛地运用。

6.3.5 诺基亚——用大数据保障行车安全

诺基亚是一家总部位于芬兰埃波的移动通信产品跨国公司。公司成立于 1865 年，当时以造纸为主，后来逐步向胶鞋、轮胎、电缆等领域发展。随着电子通信的广泛使用，诺基亚也逐步发展成为一家手机制造商。自 1996 年以来，诺基亚连续 14 年占据市场份额第一。

2013 年 9 月 3 日上午，微软宣布以约 71.7 亿美元收购诺基亚手机业务，以及大批专利组合。2013 年 10 月 3 日，诺基亚 Here 业务部门的执行副总裁迈克尔 • 赫尔博称，将手机业务出售给微软后，诺基亚会将业务重心转向地图服务，希望该业务能成为公司新的增长引擎。同时诺基亚也希望将 Here 数字地图服务普及到更多的手机、更多的汽车和更多的企业中。

在加州伯克利的一个办公室里，诺基亚员工可以观察到司机开车的情况。原因是用户所使用的 GPS，或者是智能手机应用的数据都可被诺基亚收集，诺基亚每月可从司机那里收集 210 亿个数据点。

有人会担心，诺基亚的这种行为会不会涉嫌侵犯用户的隐私。其实这种担心是多余的，诺基亚并不会收集用户的个人信息，因为每一个 GPS 数据点并没有注明是哪一个司机的车，他们从用户那里收集的只是一个个数据，而这些数据对应的是哪一台车、哪个用户是没有注明的。

对于诺基亚公司来说，真正的价值来自看大数据视图，以及找出大部分司机是如何处理道路问题的。诺基亚将收集到的数据主要用于诺基亚的高级驾驶员辅助系统计划中。这将使汽车在将来遇到危险、天气事件或者是道路上的其他危险时发出警告。

为了帮助这些数据达到可视化，该办公室的负责人展示了一个视频，在视频中，可看到路上每个已激活定位功能的设备，还有桥上的流动车辆，不停变换的颜色展现了车辆行驶的速度，如图 6-13 所示。对于其他地区，也可通过大数据指出城市里出现的拥堵或者突发情况，从而帮助用户规划更好的行车道路。

诺基亚还分析了荷兰的埃因霍温的数据，关于司机如何处理道路的问题。在埃因霍温附近的道路上专注于一条特别弯道，麦克法兰制做出不同的视频去观察该地汽车的行驶方式，以及司机在转弯之前的刹车情况。

进一步研究发现，弯道的角度不同，车辆所产生的横向惯性力也不同，并给出了不同弯道区域的横向惯性数值。这一数值符合大多数驾驶员在舒适区刹车的平均值，如图 6-14 所示。

图 6-13　视频显示该路段汽车的行驶速度

图 6-14　转弯路段横向力度值

所以，诺基亚的高级驾驶员辅助系统会根据车辆的行驶轨迹、道路数据来提醒司机，显示转弯的安全平均速度。同样，自动汽车可以通过数据来接近人类，模拟人类如何驱动，为乘客提供一个更加舒适的乘车环境和娴熟的操作经验。

目前，大多数的诺基亚交通数据已被用于汽车导航领域，帮助司机避免陷入交通堵塞。录入必应(Bing)和雅虎地图(Yahoo Maps)等软件的数据也是由诺基亚对道路交通搜集的数据。

·专家提醒

通过这个案例，一方面可以看出诺基亚公司对于数字地图所做出的不懈努力以及获得的成果；另一方面也让人看到诺基亚公司的成功转型。这种转型使诺基亚的业务范围更广，获得的收益将会更多。

第 7 章

大数据在餐饮行业中的应用

学前提示

民以食为天，在众多的行业中，餐饮业竞争最为激烈。那么，如何才能做到利润最大化呢？在大数据时代，只要利用好大数据精准营销的特点，即可帮助餐饮经营者通向成功。

要点展示

- 中国餐饮业的现状
- 大数据对餐饮行业的作用
- 餐饮行业大数据应用案例

7.1　中国餐饮业的挑战

经过二十多年的发展，当代中国的餐饮业已经成为市场化程度最高、竞争最充分、发挥速度最快的行业之一。然而透过表面的繁荣，依然可以发现中国餐饮业仍然存在的诸多问题。

7.1.1　卫生安全问题

“病从口入”这个道理谁都明白。改革开放前的人们渴望能吃饱，改革开放以后人们开始渴望能吃好。而现如今，人们更多的是渴望吃得健康。所以在如今的餐饮行业，食品健康在一定程度上影响着餐饮业的发展。

例如三鹿集团开发的三鹿奶粉，由于不法奶农向鲜牛奶中掺入三聚氰胺，从而造成婴儿患肾结石。2008 年 9 月，上海、浙江、江苏、山东等地的多家卖场和超市的三鹿奶粉相继下架，如图 7-1 所示。2009 年 2 月 12 日，石家庄市中级人民法院发出民事裁定书，正式宣布石家庄市三鹿集团股份有限公司破产。

图 7-1　超市工作人员在将三鹿奶粉下架

对于餐饮行业来说，管理不善、审核不严格、甚至是通过违法来获取利润的餐饮企业，无论有多大、资金有多雄厚，都有可能在短时间内垮台。所以对于餐饮行业的经营者来说，餐饮卫生安全是重中之重。

除此以外，餐饮行业还受到地沟油、原料腐败、有害物质等众多因素的影响。对于企业来说，只要查出一起食品安全问题，基本上这个企业或就无法在市场立足。所以对于餐饮行业，一定要严格把关、用心经营，确保消费者能够吃到安全、健康事物。

7.1.2 成本控制问题

对于餐饮行业来说，省钱就是赚钱，控制成本才是省钱的基础。但是省钱说起来容易，做起来却很难。随着物价的上涨，凡是能用钱解决的东西价格都在上涨。对于餐饮行业来说，成本的消耗主要有以下三个方面，如图 7-2 所示。

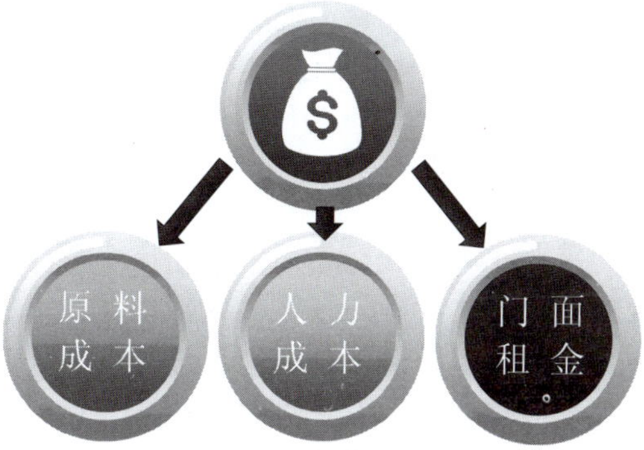

图 7-2 消耗成本的 3 个方面

1. 原料成本

原料成本是最常见的成本消耗，餐馆每天要消耗大量的食材原料，如果不在这方面做好把控的话，想要降低总体的成本是比较难的。在此笔者总结了几个可以降低原料成本的方法。

(1) 用多少买多少，宁愿勤买也不能多买。有经验的厨师都知道自己饭店正常的客座数。根据这一点，要做到心中有数。每天需要多少原料就采购多少原料。遇到生意特别好的时候，就应多去采购几次。

(2) 打折需谨慎。饭菜打折并不是做生意的最佳手段，所以不能随意打折或打折幅度太大。

(3) 菜价可稍微调整。有些原料价格昂贵，应随时注意调整菜价。而对于原料价格便宜的菜可适当进行降价。这样一升一降，既可互补，又不会引起顾客的不满。

(4) 杜绝乱吃、乱拿和偷盗现象。

(5) 采购部门应随时了解市场信息及菜价的变化，及时通知主厨或厨师长。

2. 人力成本

在所有的成本节约里，人力成本是绝对不可动摇的，餐馆的生意就算再不景气，也不能以削减员工工资甚至是拖欠工资来节约成本。

3. 门面租金

随着城市化进程的脚步加快，许多当年的街区渐渐地发展成了商业区，这就意味着这些地段的门面租金将上涨。而高租金可致九成餐企不赚钱，国际餐饮集团管理有限公司总裁陈绪荣说：“目前房租占到成本的一半以上，以一线城市为例，毛利要达到 60%才可保证盈利。”以上海为例，餐饮企业租金成本约占营业收入的 15%，而在 2006 年之前，这一比重为 8%～10%，这已经是餐饮企业所能承受的临界点。所以，餐馆在选择地段和门面的时候，要多多斟酌一番。

7.1.3　市场竞争问题

随着中国加入 WTO 之后，国际品牌大量进入中国市场，给中国餐饮业带来极大的冲击。与国外餐饮行业标准相比，中国餐饮行业的标准、法律法规建设相对落后。长期以来，标准的不完善和缺失，影响着餐饮企业的服务水平。

在市场经济中，餐饮行业想要做大做强，关键还在于自己。在此笔者总结了餐饮品牌做大做强的五个方面，如图 7-3 所示。

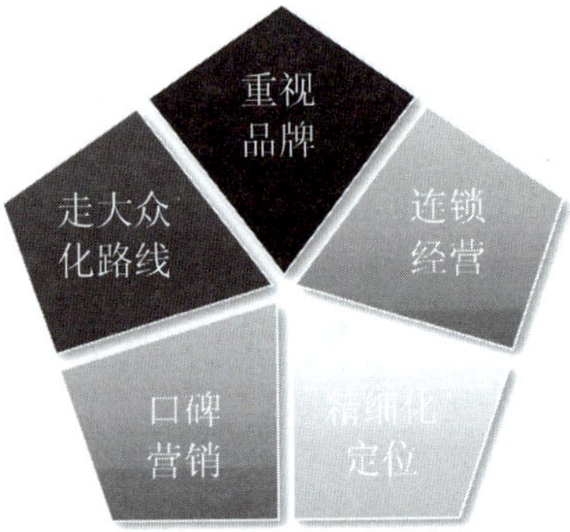

图 7-3　餐饮发展的五个方面

1. 重视品牌

餐饮市场的竞争，就是品牌间的竞争，品牌力更强就有更广阔的市场。消费者在离开消费场所后在头脑中形成的整体感知回应是什么，这体现的便是餐饮店的品牌文化。所以商家要通过综合因素的整体体现，来使顾客记住自己的品牌。随着人们在就餐环境、体验等方面要求越来越高，名气大、品牌响的餐厅越做越大。

2. 走大众化路线

客流量多少虽然不是决定餐馆收益的唯一标准，但却是重要标准。除了高档餐厅以外，普通的中低档餐厅都把客源放在第一位，那么这就需要餐厅的菜能够吸引大部分顾客的口味，要以大众的口味为标准发展路线。

3. 连锁经营

近几年，餐馆的连锁经营已经屡见不鲜了。连锁经营不仅可提高效率、降低成本，更能帮助餐饮业突破发展中的管理瓶颈。连锁经营具有成本优势、价格优势、品牌优势，应该是餐饮业经营模式的主要发展方向。连锁经营也是餐馆做大做强的重要体现，因为连锁经营不再是单纯的价格竞争、产品质量的竞争，而是产品与企业品牌的竞争，文化品位的竞争以及由单店竞争、单一业态竞争，发展到多业态、连锁化、集团化、大规模的竞争。

4. 口碑营销

口碑营销通常用于网络营销，即用网络搜索自己中意的餐厅、美食。这就需要餐馆有较好的口碑，因为顾客一般都会通过网络对餐馆进行客观的评价。这些评价在网上轻易可见，而许多顾客可能就会以这些评价来选择餐馆。

5. 精细化定位

特色是传统餐饮立身之本，这种强调口味的做法，仍是宣传之道。关注地方风味、精细化定位、拥有特色菜肴，精细化的创新定位渐成趋势。所以餐厅可以要具有大部分顾客喜爱的口味，为顾客的进行定位，例如绿色养生、特色口味等。

7.2 大数据对餐饮行业的作用

由于餐饮业行业竞争激烈而又利润微薄，要想成功实属不易，不少餐馆开始转向大数据，以期获得竞争优势。

7.2.1 用大数据控制成本

对于餐饮行业，成本的控制是全方位的。也就是说，如**果能够利用大数据，做好数据分析，成本的控制将会涉及多方面。**

以一家中档餐厅为例，每天会员的信息都有留存，包括菜品更新，通过顾客的喜好优胜劣汰，按照这个方式再研发新菜，淘汰销售不好的菜品。经过菜品的不断更新，迎合消费者的口味是一方面，更重要的是餐厅买来的原材料能够最大限度地用完，不会出现原料存放过久而导致的浪费问题。

员工的成本控制的宗旨就是：多少的客流量用多少员工。现在许多餐饮行业都会招聘兼职，目的就是在客流量最多的时间段，利用兼职来填补员工人数的不足。那么这就需要餐厅能够很清楚地知道什么时候是客流量的高峰期。例如，通过多家餐厅一天的客流量可以得出每天 11:00—13:00、17:30—21:00 这两个时间段是客流量高峰期，如图 7-4 所示。所以当客流量多的时候，可以多用兼职员工，这样就节省了全职员工的工资。

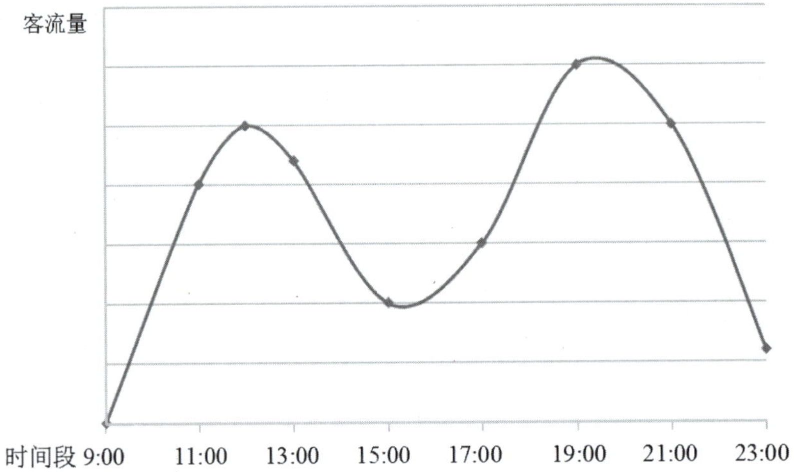

图 7-4　餐厅不同时间段的客流量

另外，餐厅客流量的大小还受到节假日、周末等条件的影响。例如，一家餐厅一周的营业额，如图 7-5 所示。从图中明显可以看出，星期六的营业额达到最高，除此以外是星期五。为此餐厅管理人员每到星期五和星期六的上午就需要购进大量的食材，以备当天使用。同时，在这两天需要让所有兼职员工都上岗，而周一到周四只需要一部分兼职员工即可。

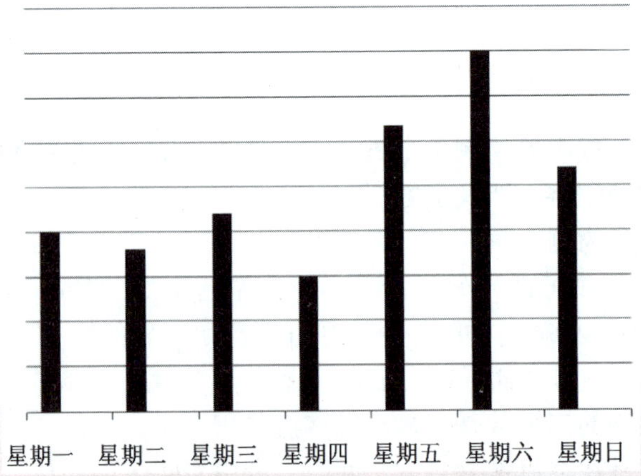

图 7-5　餐厅一周内每天的营业额

除此以外，餐厅每天闭店以后，最好能对当天所有的营业数据做一个简单的统计与分析，这对运营成本的控制非常有好处。

7.2.3 用大数据进行市场竞争

餐饮业的竞争需要相当高明的营销艺术，尽量做到“人无我有，人有我精。”只有以客人为中心，以市场为导向，改变经营观念，才可以立于不败之地。

餐饮行业的市场竞争，第一个要做到的就是洁身自好，如果一心想着使用非法的手段获利的话，那么在餐饮行业肯定是走不远的。其次在经营管理方面，多多收集商业数据信息，无论是自身的数据信息还是对手的、甚至是整个行业的，只有在庞大的数据信息面前，才能发掘出更多的对自己有利的商业信息。

在餐厅行业中，大数据不能大而无用，要对应到特定企业、特定人群、特定需求上，才能发挥独有的特定作用，产生价值。

大数据下餐饮行业的竞争就是用大数据“武装”自己，只有做到自身的越来越完善，对手才没有可乘之机。下面笔者总结了一些大数据在餐饮竞争方面的具体应用，如图 7-6 所示。

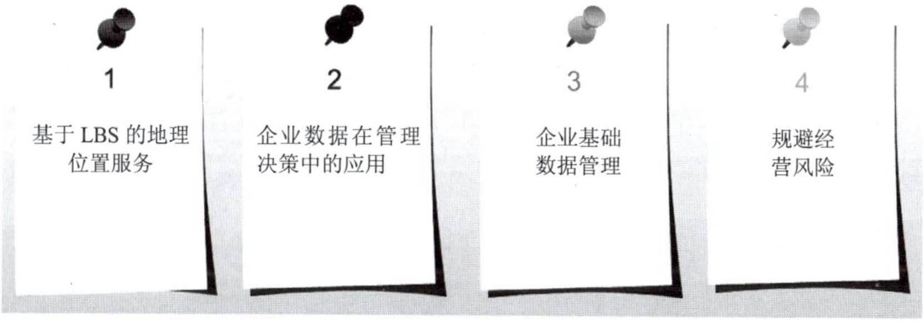

图 7-6 大数据在餐饮行业的五大应用

1. 基于 LBS 的地理位置服务

LBS 服务可以用来辨认一个人或物的位置。例如发现最近的提款机或朋友目前的位置，也能通过客户目前所在的位置提供直接的手机广告，并包括个人化的天气信息提供，甚至提供本地化的游戏。

现在消费者需要餐厅位置信息的相关服务，而现有的服务商并不能完全理解消费者的意图，也不了解客户知道这些信息后的行为，更不清晰哪种服务才能吸引用户。因此，能够提供实时信号、地理位置、在线活动和社交媒体，并支持众多其他类似情景的综合服务，将是今后的趋势与主流。

2. 企业数据在管理决策中的应用

通过 SCM 管理系统，可以对采购价格进行分析，生成采购价值指数，对数量、价格这些因素进行全面、系统的分析。同时，通过 CRM 系统，可对顾客的消费行为进行更深层次的挖掘与分析。

3. 企业基础数据管理

运用大数据系统可以管理酒菜设置、特价促销、酒菜折扣、酒菜组成、房台设置、消费方式、员工资料等。

4. 规避经营风险

运用大数据系统充分洞察和分析餐饮管理的现状，并对企业管理流程有深刻的理解和准确地把握，帮助企业利用计算机强大的数据处理能力和流程优化能力，实现自动化管理，简化企业的工作流程，减少浪费及人为管理的疏漏现象，重新优化配置企业资源，把经营成本降到最低。

7.3 餐饮行业大数据应用案例

对于餐饮企业、特别是大规模的连锁餐饮企业，拥有自己的客户数据库，无疑在信息时代占领了市场竞争的战略制高点。本节主要介绍餐饮行业大数据的应用案例，希望对读者有一定的启发。

7.3.1 绝味——用大数据经营鸭脖

绝味鸭脖为绝味轩旗下著名品牌产品，采用秘制香料精心烹制而成，融入楚湘传统美食烹饪技法，结合祖国传统药膳食谱，博采众长，积数年心血研制而成。现属于绝味招牌风味系列，如图 7-7 所示。

图 7-7 绝味鸭脖标志

绝味鸭脖许多人都知道也吃过，不过看似毫不起眼的小鸭脖，如今却有了大市场。以 2013 年为例，鸭脖产业的规模令人惊讶，如图 7-8 所示。

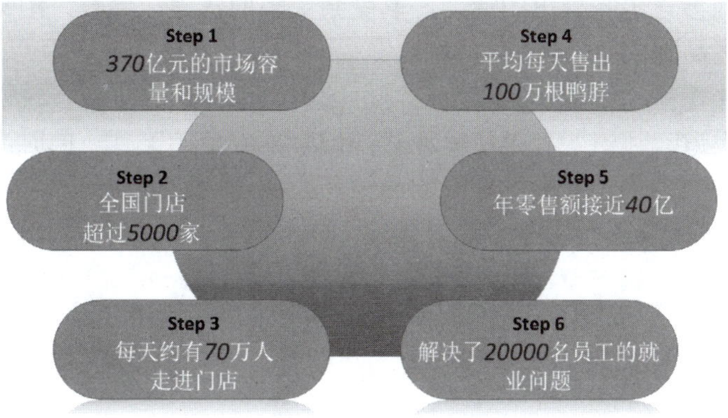

图 7-8　绝味鸭脖的市场数据

绝味在商业模式、管理方式、营销手段上都做了创新和尝试，才获得了今天的地位，主要表现在以下三个方面。

1. 销售模式的变革

绝味引入了特许经营这样一个商业模式，完成了零售业态的改变。

2. 管理方式的改变

绝味将传统的作坊式的工厂、门店上升到规模化生产，同时实现了管理干部以及人才梯队的搭建。

3. 采用数据决策

绝味导入了信息化建设，专项资金接近 2 亿。特别是导入了世界 500 强的先进管理工具 SAP，在传统食品制造行业尤其是在卤制食品制造业是第一家。

·专家提醒

SAP 是 Systems Applications and Products in Data Processing 的简称，是 SAP 公司的产品——企业管理解决方案的软件名称。根据应用场景的特性，SAP 针对性的数据库可以分为 5 种：行式数据库、列式数据库、内存数据库、嵌入式数据库、数据流处理。

随着微信公众平台的推出，作为行业领导品牌的绝味，敏锐地把握了这一极具价值的推广资源，已正式开通微信平台。使用微信的人大多年轻、时尚，追求新事物，这和绝味的目标人群相匹配。绝味利用微信平台实现了对目标人群“点对点”的信息推送和实时互动。**微信平台将成为绝味和消费者之间最快捷的数据沟通桥梁。**

通过这一新媒体，**对于消费者而言就可以更方便、及时地了解绝味的相关信息、资讯，更便捷地参与绝味推出的活动，享受到更多的优惠。同时，绝味也可以提高消费者黏性，实现品牌的“病毒式传播”。**

目前，绝味正在努力打造具有自己特色的美食商业数据平台，让“绝味”成为汇集各类美食的渠道，让消费者更便捷地获得健康、安全的美食。同时，绝味还将不断拓展经营加盟商，为加盟商提供更好的加盟环境，进而实现与消费者、加盟商三方共赢的商业生态圈。

·专 家 提 醒

利用特殊营销方式与顾客之间的近距离互动，让其切实体会到娱乐、痛快的品牌感知，进一步融入了消费者的休闲生活，不但提高了绝味品牌的美誉度，还使其拥有了进入互动营销新时代的标志。

绝味的发展将会更加长久，利用大数据可以非凡得更高，它是雄才大略者的利器，它将使企业具有无可比拟的竞争优势。

7.3.2 手机 App——寻找合适你的餐馆

“食神摇摇”是一款有趣而且靠谱的个性化餐厅推荐软件。帮助解决“吃什么，去哪里吃”的难题。通过简单到摇一摇即可精准推荐美食！

“食神摇摇”会直接定位用户的地理位置，用户通过摇晃手机来获取周边的美食城，点开 App，然后摇一摇手机，就会推荐出一家餐厅，如果不满意，可以接着再摇。大众点评列出一些餐厅让消费者自行选择，而食神摇摇则代替消费者做选择，如图 7-9 所示。点击进入每个店铺的单独页面，除地址、电话等基本信息外，还能查看到其他用户对这家餐厅的评价，从而作为自己选择的参考标准。

“食神摇摇”还可以根据用户的要求进行筛选，例如想吃苏菜、有禁忌不能吃海鲜、想选人均消费在 20 元左右的、想看看方圆 5 公里内的餐厅推荐等，不管吃货有什么样的挑剔需求，食神摇摇都能让你自由定义搜索条件，直到用户摇出适合自己口味的餐厅。

“食神摇摇”仅仅在用微博发布消息的情况下，用户增长非常快，每天新增 3 万～5 万人，用户活跃度之高，上线的第一周的活跃度超过 70%，第一个月时，当周活跃度达 92%，食神摇摇吸引了一部分爱美食的新鲜用户。

“食神摇摇”的商业模式其实很简单，就是将互联网上各种数据，如地理位置数据、餐厅数据、用户评价数据等综合起来的一个应用软件。说到盈利，对于食神摇摇来说，现在最有价值的信息可能是用户贡献的 POI 地址库。食神摇摇已经积累了一定的餐厅信息，因此一些地图厂商也开始找上门来希望与其合作，希望在自己的图层上添加食神摇摇的餐厅信息。

图 7-9　食神摇摇搜索过程

在移动互联网高速发展的今天，科技高速发展，人们生活节奏加快，图片信息更能刺激人的大脑神经，可以更直观地把信息传递展示给受众。而食神摇摇酷炫的界面、流畅的操作、人性化的细节，必将带给吃货们更为完美的用户体验。

·专家提醒

对于餐饮企业来说，通过“食神摇摇”对顾客意见信息的收集获取，对其经营发展的重大意义。餐饮企业可以对这些数据进行分析整理，找到企业在经营管理上存在的不足和缺陷，进行有目的性的调整和改善。只有这样企业的经营管理水平才会得到不断提升和进步，才会赢得更多顾客的喜爱和认同，才能带来更大的商业价值。

7.3.3　节目冠名——大数据有大功劳

要论中国什么选秀节目最火，答案应该是《中国好声音》和《爸爸去哪儿》。如果你经常看《中国好声音》和《爸爸去哪儿》的话，可能会轻易想起两个产品，那就是“加多宝”和“伊利”。

2014 年，加多宝再次冠名《中国好声音》第三季，令人瞠目结舌的是，加多宝的冠名费竟高达 2.5 亿元如图 7-10 所示。

图 7-10　加多宝冠名《中国好声音》

在当今的电视节目圈里，娱乐节目的“身价”似乎就是以冠名费的高低而定的，如果一个节目的冠名费没有过亿元，恐怕都不好意思和人家打招呼。然而各大企业斥资几个亿冠名的节目对产品营销又是否真的有效？所产生的效果又如何来评估？

一个节目的影响力最直接的依据就是通过收视来判断，但它只能反映出该节目在电视收视方面的影响力，对于其他方面产生的影响无法有效地表现出来。因此，更科学的方式是应该从节目制作传播的整个流程来评估。现在由于网络媒体的发展，人们审美观念的改善，节目的制作质量、网络收视情况、搜索引擎监测、微博评价等都是不可缺少的判断因素。

通过对当前三个最具代表性节目《中国好声音》、《爸爸去哪儿》、《快乐大本营》的影响力综合得分进行比较，可以看到《爸爸去哪儿》在电视综合收视方面表现最好，《中国好声音》在网络收视和百度监测方面得分占优，《快乐大本营》在其他方面表现比较均衡，如图 7-11 所示。

商家只有通过大数据分析，在了解到了这些节目收视率相关的数据信息后，才能进行有目的地冠名。

由于加多宝的消费者多以年轻人为主，中国好声音的观众大部分是年轻人，而年轻人接触网络的机会又大很多，所以通过这些数据综合分析，加多宝冠名《中国好声音》是明智的选择。

再例如另一档很火的节目《爸爸去哪儿》，它的冠名商为伊利。伊利的冠名费更是高达 3.1 亿元。那么伊利冠名《爸爸去哪儿》的优势在哪儿呢？

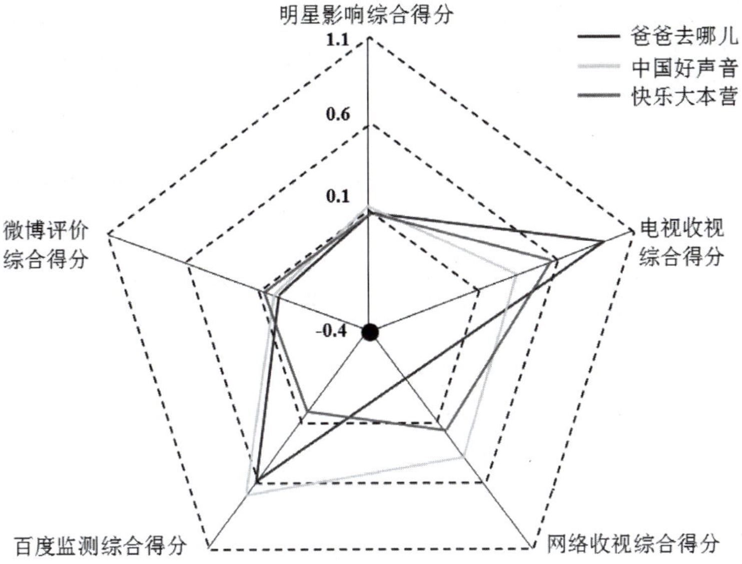

图 7-11　三大节目综合得分

图 7-12　伊利冠名《爸爸去哪儿》

首先伊利是一家乳产品企业，**消费者大部分是儿童，其次《爸爸去哪儿》的观众以儿童居多，而儿童基本上不会接触网络，所以伊利通过冠名《爸爸去哪儿》可以最直接地向最大的消费群体灌输广告信息。由于其消费的群体主要是儿童，这也就是为什么《爸爸去哪儿》在电视综合收视方面表现最好，而在网络综合收视方面没有优势的重要原因。**

通过以上的两个节目的细致分析，不难得出如下结论：**产品要冠名某一节目，这个节目的收视人群必须与该产品的消费群体相符合。**

·专家提醒

在本案例中，通过对两组节目进行深度解析，了解了大数据在产品节目冠名方面的运用。对于加多宝和伊利来说，他们运用大数据的数据分析做出了一个正确的对合作伙伴的选择。虽然前期的投入是非常之高，但是在整个行业里，相信没有几家企业产品的名气能够超越他们。通过对娱乐节目的细致分析、精准地投放广告，为企业的宣传起到了很大的作用，同时也为企业带来了巨大的利润。

7.3.4 可口可乐——用大数据优化管理

可口可乐是世界家喻户晓的饮料品牌之一，1886 年，在美国乔治亚州亚特兰大市诞生，自 1979 年返回中国市场至今，已在中国投资达 20 亿美元。目前中国已是可口可乐全球第 3 大市场，年销售额超过百亿。

随着中国民族饮料品牌的蓬勃发展，以可口可乐为代表的外国饮料企业逐渐感受到中国饮料企业强烈的竞争威胁。作为快速消费品行业典型代表的饮料企业，在销售数据和库存管理方面往往会出现以下四大问题。

(1) 销售数据滞后或失真，影响营销决策。

(2) 资金挤占和坏账损失，导致财务危机。

(3) 库存数据不准确、不及时，导致库存成本增加、流转效率低下。

(4) 跨区域窜货，打乱企业整体市场布局。

面对竞争日益激烈的中国饮料市场，可口可乐公司开始思考改变管理模式、优化管理流程来提高管理效率和控制成本。

可口可乐公司通过借鉴其他消费品企业的数据管理经验，进行市场调查和产品试用评，最终北京亿美软通(http://www.emay.cn)走进了可口可乐公司的视线。

北京亿美软通是具备国际水准的移动商务平台技术和应用方案提供商，是中国领先的移动商务服务商，致力于为企业提供基于 3G 技术的精准营销、高效管理和个性服务解决方案。

针对可口可乐公司的业务需求，亿美软通为其提供了针对可口可乐公司的终端销售和库存管理需求，结合 GPRS 技术开发的销售终端数据采集系统，通过活力短信，可口可乐公司将及时获得下属各分公司、连锁店、代理商的实时销售、库存情况，帮助企业提高流程运转效率，如图 7-13 所示。

亿美软通“数据空港”移动商务大数据方案优势体现在以下几个方面。

(1) 拥有不同制式及多种传输方式，不受地域、运营商、IT 环境限制。

(2) 操作快捷方便，多种应用模式，能够满足不同企业的不同需求。

(3) 实现与外部数据接口无缝对接，融合各种移动商务应用。

(4) 管理逻辑灵活，支持多终端对多表单。

(5) 安全性强，系统稳定，支持多用户吞吐，保证数据安全。

(6) 运作模式成熟，为企业量身定制移动信息化应用服务。

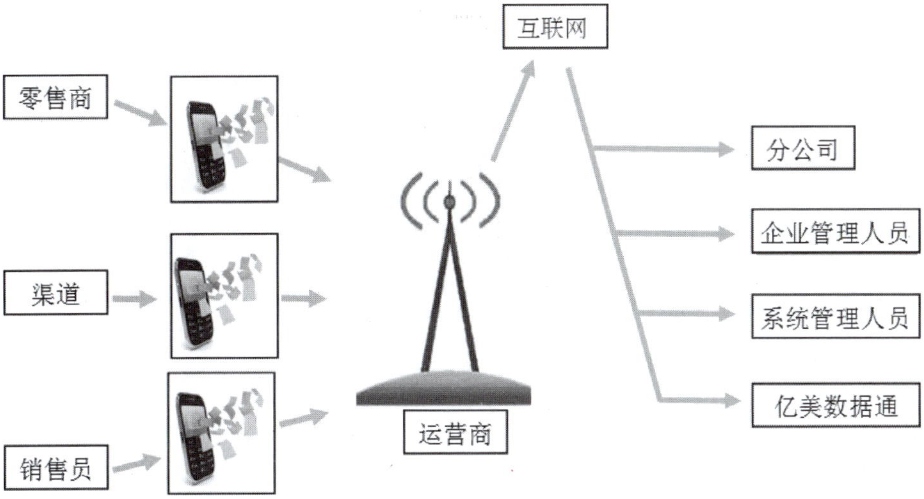

图 7-13 可口可乐大数据方案

通过亿美软通的大数据系统，可口可乐公司可实现以下功能。

(1) 销售人员编辑固定格式的短信，将当日销售金额、售出商品明细等信息上行发送至总部；通过上行发送规定格式短信，销售人员向总部物流中心汇报库存物品的入库、出库、盘点情况并提报补货请求。

(2) 总部发送下行短信下达各种通知。例如商品价格调整通知、促销信息和发薪通知等。

(3) 实现总部重大事件的信息发布提醒和企业各层级人员之间的信息沟通。

(4) 对上下行短信进行归档，并保存到历史数据表，从而供数据统计部门进行汇总处理。

(5) 在重大节日、员工生日时，总部行政部门发送短信，送上节日祝福和生日祝贺，为员工送上关怀，增强员工凝聚力。

可口可乐公司通过亿美软通“数据空港”移动商务方案，使各级管理者通过手机掌握各销售网点、销售地区的各时段的销售、库存情况，做出及时准确的销售分析，实现 24 小时的信息数据有效传达，提高了企业的管理水平和竞争实力，实现了移动办公。

第 8 章

大数据在互联网行业中的应用

学前提示

互联网为大数据提供了数据来源，且数据分析能够针对每一位用户的信息做精准匹配，所以在互联网行业，大数据的应用关键在于谁先拥有数据。面对互联网的海量信息，网络应用如果能合理地利用好自己的数据信息，数据在互联网行业产生的价值将远远超出以往。

要点展示

- 互联网中的大数据
- 大数据在互联网中的应用案例

8.1 互联网中的大数据

互联网中每天都会产生大量的数据，它们并非像我们想象中的那样是冷冰冰、枯燥的数据。它们是活生生、有趣的数据。它们更不同于以往单纯的数字，而是声色结合，图文并茂。

8.1.1 互联网如何利用大数据

虽然大数据目前在国内还处于初级阶段，但其商业价值已经显现。往往手中握有数据的互联网公司在行业中占据主动权，所以基于数据挖掘会有很多商业模式诞生，比如帮企业做内部数据挖掘，或侧重优化，帮企业更精准地找到用户，降低营销成本，提高企业销售率，增加利润等。

那么互联网公司该如何利用手中的数据，为公司带来商业价值呢？笔者认为需要从四个方面入手，如图 8-1 所示。

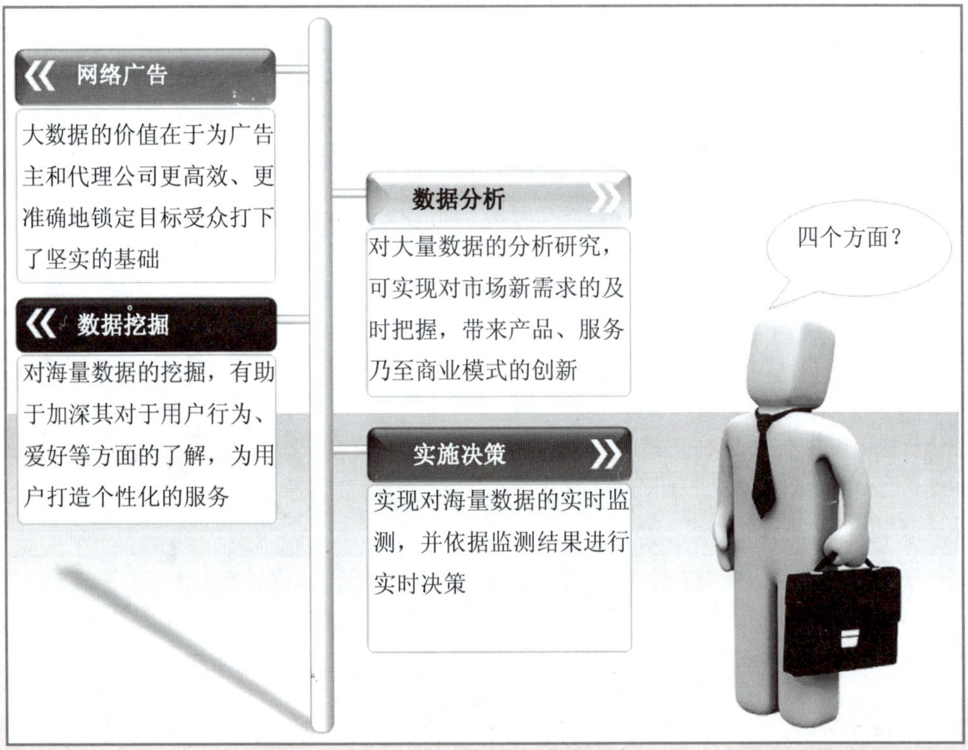

图 8-1　互联网利用大数据的四个方面

所以，大数据将成为互联网时代的“发动机”，将是用户不断转化的平台。而数据在营销全程中扮演的角色，也必然要由参考工具转向驱动发动机。数据驱动的精准营销引擎，将给网络营销行业乃至互联网及传统行业带来革命性的冲击。

8.1.2 互联网大数据的盈利模式

如今的互联网越来越向现实社会靠拢，互联网也成为各大企业重点发展的领域，那么企业在互联网上常用的盈利模式都有哪些呢？

目前，传统的行业门户网站的盈利模式主要由以下四个基点作为支撑，分别是广告盈利、会员盈利、活动盈利以及商务盈利。

1. 广告盈利

广告盈利是凭借广告谋求门户网站盈利，几乎是所有门户网站盈利模式的首选模式。但是若要依靠广告来产生大规模的网站盈利，那么网站必须要有足够多的点击量，具有一定的影响力，才会有效果。

2. 会员盈利

会员盈利是通过吸纳会员，收取会员费，从而使网站产生利润。这是目前已经被证明的，比较切实可行的途径，如世纪佳缘、嫁我网等。

3. 活动盈利

活动应力是通过策划活动扩张网站的影响力与知名度，同时谋求更强的盈利点。这是所有门户网站运营的必由之路。

4. 商务盈利

商务盈利是将门户网站与电子商务进行有机结合，是目前整个行业的新动向。但是这种盈利模式太过宏观，并且数据量较大，难以管理。

8.2 大数据在互联网中的应用案例

如今在互联网企业中，只要是有一定规模的公司都有自己的大数据战略，但是不同的行业，使用大数据武装自己的方式各不相同，对数据使用的侧重点也不同。

8.2.1 腾讯——使用大数据营销

腾讯计算机系统有限公司是一家民营 IT 企业，成立于 1998 年 11 月 29 日，总部位于中国广东深圳。经过十几年的发展，腾讯已经成为中国最大的互联网综合服务提供商之一，也是中国服务用户最多，最广的互联网企业之一。其旗下的应用软件之多，如腾讯 QQ、微信、QQ 影音、浏览器等，它们无时无刻不在产生着巨大的数据信息，为腾讯带来巨大的商业价值。

2012 年 7 月 27 日，伦敦奥运拉开大幕，各大视频网站都以奥运为契机，纷纷展示自身营销优势进行角逐。庞大的数据不仅对金融、电信等行业产生价值，同时，网络视频借助大数据时代下衍生的营销价值也不容忽视。从腾讯视频对欧洲杯的运营，就可以发现视频网站在大数据背景下的营销模式已经初见端倪。

随着互联网向社会化媒体转变，视频网站的发展速度日益提升，如今在线视频已经成为中国网民的第二大网络行为。2012 年的欧洲杯，腾讯视频第一次采用“跨平台+多终端”模式针对体育赛事进行运营，在全平台资源的支持下，每天向用户产出至少 250 条视频内容，这使得腾讯视频成为一个巨大的数据输出平台，如图 8-2 所示。

图 8-2 腾讯视频 2012 年欧洲杯专题内容

腾讯视频同腾讯微博、Qzone 的结合使腾讯视频彻底具备社会化媒体属性，实现收集和整理用户行为数据的目标，对长达十几年的用户洞察经验积累的腾讯来说，更容易把握用户心态。

腾讯的大数据价值最优的释放途径是将数据分析成果共享给开发者，让开发者二次挖掘，腾讯则获得对应的收益。例如按照特权接口收费，按照接口调用次数收费，按照定制化功能收费。

数据量的增加为在线视频提供了精确把握用户网络行为模式的基础。利用用户的行为特点既可以进行个人化、个性化、精确化和智能化的行广告推送和推广服务，也可以创立比现有广告和产品推广形式性价比更高的商业模式。

2013 年 8 月，微信公众平台增加了一项数据统计功能，里面包括了用户分析、图文分析、消息分析和开发支持 4 个模块。

(1) **用户分析：管理者可以在这个模块了解到用户增长情况及用户属性**。判断用户的增长有几个关键的指标：新增人数、取消关注人数、净增人数、累计关注人数等。在用户属性中，可以看到用户的性别、语言、省份分布数量以及各自所占的比例，如图 8-3 所示。

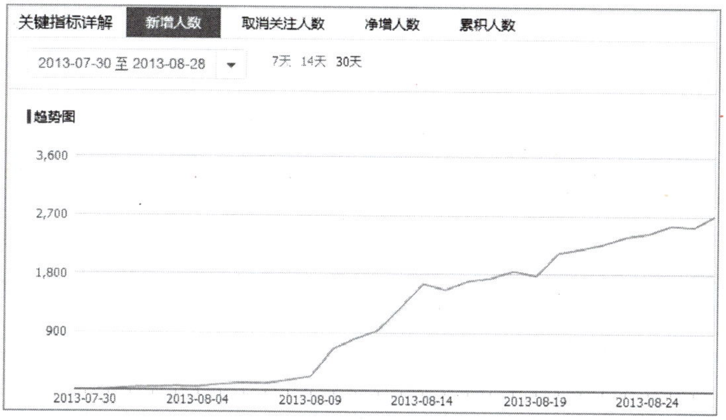

图 8-3　微信用户分析功能界面

(2) **图文分析：包括图文群发和图文统计两部分。**管理者可以看到每篇文章有多少人接收、阅读、转发等，后台也提供了按照图文页阅读人数、分享转发人数进行排序的功能，相应的时间段内，哪些文章最受欢迎一目了然，如图 8-4 所示。

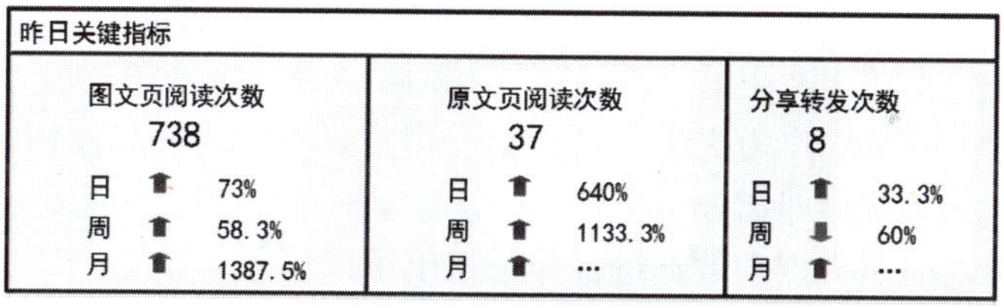

图 8-4　图文分析功能界面

(3) **消息分析：这里主要是查看用户向公共账号发送的消息数统计，可以帮助管理者了解读者与账号的互动情况**，如图 8-5 所示。

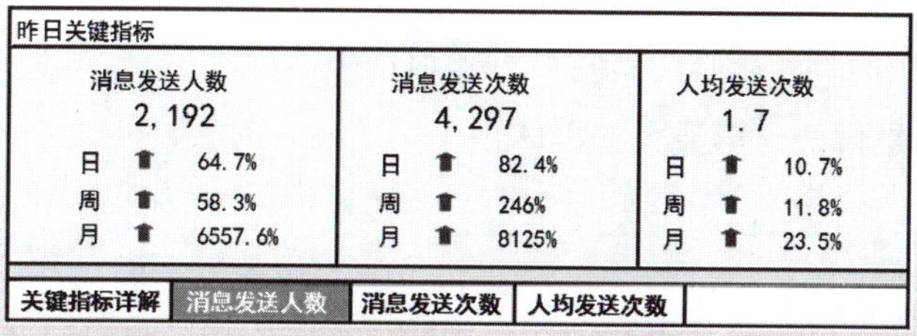

图 8-5　消息分析功能界面

(4) **开发支持：管理者可以在此查看接口调用的相关统计，比如调用次数、失败率和平均耗时等**，如图 8-6 所示。

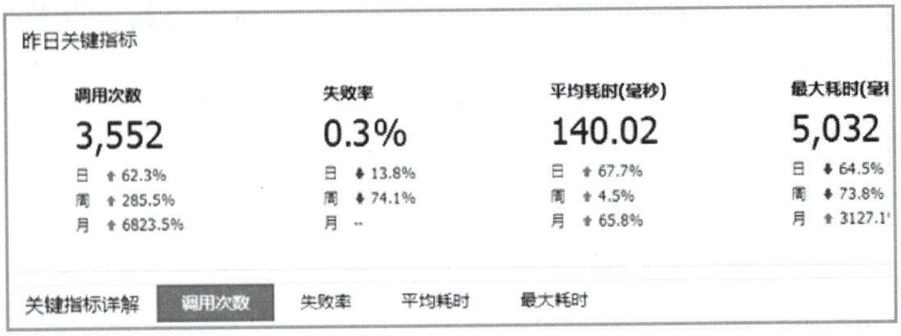

图 8-6　开发支持功能界面

·专家提醒

在本案例中，腾讯公司凭借全平台资源，利用腾讯视频的庞大数据资源，通过各个软件平台的数据统计功能，公共账号的实际运营效果轻松掌握用户的常见行为，这对公众账号管理者来说无疑是一个好消息。最后各合作企业借助腾讯全方位的平台，让营销内容得到最大范围的传播，使腾讯视频成为一个巨大的在线数据娱乐平台。

8.2.2　迅雷——用大数据抓“网络票房”

迅雷是迅雷公司开发的基于多资源超线程技术的下载软件，2013 年底，迅雷看看发布了迅雷看看电影院(付费频道)用户画像数据报告。报告中的一组突出数据是，90%以上影视付费会员用户为男性，可见男女用户付费行为差异巨大，所以迅雷看看就有了一个大胆的想法，即抓住了男性用户，就抓住了“网络票房”。

迅雷通过网站的用户点击数据进行分析得出了以下几个结论。

1. 男女喜好各有差异

虽然迅雷看看电影院男性用户占比超过 90%，但从好评度数据中可发现，男女喜好影片各有差异，男性偏好动作大片，女性偏好爱情片。如在迅雷看看电影院好评度前十名的片子中，男性用户更喜欢《速度与激情》、《敢死队》等动作大片，而女性用户更喜欢《海洋天堂》、《小时代》等爱情片。

2. “宅男”是付费电影最大的群体

在用户婚姻状况的数据中，发现迅雷看看影视 VIP 用户中，单身“宅男”占比较大，而恋爱中的人占比较小。看来沉浸在恋爱中的甜蜜人士们，都已无暇顾及上视频网站看片了。而已婚男士可能没有那么多的精力和时间去看付费电影。

3. 25～29 岁是付费电影最大的群体

大部分的用户年龄主要集中在 25～29 岁之间。可见影视 VIP 多为年轻人。而这部分用户的影片喜好多集中在动作大片和欧美大片上。

4. 付费用户多为高学历群体

在学历上几乎过半的用户都是本科及以上学历。此外，影视 VIP 用户主要来自大中城市，白领比例较高，包括企业管理者、企业职员、专业技术人员。可见影视 VIP 用户为中高端人群，这些人不会在乎每月 15 元的会员费。

5. 付费用户的需求多为“高清”“最新”

用户愿意花钱去看付费电影，最主要的目的是想看高清、最新、大片/经典的影片。其中高清占比最高，超过 80%，如图 8-7 所示。可见，高清画质已成为高端视频用户的一大重点需求。

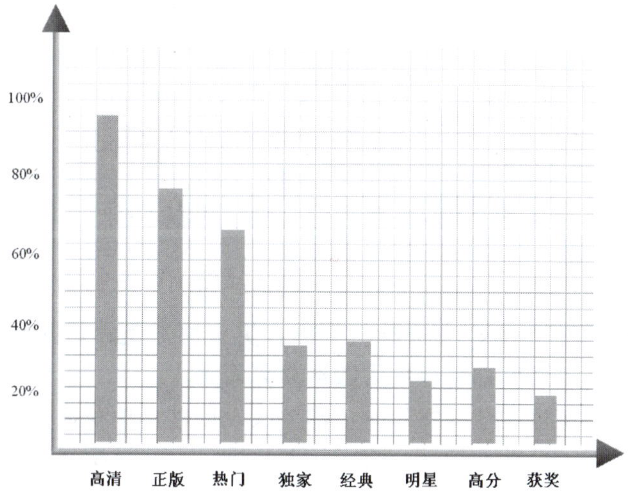

图 8-7 付费用户需求占比

6. “无广告”也是付费用户关注的特权

当前各大网站的前贴片广告都达到了一分钟，例如“爱奇艺”中一部电影的前贴片广告已经超过了 70 秒。并且有些网站还在电影中途插播广告，这时候用户更感受到了“无广告”特权体验之伟大。数据显示，影视 VIP 用户更多是为了高清、畅看和无广告的特权而付费，其中选择无广告的用户比例达 70%。

迅雷集团掌握了这些有价值的信息后，在 2013 年 12 月 20 日，迅雷集团 CEO 黄芃对迅雷看看的战略规划做出明确部署：迅雷全线产品矩阵将大幅度提升对迅雷看看的支持，1.5 亿注册用户将实现与迅雷看看的大数据共享，这也是迅雷看看从流量平台向用户平台过渡的标志。

目前迅雷的数据存储已经达到 20P 以上，磁盘有 3000 多块，属于中型数据平台的规模。迅雷会把收集来的数据做成数据模型，所有基于用户端的这种行为数据，都可以把它抽象成模型存进去。例如，每个产品的上线用户数、用户的活跃度、用户的浏览记录，以及用户的地域分布等。

另外，迅雷还对每位用户的行为做上“标签”，用于记录 1 亿多迅雷用户的特征、兴趣类标签、游戏类标签、影视类标签等。根据这些属性，迅雷可以更好地为用户服务。

•专家提醒

本案例中的迅雷看看借助大数据分析了付费用户的行为特征，以及他们的需求，为迅雷看看发展付费用户提供了重要的参考依据。同时我们也看到了迅雷集团用户信息量的巨大程度，所以其实用户才是互联网真正的价值所在、是数据的源头，利用大数据来挖掘用户属性和行为的视频互动营销，才是网络视频最深刻最有效的营销。

8.2.3 世纪佳缘——用大数据判断靠谱与否

互联网时代，就连对象都流行在网上找了。据相关统计，有约五分之一的恋爱关系是从婚恋网站开始的。

许多用户并不知道的是，婚恋网站除了扮演“媒人”这一角色外，还有一个真正的身份，那就是数据库专家、大数据科学家。**男女用户是否最匹配、最合适、最有缘、最靠谱，一切之“最”都可以由大数据演算而来。**

用户在注册和使用世纪佳缘网站时，都要收发信件、填写资料，包括择偶条件、自身情况、兴趣爱好以及其他细节。有了这些数据之后，世纪佳缘利用数据库从分布全国的服务器中搜索最匹配的用户。经过至少 10 亿次的计算，未来的“爱人”就出现在了屏幕上。**那么数据输入质量就决定了输出质量，用户在在线交友网站上填写的资料越详细，回答的问题越真实，用户的匹配度越就高。**

另外，世纪佳缘网会根据会员行为轨迹，通过大数据的挖掘，从所有会员数据中挖掘出信息碎片，通过资料完整度、交友真诚度及账号安全度 3 个维度来评定用户的“靠谱度”，如图 8-8 所示。在综合评分中“资料完成度”在用户靠谱度综合评分占权重的 50%，“交友真诚度”的权重占 20%，“账号安全度”的权重占 30%，满分为 5 分。

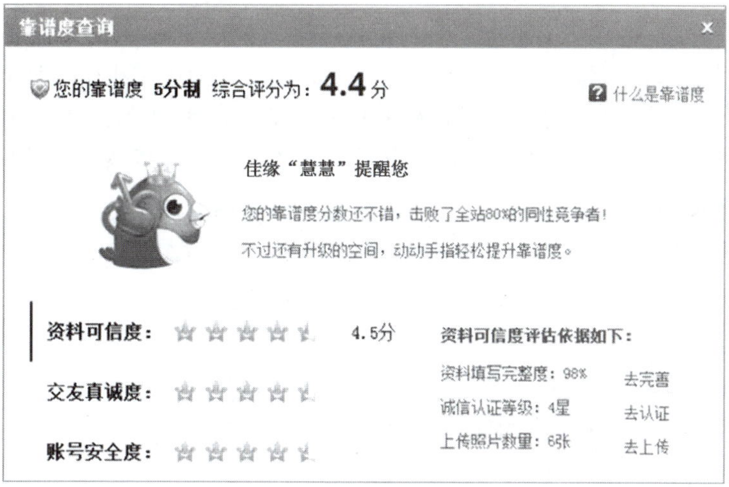

图 8-8　大数据判断“靠谱度”

•专家提醒

本案例中的世纪佳缘网站搜集用户的个性化信息，利用大数据的数据分析，为用户提供建议，以实现更加有效和精准的推荐。通过用户的浏览轨迹和填写恋爱问卷的数据等信息，来判断“靠谱度”，将适合的双方进行匹配，从而实现个性化、高效率的速配。

8.2.4　优酷土豆——透视大数据工程

每个去视频网站看过视频的用户都知道，在看完一个视频之后，会有相关的视频推荐，例如在网站观看《今日说法》，网站会自动推荐与侦察破案相关的节目。这就是大数据的体现，视频行业在不经意间成为了大数据的弄潮者。

分析用户喜欢什么样的视频，提高用户寻找内容的效率，这是大数据在视频行业最常见的一个小案例。优酷新上线的首页页面上，光是导航栏上的视频分类就有 20 多个不同类型的内容，如图 8-9 所示。这意味着会有各种不同的用户来优酷观看视频，都能很快找到自己喜欢的视频类型，而这靠的是一个叫作“协同过滤推荐”的技术。

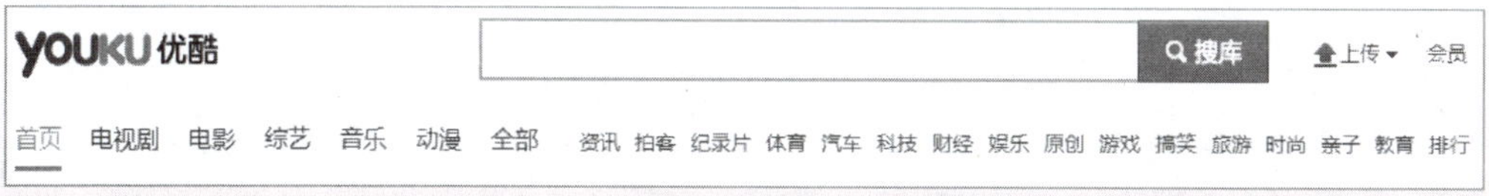

图 8-9　优酷首页导航栏的视频分类

•专 家 提 醒

协同过滤推荐在信息过滤和信息系统中正迅速成为一项很受欢迎的技术。**协同过滤通过分析用户兴趣，在用户群中找到指定用户的相似(兴趣)用户。综合这些相似用户对某一信息的评价，系统形成该指定用户对此信息的喜好程度预测。**

一次小小的参数调整，带来的后果，可能使当天视频点击率提升几百万。数字证实，通过这种协同过滤推荐给用户的视频是靠谱的。因为在海量的视频中寻找自己喜欢的视频成本是很高的，推荐视频的打开率也令人满意。

2010 年，优酷在 PC 互联网时代已经成为最有影响力的视频网站。优酷希望能够在行业内树立一个标杆，在强化优酷品牌的同时，也希望将优酷打造成为网络视频行业的标杆。而发展至今，优酷指数进而演变成“中国网络视频指数”，加入了土豆网以及移动客户端的视频数据。

作为一款平台化的产品，“中国网络视频指数”成为优酷土豆集团中的重要参考价值。例如广告售卖、版权购买、播放器产品的优化等，处处都能够作为指导依据，其中主要体现在以下三个方面。

(1) **在数据方面，**优酷土豆集团推出的数据报告给节目制作方、影视剧公司、第三方分析机构等了解视频节目的播放信息，以及观众人群的分析提供了依据。

(2) **在广告销售方面，**能够为广告主呈现出用户行为特征，提供广告投放价值的分析，在进行版权购买的时候，可以根据指数的走向来帮助决策。

(3) **在公司内部方面，**哪怕是播放器产品的用户体验优化，都可以查看数据分析结果，查看按钮的摆放和使用频率等。

除此以外，优酷还通过数据分析的结果来指导优酷土豆集团的自制内容。比如微电影、综艺节目等。这些播放数据可以显示出哪些题材是用户喜欢的、在哪里是拖放观看的、哪些地方是用户不喜欢看的等一系列的用户行为，都可以清晰地告诉内容制作人员，成为剪辑视频、选择内容题材的重要依据。

•专 家 提 醒

本案例中的优酷土豆网站通过大数据的数据分析，了解用户对视频的喜好，为用户精准推荐合适的视频信息，极大地缩短了用户寻找视频所花的时间。同时对于网站来说，提高了视频的点击率，而视频中的广告播放的次数越多、精准度越高，也就增加了网站的广告收益。

8.2.5 大众点评——小屏幕展现大数据

大众点评网成立于 2003 年 4 月，是中国领先的本地生活信息及交易平台，也是全球最早建立的独立第三方消费点评网站。其作用主要是为网友提供商户信息、消费点评及消费优惠等信息服务，同时也提供团购、电子会员卡及餐厅预订等 O2O 交易服务，如图 8-10 所示。

图 8-10　大众点评的图标

如今大众点评网已经成长为一家移动互联网公司，旗下的移动客户端已成为本地生活必备工具。并且手机端为大众点评带来的流量已经超过网页端，手机端优惠券的使用数占比已达到 75%，网页端下降到 25%。

如今的商业消费，优惠已不是影响用户消费判断的最重要因素，用户在消费时首先考虑的还是对商家的好感。在面对质量差别不大的商家时，优惠才会作为主要选择依据。这时候，让消费者全方位地了解商户信息，为消费者提供最实用的消费方向，对商户来讲就显得相当重要。所以，优惠功不能离开平台已有的大规模本地商户信息。

大众点评作为一个已经积累了多年商户数据的平台，要在一个小屏幕上对大量数据展示进行取舍，保证产品易用性，大众点评做出的尝试包括以下 3 个方面。

(1) **产品定位做减法，放大关键信息。**网页功能与移动终端功能有很大的不同，例如用户在网页端查找商户时，展示的商户列表包括结婚、亲子等，但移动端用户最常需要查找的内容通常为附近的 ATM、加油站、咖啡馆商户等。

(2) **合理利用移动端本身的产品特性。**用户在查找信息时可以采用多种输入方式，例如语音输入信息，降低信息输入门槛；iPad 上的手势划取商家区位的功能。

(3) **注意网络速度的限制。**目前 3G、4G 在快速发展，但还有一部分使用 2G 的用户，所以从功能设计上要考虑到这一部分 2G 用户的需要。例如，提供延时离线上传图片功能，用户可以先提交手机里的图片，待有无线网络时再上传到点评网，从而为用户节省无线流量。

·专家提醒

本案例中的大众点评网站通过大数据的数据收集，为消费者带来最新最时尚的本地商业消费资讯。大众点评通过大数据不断跟进系统功能，不断改善用户体验，这也是大众点评成为中国领先的本地生活信息及交易平台，以及全球最早建立的独立第三方消费点评网站的原因。

8.2.6 PPTV——用大数据实现三赢

PPTV 网络电视是由上海聚力传媒技术有限公司开发运营在线视频软件。凭借强大的技术优势和极佳的用户体验，PPTV 网站已经拥有超过 3 亿的庞大用户群体，是全球首家突破 800 万人同时在线观看的网络视频直播平台，如图 8-11 所示。

图 8-11　PPTV 官网主页

根据有关统计显示，2012 年，在线视频已经超过社区交友、搜索引擎，跃升为互联网第一大应用。PPTV 聚力平台月度活跃用户达 3.4 亿，每天的活跃用户超 5000 万。这么庞大的用户产生的数据量每天会产生数据 10TB 左右，其中包含用户行为数据、访问体验数据等在内的业务数据。这些大数据每天会被 PPTV 聚力所采集、汇总到一个分布式的技术平台上，再被应用到不同的业务领域之中。

PPTV 聚力正努力超越数据解析，利用大数据与分析技术，改变思维定势，为用户提供真正个性化的服务体验。例如用户登录后都会看到“猜你喜欢”栏目。其原理就是通过用户日常搜索、观看的记录，从而分析用户喜欢哪一类的节目。在这里，超过 35%的用户都能找到自己喜欢的视频，不仅不会在浩瀚的视频节目里不知所措，而且还缩短了视频搜索浏览时间，大幅提升了用户体验。

PPTV 聚力的大数据来源主要主要有 3 种途径，如图 8-12 所示。

(1) **用户行为数据主要来自从客户端和服务器端采集的日志数据，**例如哪个访问者看了哪个视频、看了多长时间、拖动次数等，这也是数据的主要来源。

(2) **工程技术数据指的是不同地域用户观看视频的启动时间、结束时间、卡顿次数、卡顿等待时长等。**

(3) **后端业务运营数据主要包含广告投放的相关数据信息等。**

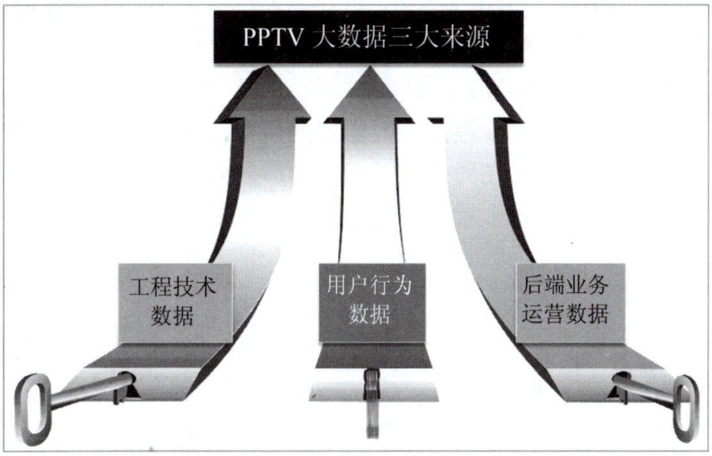

图 8-12　PPTV 大数据 3 大来源

这些数据组成了 PPTV 聚力丰富的大数据来源，**利用手机的大数据信息，其分析结果能直接应用于商业运营的调优**。例如，PPTV 聚力在购买了一部电影之后，可以精确、实时地了解它在不同地区和时间段被观看的次数，以此优化后端的运营策略。

基于**大数据**技术平台，**PPTV** 聚力已经在广告的定向投放、频次控制等方面建立了相对成熟的策略和流程，并且注重在广告精准投放的同时，确保用户的观看体验。

·专家提醒

在本案例中，PPTV 聚力一方面通过对用户的行为数据进行收集、分析、处理，对用户进行精准推荐视频信息，打造一副智能个性化用户体验全新蓝图。另一方面实现在线广告的精准投放，实现了用户、PPTV 聚力、广告商的三赢。

8.2.7　人人游戏——大数据的新玩法

人人游戏是专业的游戏研发和运营公司。旗下的多游戏率先实现了在 PC、Pad 和手机终端无缝娱乐领域的重大突破。随着业务规模的不断壮大，人人游戏已成长为国内最大的网页游戏和智能手机游戏的研发、运营及发行商。

人人 2012 年总营收为 1.761 亿美元，同比增长 49.3%。即使是这样一份高增长的数据，背后隐藏的仍然是 7500 万美元的净亏损。其中最主要的原因就是，广告业务较为低迷，盈利能力匮乏。而人人仍然能保持营收增长，重要原因在于游戏业务，对于包括人人在内的社交网络来说，在线游戏业务已经成为其最重要的收入来源，是游戏业务营收继续增长的最大动力。

对于一个游戏来说，研发的时间是很漫长的，投入的资金也是非常多的，例如传统客户端游戏没有 3000 万元的投入、3 年的研发时间，想要做出来是根本不可能的。最主要的是，现在一款游戏的生命周期也在大大缩短，以前一个用户对一款游戏可以玩 5～10 年。而现在，玩家采取了快速开服的模式，用户的寿命周期缩短到了 6 个月。**游戏投入的时间很多、成本很高，而游戏的生命周期却很短，这样对于人人来说是致命的打击。这就使得人人在同一款游戏上的广告业务量就下降，广告收益减弱。**

所以对于这样的问题，各大游戏公司要么缩短游戏研发的时间和成本，要么延长游戏的生命周期。而人人最近的一系列尝试，让我们看到通过大数据等技术手段解决问题的思路。

人人发现，随着社交网络以及移动互联网的兴起，轻游戏的独特优势愈发明显，它在研发时间和成本上压缩了许多。对于轻游戏来说，只需要不到 100 万的研发投入，再加上不到半年的开发周期，就可以完成。这样的速度与效率显然更令开发者心动。

•专家提醒

"轻游戏"是指可以随时体验、操作简单方便、不耗费过多流量资源、付费门槛较低的游戏产品。其中的"轻"主要是指"轻操作"、"轻时间"、"轻流量"和"轻资费"。

轻操作是指**游戏操作简单易上手，符合智能机的使用特征。**

轻时间是指**可以利用碎片时间体验游戏，随时开启随时结束。**

轻流量是指**游戏下载和使用过程中消耗的流量较小，帮助玩家节省流量。**

轻资费是指**单次付费门槛较低，花费较少的金额就能享受到优质的游戏产品。**

在游戏的生命周期上，人人游戏通过大数据改善运营环节，来延长用户的游戏生命周期。

人人的大数据玩法可分为以下 3 步，如图 8-13 所示。

图 8-13 人人玩大数据的 3 个步骤

第 1 步，预防用户流失。

2013 年 4 月份，人人联合北京大学，通过大数据来预测用户流失率，解决降低用户流失率的难题。

人人游戏通过记录用户登录时间、玩游戏时间、游戏等级等，分析每天花在游戏上时间较多的用户以及高价值用户。如果用户连续几天没有登录游戏，就会做出自动的流失预警，并帮助运营人员做出判断。帮助运营人员及时采取适当手段挽留用户。

第 2 步，分析用户流失的原因。

人人游戏又通过与 IBM 的合作，将商业智能深度运用在运营环节，分析用户流失的真实原因，并通过数据分析，找到用户真正想要的游戏。人人游戏通过对玩家的游戏需求、兴趣点和游戏时间节点进行数据整合，进而对产品进行研发改进，最后优化用户体验。

第 3 步，将用户留下来。

仅仅发现用户流失的原因还不够，最关键的将其转化为实际的行动，将用户挽留下来。当发现用户即将流失时，通过系统在行动层面上做一些设置，包括给用户打电话、发短信，甚至发邮件等。这一系列的措施对任何企业而言都具有很高的实用价值，更重要的是为一直将目光集中在产品层面的游戏公司打开了一条新思路。

专家提醒

在本案例中，人人游戏通过大数据来预测用户的流失，再使用 BI 系统分析用户流失的原因，并以此改良游戏产品，使其更符合用户的需求，从根本上解决了用户游戏生命周期短、易流失的问题。

8.2.8 酷狗繁星——用大数据打造歌手

酷狗繁星网，是酷狗旗下的在线视频互动演艺平台，如图 8-14 所示。作为中国数字音乐领域的领跑者，酷狗首创以音乐属性为基础，与酷狗 4.5 亿数字音乐用户一起，共同创建在线视频互动演艺平台。

图 8-14 “酷狗繁星网”主页

今年的 1 月 8 日，在由中国互联网协会主办的 2014 中国互联网产业年会上，“酷狗繁星网”荣获 2013 中国互联网十大价值产品。酷狗繁星网 CEO 谢欢在会上表示，酷狗将通过大数据应用来打造歌手和作品，分析一首歌会不会火。

在大数据时代，酷狗不仅可以通过大数据来分析一首歌会不会火，也可以通过大数据来打造歌手和作品。酷狗网的酷狗飙升榜，是按照歌曲被收听的次数量而进行排序的。也就是说，当一首歌曲突然要红遍网络时，酷狗运用其背后的大数据分析，是能够提前预测出来的。

酷狗利用大数据还能让每一位歌手都有可能成为大明星。酷狗音乐可以根据粉丝量，粉丝喜欢的歌曲等，来为艺人打造符合粉丝“口味”的歌曲。通过这种方式打造出的艺人和作品，将是未来制作音乐和打造歌手的趋势。

酷狗通过 13 年的时间，积累了大量的用户数据信息。在今后酷狗音乐将通过利用酷狗音乐强大的数据资源，做相关的音乐指数分析，并对酷狗音乐的粉丝做地域性的分析，使音乐和数字运营结合起来，举办相应的商业活动，使音乐价值达到最大化。

•专家提醒

伴随着移动互联网的飞速发展，无线音乐页存在着巨大的市场。据统计，无线音乐市场规模已超 27 亿元，移动音乐类应用已覆盖了 56.1%的移动互联网网民。在网络市场整体趋好的发展态势下，手机音乐客户端市场的用户规模将不断增长，成为继 PC 客户端之后的另一大商业市场。

8.2.9 网易——开放云阅读平台

网易公司创立于 1997 年 6 月，是中国领先的互联网技术公司，也是中国主要门户网站。网易目前在开发互联网应用、服务及其他技术方面始终在中国业界保持着领先地位，并且曾两次被中国互联网络信息中心评选为中国十佳网站之首。目前提供网络游戏、电子邮件、新闻、博客、搜索引擎、论坛、虚拟社区等服务。

2013 年 7 月网易宣布，网易云阅读开放平台自媒体入口将正式上线，并将对自媒体人开放网易云阅读 2000 万移动阅读用户，如图 8-15 所示。

图 8-15 “网易云阅读”主页

通过网易云阅读自媒体入口，自媒体人可申请多项服务内容。例如通过内容编辑排版、单账号管理多内容源等功能，可将自媒体人从内容管理的工作中解放出来，而这样做的目的在于使自媒体人能专注于对内容品质的把控，实现从创作到推广自由。

以前，精英人士在微信、微博上大显身手，成为自媒体，并产生越来越大的影响力。不过，随着新版微信发布，自媒体账号将面临折叠，自媒体的传播效果将大打折扣，很多自媒体人感到沮丧。在这一背景下，门户新闻客户端、360、网易云阅读已开始抢夺微信即将放弃的市场，可以说各大巨头对此都是摩拳擦掌。

此外，用户的内容将对自媒体人无条件开放。网易云阅读除对自媒体开放付费阅读模式外，还将为自媒体人开放上线广告位售卖系统，并提供多类广告插入模式。

·专家提醒

在本案例中，网易云阅读从用户角度出发，满足用户的浅阅读需求。相比单一功能的 App 应用，网易云阅读已经开始了对用户不同需求以及不同信息数据的关联。

8.2.10 搜狗携程——大数据战略合作

2014 年 9 月 2 日，搜狗、携程在北京召开新闻发布会，宣布双方达成开学季“说走就走，大学是青春的旅行”独家战略合作，如图 8-15 所示。这也是双方继年初春运抢票合作之后，搜狗为携程提供入口的第 2 次合作。

图 8-16 “搜狗、携程”发布会现场

由于 21 世纪互联网的高速发展，使得 90 后一代天生就有着无与伦比的互联网使用经验，使用互联网的能力和比例明显高于其他人群。现在，大量的 90 后用户的生活与消费已呈现出互联网化趋势。而此年龄段的用户大多数都是大学生，所以携程针对这一部分的人群特点，提供能满足其需求的旅行解决方案，吸引该类用户，具有很大的市场发展空间。

携程与搜狗开展战略合作，主要依托于搜狗的星云大数据分析系统。通过搜狗的跨屏多平台优势，从大学新生出行旅游票务服务等实际需求出发，为学生用户提供“住、行、玩”信息，尝试全新的基于大数据技术的跨屏整合营销。

在信息数据泛滥的时代，产品、企业的推广方式不仅仅局限于用户单纯的关键字搜索，要充分发掘和利用大数据资源才是今后需要关注的重点。为此，搜狗通过为携程量身定制了特型搜索应用，以期在用户体验和营销效果之间取得平衡，实现共赢。

目前，双方合作项目包括了搜狗首页入口、PC 和无线端输入法皮肤及新词推荐、PC 和无线端搜索应用、搜狗号码通、搜狗手机助手等众多资源。可以说双方的这次合作，为学生用户提供了一份实用且具有时效性的校园生活指南。

·专家提醒

搜狗与携程的合作，是一次针对特定用户的跨界合作，更是针对大数据营销的一次具体尝试。而移动端的无线搜索、输入法和号码通都将成为本次合作移动端的重要入口，使这种跨屏营销的优势充分发挥。相信本次合作将为行业带来以用户需求为中心的大数据跨屏全新营销思路。

第 9 章

大数据在通信行业中的应用

学前提示

随着智能时代的到来和智能手机的普及，移动通信行业的业务类型发生了巨大的变化，移动数据呈爆发性增长。而对于网络通信行业，如何才能利用好手中的大数据，如何才能铺开大数据运营网络等问题，就成了通信运营商关注的焦点。

要点展示

- 移动通信中的大数据
- 通信行业大数据的应用案例

9.1 移动通信中的大数据

在如今的移动互联时代，随着智能手机的普及，运营商将获得更加完备的用户行为数据，而能否挖掘出这些数据的价值，将直接决定运营商能否把握得住大数据带来的机遇。

9.1.1 电信行业需要转型

在智能手机时代，电信运营商的业务增长可以说是极其乏力。例如微信占据了传统短信业务的半壁江山，而语音功能对电信运营商的语音通话业务也产生了不小的冲击。为此，**各大电信运营商纷纷实施战略转型，大力发展数据业务。**

大数据时代的到来，为电信运营商增强竞争优势、拓展蓝海业务带来了新的机遇。笔者在这里总结了电信行业利用大数据的四大优势，如图 9-1 所示。

图 9-1　电信行业利用大数据的四大优势

1. 提升网络服务质量，增强管道智能化

一个产业的削弱必定促使另一个产业的崛起。互联网和移动互联网的发展，使得运营商的网络更加繁忙，用于监测网络状态的信令数据快速增长。例如，通过大数据的海量分布式存储技术，可以更好地满足存储需求；通过智能分析技术，能够实时地进行网络维护，预测网络流量峰值，预警异常流量，为网络改造、提高网络服务质量、提升用户体验做出贡献。

2. 更加精准地洞察客户需求，增强市场竞争力

电信运营商将会面对更多的客户数据资源，通过数据洞察企业或部门层面，对客户数据在市场营销、客户联系等环节进行有效的应用。通过大数据分析、数据挖掘等方法，电信运营商能够整合来自各个部门的数据，从各种不同的角度全面了解自己的

客户，对客户形象进行精准刻画，制定有针对性的营销计划、产品组合或商业决策，提升客户价值。

3. 升级行业信息化解决方案，提升客户价值

目前，电信运营商针对智慧城市及行业信息化服务能够提供一揽子解决方案。例如将数据技术整合到行业信息化方案中，帮助客户通过数据采集、存储和分析，更好地提升信息化服务的价值。

4. 提供基于云的数据分析服务，开拓大数据蓝海市场

大数据和云计算相结合，使得数据分析也可以作为一种服务。电信运营商可以在数据中心的基础上，搭建大数据分析平台，通过自己采集、第三方提供等方式汇聚数据，并对数据进行分析，满足在线广告、电子商务等行业的数据分析需求。

专家提醒

大数据也有大风险，其中之一就是客户隐私泄露及数据安全风险。电信运营商在网络安全、数据中心安全等方面具有优势，如能以此为基础，建立整个大数据领域的安全保障优势，必将从大数据的发展中获益匪浅。

9.1.2 大数据时代的“融合通信”

云计算技术还未完全覆盖全部主流市场，大数据的浪潮已经扑面而来。无论是国内还是国外，无论是学术界还是商界，大数据在云计算的基础上已经开始粉墨登场了。笔者认为，**大数据的兴起，一方面是面对海量数据如何有效存储和传输；另一方面是如何处理爆发式增长的海量数据，并将核心的价值数据合理利用。简言之，在庞大的数据中，实现数据的快速传输，并获得有价值数据信息的能力，**就是大数据在通信行业的核心应用。

大数据必然产生大信息，而大信息的传递必然需要通信速度的加快，所以大数据加速了通信服务的需求。最主要的是，**大数据时代通信用户数量较大、地域分散，通信平台更加多样化、复杂化。**通信平台需要同时支持包括视频、语音、数据在内的多种多媒体通信业务，同时又需要支持众多异构通信网络，对通信平台可靠性要求非常高。**只有将信息融合，才符合大数据时代的通信服务的需求。**

融合通信是把计算机技术与传统通信技术融合为一体的新通信模式。将计算机网络与传统通信网络融合在一个网络平台上，实现电话、传真、数据传输、音视频会议、呼叫中心、即时通信等众多应用服务。**融合通信计划是传统通信服务的升级，既是为了反击微信、QQ 等带来的业务冲击，更是为了抓住 4G 机遇，寻求业务模式新突破。**融合通信主要有以下四大发展趋势，如图 9-2 所示。

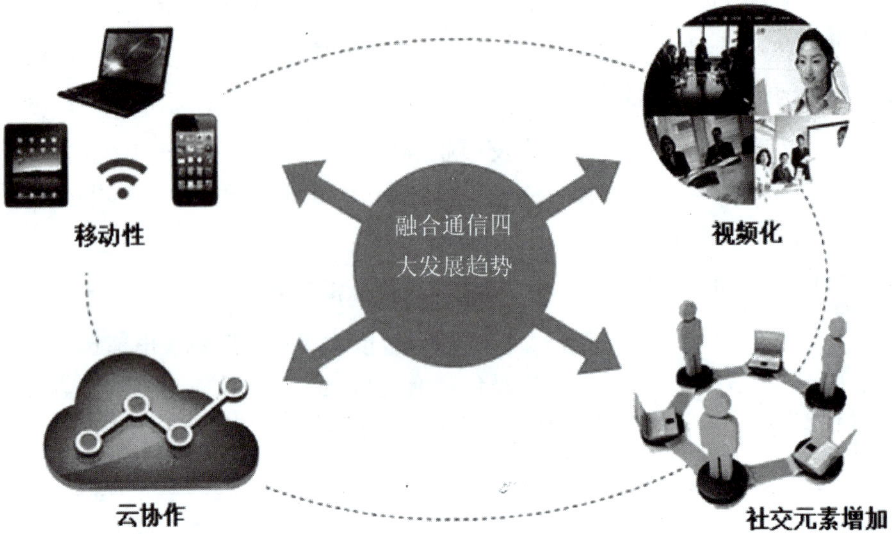

图 9-2　融合通信四大发展趋势

1. 移动性

移动性是融合通信的重要特征。其不仅仅只是实现基于企业通信的即时通信、点对点电话等功能，同时还需要具备全面的统一消息、音视频会议管理，提供高安全性、极佳的移动操作体验、与桌面软硬终端的操作协同等特性。

2. 视频化

视频通信的目标是实现企业员工在自己的办公座位上就能参与到企业的会议中。它能大幅降低企业会议成本、加速决策速度。它对数据共享的要求强过视频，一般会议使用的设备以 PC、Pad 和手机上的 App 为主，无须高清。

3. 云协作

企业可以利用云协作的功能，将统一通信和协作应用通过虚拟化技术进行云化，也可以根据自身情况选择公有云、私有云或者混合云的部署模式，提供统一管理和维护，降低企业 IT 管理开销。随着云服务的进一步发展，将会出现提供统一通信和协作的云解决方案服务商，企业可将其通信业务完全托管于该服务商。

4. 社交元素增加

企业的沟通是全方位的，不仅是企业内部，也包括与所属集团企业、供应商和渠道、客户等的沟通。面向企业的统一通信总体上应是建立在一个有组织，可管控的通信协作平台上，社交也应基于此考虑。通过全方位的协作平台，改变企业运营方式，并推动企业业绩稳步增长。

目前，国内传统通信运营商均开始另辟蹊径，谋划融合通信这盘大棋，将其定义为业务和技术发展的核心方向。

目前业界在大数据业务支撑系统上已经有了很多的研究，技术上的难点主要包括以下三点。

(1) 如何整合运营商内的各类经营分析系统。

(2) 建设一个开放接口的共享数据平台。

(3) 如何解决海量数据的采集、存储和安全问题。

而在融合通信方面，以上技术能够在一定程度上缓解以下问题。

(1) 可以实现多媒体、多网络融合集群通信。用户在任何地方、任何地点都可以接入任何业务。

(2) 具备非常高的灵活性，满足用户大数据量传输处理要求。

(3) 能够降低用户通信网路改造成本，真正体现出融合通信的价值。

技术可以改变一个领域的生存模式，在信息飞速发展的时代，各个领域都必须积极研究和探讨如何应对大数据，而通信行业更需要携手 “融合通信”技术来迎接大数据时代的来临。

9.1.3 大数据也是通信行业的大机遇

互联网服务对传统电信运营商业务构成的冲击是显而易见的，对于电信运营商来说这既是一次挑战，更是一次机遇。

电信运营商业在这种冲击下，可以加速运营商身份的转型，并催生运营商新的机遇和市场空间。大数据和云计算恰恰就是在这种产业变化的情况下催生出的新业务。对于运营商来说，大数据可能拥有比传统基础电信业务更大的市场空间。而对于大数据市场的开发，通常要遵循以下四个由简到难的步骤，如图 9-3 所示。

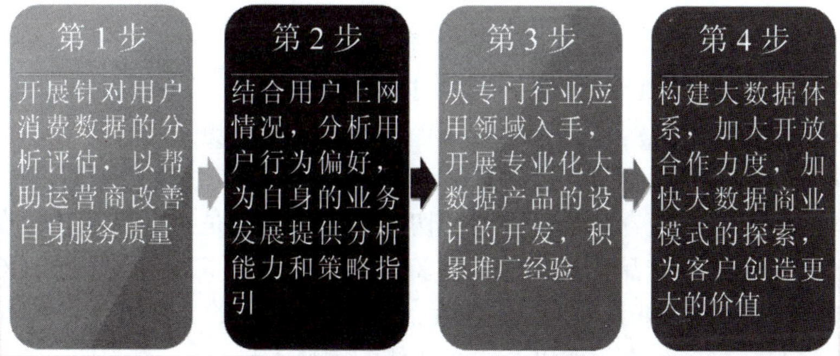

图 9-3 大数据开发的四个步骤

另外，大数据基础设施建设要从“数据挖掘”和“数据开放”两个层次发展相关业务。

在基础设施方面，除了建设城市光网等基础设施外，更要关注数据存储和数据分析计算设施的建设，包括 IDC 服务器托管和云产品。这将为大数据市场的发展提供基础设施资源。在数据开放方面，其一是对 Hadoop 技术的支持与集成，其二则是提供各个平台间，甚至是与第三方平台间的自由的传输数据和存储。

9.2 通信行业大数据的应用案例

在中国，通信行业被移动、联通、电信三家垄断，并呈现一种“三足鼎立”的局势。在三家竞争如此激烈的情况下，大数据就成了推动更优质的服务、提升自己竞争力的有力手段。

9.2.1 中国移动——分析客户投诉原因

中国移动通信集团公司(简称“中国移动”)是中国规模最大的移动通信运营商，也是全球用户最多的移动运营商，如图 9-4 所示。但是在中国移动用户量猛增的同时，也带来了客户投诉量的增长。

图 9-4 中国移动标志

如今中国的通信行业已经迎来了 4G 时代，而 4G 的到来，让手机购物、视频通话、移动音乐下载、手机游戏、移动支付等移动数据业务更是层出不穷。它们在为用户创造了前所未有的新体验同时，也为移动运营商提供了更大的数据资源库。

为此，中国移动和天睿公司进行了密切合作，目的就是为了辨别客户投诉的真实原因、发现问题、改进产品、提升服务体验。天睿公司为其配置了基于 CCR(中央控制室)模型的客户投诉智能识别系统。该系统通过投诉源的文本分析，实现了从发现问题到分析问题，再到解决问题以及跟踪评估的闭环管理。

经过一段时间使用，仅中国移动某省级公司，就被识别 769 个投诉原因，配合业务部门提出 37 个产品优化建议，优化不满意点 58 个，消除约 37 万客户的潜在不满隐患，每年节约成本达 540 万元。

中国移动还利用大数据实现企业从电信网络运营商到信息运营商的转型。通过对数据的分析，了解用户流量的使用方式、使用习惯，洞察客户接触不同信息的渠道，再利用深度商业洞察力，打造基于大数据的租售数据模式、租售信息模式、数字媒体模式、数据使能模式、数据空间运营模式、大数据技术提供商等全新商业模式。

•专家提醒

在本案例中，中国移动利用大数据，通过对用户投诉内容的分析，找出自身运营方面的不足，为自己赢得了良好的口碑。同时对于大数据的使用也预示着向信息运营商的转型，同时也开启了中国移动新的商业模式。

9.2.2 中国联通——赢得大数据先机

中国联合网络通信集团有限公司(简称“中国联通”)于 2009 年 1 月 6 日在原中国网通和原中国联通的基础上合并组建而成，是中国唯一一家在纽约、香港、上海三地同时上市的电信运营企业，已连续多年入选“世界 500 强企业”。

过去十几年，中国联通一直在努力地成为智能管道，但是很遗憾，其转变的过程相当艰难。对运营商来说，网络、用户、数据已经成为关键资产。网络是基础，是高速公路，只有所有用户都要接入到运营商的网上来，才会产生各种各样的消费记录，而这些记录又是通过数据来量化的。

过去，运营商可以获得的用户资料只有姓名、性别、年龄、流量等，对于运营商来说，获取更多细微的数据，花费的成本将会很高。也正因为如此，让这些数据被运营商白白流失了，没能将其真正转化为价值。

而在今天，云计算和大数据提供了基础技术保障，使运营商可以把这些数据整合起来，进一步分析和挖掘，提炼出面向新商业的模式。

中国联通在国内运营商的大数据应用中，走得比较靠前。从线上来看，中国联通已经把大数据作为未来发展的主要战略，其在 IT 系统的下一步发展也确定了是以“集中大数据为核心，以顶层设计引领 IT 建设，服务下层，助力客户感知”。

在这个思想指导下，中国联通全面启动了以数据为中心的、集中化和一体化的 IT 系统建设。其目标是让每个系统从应用到数据，全部是烟囱式的建设模式。

截至 2013 年末，中联通的移动用户总数为 2.81 亿，其中 3G 用户数为 1.23 亿，占比 44%。在移动互联时代，中国联通在积极开展流量经营与产业合作方面占有绝对的领先优势。因此，借助大数据分析技术，可以让所有用户的使用行为以及需求，得以真实还原。

而进入 2014 年，移动 4G 已经开始发展起来。而 4G 可以说是 3G 的延伸，以往

3G 的用户将是 4G 用户最大的用户群，所以抓住 3G 用户也就等于抓住了 4G 用户。中国联通为了能够让用户从 3G 平稳、高效地过渡到 4G，利用大数据分析技术，对现有的 3G 用户进行了详细的数据分析，其分析内容主要包括以下三个方面的数据信息，如图 9-5 所示。

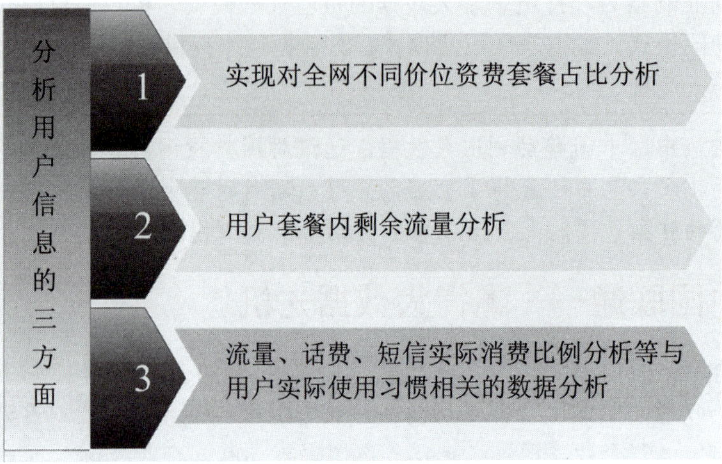

图 9-5　大数据分析用户信息的三方面

这些看似平常的数据，都可成为中国联通定制 4G 资费体系最为可靠的依据和参考。而巨大的数据基数保证了分析结果更加贴近消费者真实反应。所以中国联通基于大数据分析得出的结果，会更具有人性化，更符合用户真实需求。

•专 家 提 醒

在本案例中，中国联通利用大数据，对 3G 用户的套餐数据分析，来为用户制定合理的 4G 套餐。在移动互联网时代，数据业务的快速增长对运营商来说既是机会也是挑战，中国联通率先接受了挑战，同时在移动通信行业也占据了先机，必定能够实现用户、移动互联网企业与运营商三赢的结果。

9.2.3　中国电信——大数据下的智慧运营

中国电信集团公司简称“中国电信”成立于 2000 年 5 月 17 日，是我国特大型国有通信企业，主要经营固定电话、移动通信、卫星通信、互联网接入及应用等综合信息服务。2011 年 3 月 31 日，中国电信天翼移动用户破亿成为全球最大网络运营商，如图 9-6 所示。

图 9-6 天翼移动图标

目前大数据仍是一个新兴产业，还没有走向成熟阶段，而作为三大电信运营商，中国电信的大数据策略是：**数据驱动的智慧运营。**

中国电信在大数据领域主要做了以下几个方面的应用实践。

(1) 智慧网络。

网络平台是网络运营的基础，平台的流畅与否将直接关系到用户的体验，所以通过感知优化流量的方式，使得网络平台运营更畅通。

(2) 流量经营。

流量是用户在网络平台进行互动的必要工具，然而每个人使用流量的方式并不一样，通过分析用户偏好以及流量使用的情况，可进行精准营销。

(3) 精确运营。

移动通信服务最大的浪费就是做无用功，例如向 2G 用户推送 3G 套餐信息，而精确运营是改善用户服务质量、降低成本的重要手段。

(4) 行业应用。

结合行业客户增长的数据，进行品牌分析等服务。

除此之外，中国电信大数据也在企业中尝试应用。例如，根据客户行为和位置分析进行商铺选址和实施营销，使用非结构化大文本分析的呼叫中心智能服务。利用信息做出更加智慧的判断与回应，中国电信会继续利用大数据，构建数据驱动的智慧运营体系。

中国电信最有价值的大数据应用表现在以下四个方面，如图 9-6 所示。

图 9-7 大数据应用表现在四个方面

(1) 语音数据分析。

利用大数据处理平台分析呼叫中心海量语音数据，建立呼叫中心测评体系和产品关联分析，可为保险公司等提供基于自动语音识别的大数据分析系统。

(2) 视频数据分析。

基于智能图像分析能力的视频索引、搜索、摘要服务，从海量视频挖掘有价值的视频信息，提供公用视频图像分析，可使中国电信全球眼智能系统在智慧城市、平安社区、交通监管等领域实现大规模使用。

(3) 网络流量分析。

通过分析互联网流量及协议信息，可对一般性网络使用者的行为习惯分群组提供有针对性的网络便利性服务。

(4) 位置数据分析。

通过 LBS 系统平台，可对移动通信使用者的位置和运动轨迹进行分析，从而实现热点地区人群频率的概率性有效统计，比如根据景区人流进行基站优化。

•专家提醒

在本案例中，中国电信对今后的运营模式做出了更加智慧的判断与回应，即利用大数据，构建数据驱动的智慧运营体系，而这种体系是史无前例的。相信中国电信智慧运营体系将为用户带来更方便的应用，同时也为自身带来更大的商业价值。

9.2.4 广东联通——大数据流量经营

2013 年 10 月，广东联通为应对大数据、大流量需求，全省网速升级，力推用户期待已久的上网流量大数据包，其中的流量非常大。也就是说，我国的上网流量套餐开始走进“G 时代”，如图 9-8 所示。

“G 时代”的到来在一定程度上解决了手机流量问题，例如在线观看电视剧、电影要消耗大量的网络流量，以往由于其使用费之高，被视为一件奢侈的事情。但是，自从广东联通推出了包含高达 6GB 的视频定向流量包之后，现在这成了一件很平常的事情。

而对于用不完的流量，广东联通也推出了 G 时代“流量共享产品”，全面满足家庭用户、多终端上网用户、企业共享上网用户需求。用户手机用不完的流量，可以共享给平板电脑、PC 或其他手机，当然也可以共享给家庭其他成员使用，实现一人付费、全家共享。

在费用方面，其中包括 126 元及以上套餐用户，只要预存 300 元话费即可每月获赠 1G 超大流量，累计最高共赠送 30G 流量。这是继微信沃卡之后，再一次引领行业风潮，携广大用户实现手机上网流量“从 M 到 G”的跨越。

图 9-8　广东联通 G 时代发布会

目前，广东联通已经与多家主流的互联网企业紧密洽谈，将为乐视视频、搜狐视频、多米音乐、音悦台等多款主流的互联网应用推出定向流量包。最为关键的是，这些流量包包含的流量惊人，基本都是以 G 来计算，而以往的手机上网套餐总是以 M 来计算，广东联通新的流量套餐将引领流量经营改革之风。

·专 家 提 醒

在本案例中，广东电信利用大数据流量经营的新举措，实现了其流量经营模式大改革，突破了传统的手机上网流量经营模式。随着网速的大大提升、移动互联网的飞速发展，人们对上网流量的需求量越来越大，这种定向流量包将受到广大用户的欢迎。

9.2.5 法国电信——发掘大数据价值

法国电信是法国最大的电信公司，拥有全球约有将近 9 千万位顾客，如图 9-9 所示。法国电信为了发掘大数据能带来的价值，目前已在移动业务部门和公共服务领域进行了探索和尝试。

法国电信的分部 Orange Business Service 是法国最大的运营商，专门提供 B2B 服务，其拥有全球最大及流畅的语言和数据网络，覆盖 220 个国家及地区。OBS 的策略是用云计算的方式为客户提供存储资源，使得企业客户能够以经济有效的方式妥善保存私有数据，并且充分发挥数据智能的作用。

OBS 的移动业务部门更是借助大数据改善服务水平，提升用户体验，通过针对用户消费数据的分析评估，以帮助法国电信改善服务质量。例如，当用户的通话突然中断时，OBS 会分析产生的原因并做出相对应的解决措施。

图 9-9　法国电信标志

导致通话中断的原因除了技术故障外就是网络负荷过重。如果某段网络上的掉话率持续过高，就应该是网络负荷过重，意味着该网络需要扩容。法国电信通过分析掉话率数据，找出了超负荷运转的网络，并及时进行了扩容，完善了网络布局，给用户提供了更好的服务体验，获得了更多的用户以及业务增长。

•专 家 提 醒

虽然为客户提供数据存储系统，但是会严格遵守相关的隐私保护规定，不会去读取或者使用客户的这些数据。

9.2.6　威瑞森电信——大数据的精准营销

威瑞森电信公司是由美国大西洋贝尔、Nynex 和独立电话公司 GTE 合并而成的，是美国最大的本地电话公司、最大的无线通信公司，也是全世界最大的印刷黄页和在线黄页信息提供商，如图 9-10 所示。

图 9-10　威瑞森电信公司标志

2012 年 10 月，威瑞森电信公司成立了精准营销部门 PMD，该部门提供以下三个方面的服务，如图 9-11 所示。

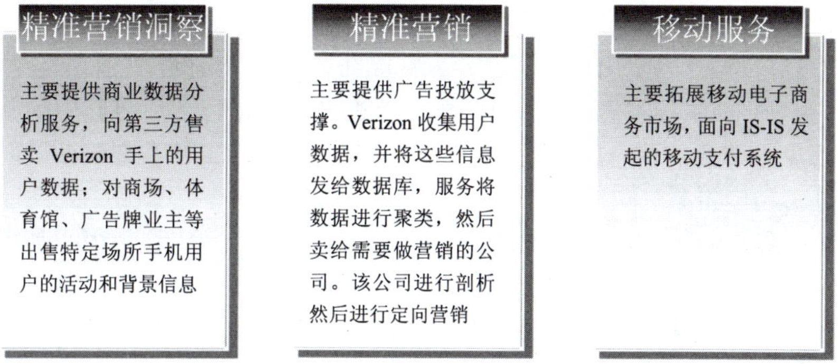

图 9-11　精准营销部门提供的服务

•专 家 提 醒

IS-IS(中间系统到中间系统)是一种内部网关协议，是电信运营商普遍采用的内部网关协议之一。由于 IP 网络的普遍存在，一般所称的 IS-IS 协议，通常是指集成 IS-IS 协议。

威瑞森电信公司成立了大数据部门，在运营商数据能力商业化方面迈出了可喜的一步。威瑞森电信公司通过精准掌握用户信息和用户行为，提高营销的定向性。其精准营销策略可分为以下四种，如图 9-12 所示。

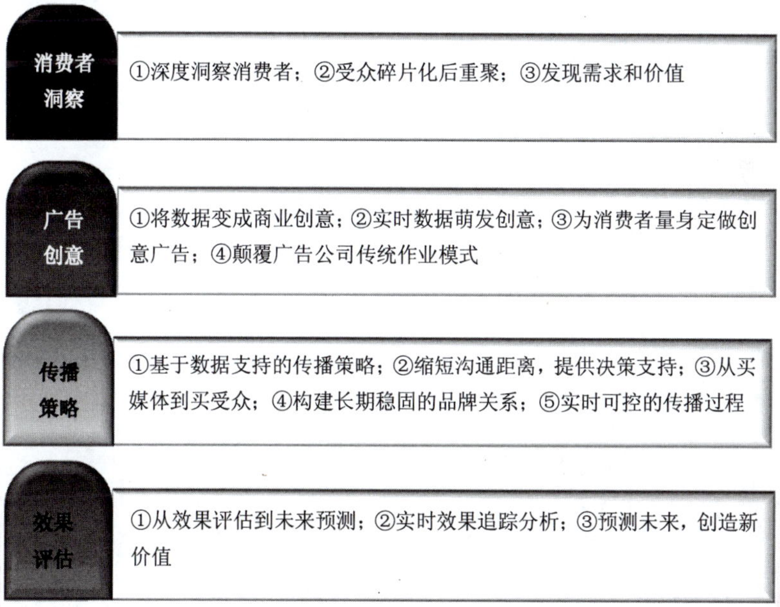

图 9-12　四种精准营销策略

有人认为，用户在享受各种手机应用提供的免费服务时，实际上用户已经签订了提供个人信息、位置数据等的卖身契。以许多的应用软件为例，它们都会收集用户的账号、密码、通信录、位置、手机识别号、手机号等数据，然后将其中的部分数据发送给多家信息跟踪商，信息跟踪商再根据用户信息进行广告种类定位，进而联合广告商发送精准营销广告。

所以这时候就有人担心，自己的隐私会被泄露出去。其实这种担心是多余的。威瑞森电信公司的这项服务售卖的并非用户个人数据，而是人群分组信息。而且相对于那种对用户造成直接影响的运营商弹出广告窗口，这里的一切很大程度上都是悄悄在背后进行的，不会有多少用户会有直观的感知。所以威瑞森电信公司的这种营销方式，第一不会泄露用户的个人信息，第二不会打扰到用户的正常使用。

·专家提醒

在本案例中，威瑞森电信公司利用自己手握的海量用户数据变现，将用户的位置、旅行、上网流量习惯等信息出售给包括广告公司在内的第三方，实现了大数据的精准营销。这种营销方式在为威瑞森电信公司、广告公司创造价值的同时，也相应地缓解了垃圾短信给用户带来的烦恼，最起码用户收到的短信与自身的实际需求是有一点关系的。

第 10 章

大数据在影视传媒行业中的应用

学前提示

对于传媒行业来说，收视率就是价值。它能为公司、电视台带来巨大的经济收益。所以在娱乐传媒行业，获得更多收视率也是一种战略、一种营销，而大数据则将成为媒体相互竞争的新型武器。

要点展示

- 大数据下传媒业的挑战与机遇
- 大数据下传统媒体的应对策略
- 大数据与新媒体的大发展
- 大数据与媒体行业的应用案例

10.1 大数据下传媒业的挑战与机遇

任何新行业的兴起必将影响到其他行业，大数据也是如此。原以为大数据这股风只是刮到了零售、餐饮、通信等行业，没想到它也刮到了传媒行业，并且对传统媒体的影响还不小。但凡事都有两面性，大数据在给传媒行业带来冲击的同时，也带来了大机遇。

10.1.1 大数据对传统媒体的挑战

大数据时代，是一个全新的时代，大数据时代对各行各业都有冲击，对每一个人都有挑战。新闻传媒作为信息传播的前沿行业，它所面临的冲击和挑战是显而易见的。大数据对传媒业的挑战主要可以分为以下 6 个方面，如图 10-1 所示。

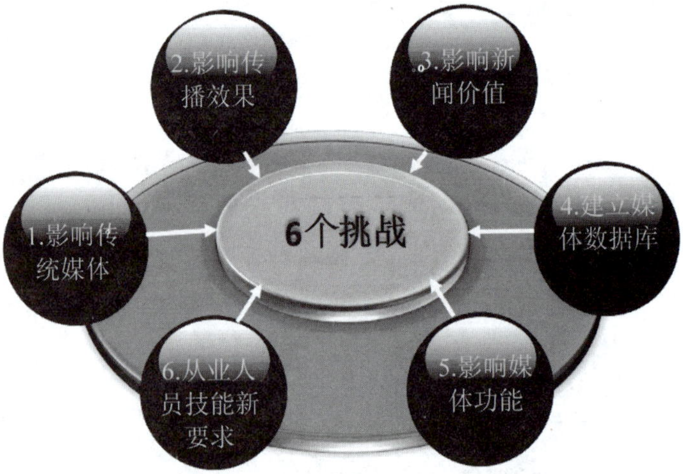

图 10-1 大数据对传媒业的 6 个挑战

1. 影响传统媒体

大数据对传统媒体的挑战是显而易见的，例如报纸、杂志。以前许多人获取新闻的途径是报纸、杂志，而现在智能手机的普及，不用再去买报纸、杂志，就能接收到当前最新的新闻资讯，而且还是免费的。

另外，现在的网络新闻不是只单独出现一条新闻，而是附带着许多个相关的新闻链接，想了解什么方面的新闻，只要打开网络链接即可。而视频新闻也会在播放完毕之后自动弹出相似的视频供用户挑选。这些都是纸媒完全做不到的。

2. 影响传播效果

大数据时代，新闻传播将更有针对性，传播更有效果。而传统媒体的新闻是粗放型、广种薄收的传播，把所有的新闻信息向所有人传播，缺乏针对性、精确度。所以在传播效果上，传统媒体与大数据时代的新闻传播就有着很大的差距。

3. 影响新闻价值

智能手机的普及、社交媒体的发达，使得人人都可以充当记者的角色。从而使得新闻报道、信息发布已不再是媒体人的专利，由此导致传统媒体的新闻价值大大降低。例如雅安地震，第一时间传出来的消息都来自于事件现场的人的微博。这说明最有时效的新闻是来自“在现场”的人，而不是“到现场”的人。所以“独家新闻”已经渐渐远去，因为在大数据的智能时代，“独家”早已成为“大家”。

4. 建立媒体数据库

大数据时代，媒体要有强烈的数据意识，要善于收集数据、分析数据、使用数据，挖掘数据的潜在用途，拓宽自己的数据范围。例如邮政行业有最全的地址数据，淘宝网积累了 10 年来网购用户交易和浏览记录，新浪微博和人人网拥有了所有注册用户的人际关系网络信息。

所以传统媒体不仅要有自己的采编队伍，有自己的原创新闻、原创评论，还应该围绕自身优势建立一个可以互动的、社交化的、拥有广泛人气、交流、讨论的平台。它可以汇聚各方信息，形成庞大的、拥有巨量信息与数据的平台。

5. 影响媒体功能

以往新闻的狠心竞争力是“实时性”，只有最快最新的新闻消息，才能夺得大众的眼球。而大数据应用到新闻领域，必然还有一个核心的竞争——预测。预测新闻是根据事物发展现阶段的影响要素和特点，对事物发展的规律和走向，进行判断和推测的一种报道。但是，必须要合理地利用大数据，将数据化的新闻信息进行分析，只有这样得出事物发展的趋势、社会变迁的方向，才能和实际的报道相符。

·专家提醒

新闻传媒的要素除了“实时性”，还必须要有“真实性”。利用大数据进行预测的结果多多少少会与事实不符，所以在利用大数据分析的结果做新闻发布的时候，要万分谨慎，确保消息内容做到最大限度的“真实”。

6. 从业人员技能新要求

大数据时代要求人们具备 3 种能力：数学运算与建模的能力、网络工程与分析能力以及洞见事物本质的能力。传媒从业者与人和社会打交道，以整个社会为思考对象，对人对事已有特殊的洞察力，因此传统媒体需着力培养具有数学运算与建模能力和网络工程与分析能力的从业人员。

其实从业人员的新要求就是让编辑记者尽快了解大数据，掌握基本的学习、各种算法及数据分析方法，学会利用大数据技术分析传统的新闻内容，让数据工程师用新的眼光、新的方式熟悉社会、了解社会。只有拥有这样一批“全才”，传媒业才有更大的发展潜力。

10.1.2 大数据对传统媒体的机遇

大数据时代，传统媒体想要立足，就必须要转型，而转型就预示着一系列机遇的到来，所以数据颠覆传媒业。

当前，我们已经进入大数据时代，主要标志就是已从内容稀缺时代转变为信息过载时代，主要表现在以下几个方面。

1. 信息量指数式增长

从 2007 年到 2013 年，人类存储的数据量从 300 艾字节快速增加到 1.2 泽字节，增长了数倍，而其中非数字数据所占比例还不到 2%。这意味着传统媒体拥有大量可用的信息，而信息量越大，有用的信息可能就越多。

2. 信息内容更加丰富

除了传统媒体生产的原创内容之外，由于博客、微博、微信等很多自媒体平台的出现，大量的、高质量的自媒体内容层出不穷。当各种渠道的信息同时出现时，新闻和内容的稀缺性进一步被稀释，其价值也必然被降低。传统媒体如果能够利用好这些新媒体，做出具有创新、丰富的内容来，夺得大众眼球，也将会有较大的收获。

3. 基于大数据的互联网媒体正在快速颠覆传媒业旧格局

在广告市场方面， 2013 年，所有媒体的发布费用为 2144.13 亿元。其中电视为 1101.10 亿元，同比下滑 2.75%；报社为 504.70 亿元，同比下滑 9.17%。所以我国互联网广告已经成为仅次于广电的第二大广告市场。在这种形势下，传统媒体必将拿出应对策略出来，颠覆传媒业的旧格局，催生出新的传媒格局。

4. 基于大数据的产业融合加速进展

以大数据为代表的互联网技术打破了既有产业之间的界限，把之前界限分明的产业融合在一起，形成了新的产业蓝海。传媒业也在互联网技术的推动下，正不断地和其他产业融合成新的产业。

另外，笔者认为，不管社会如何发展，也不管在数据时代中“数据”如何称王，传媒业都将继续存在。在信息的传播渠道中，传统媒体是从历史延续下来的传播渠道，总会有一部分人需要通过这种渠道来获取信息资源，毕竟智能手机不可能代替所有。

10.2 大数据下传统媒体的应对策略

大数据虽然是双刃剑，对传统媒体有弊也有利，但是不得不承认，利远大于弊。传统媒体想要持续增长发展，就必须要拿出一定的对策来，否则很容易形成效益下滑。

10.2.1 大数据下传统媒体的营销策略

媒体行业是要生存的，生存就需要利用手中的资源获取价值。**大数据时代，媒体的营销策略显得尤为重要。而且在大数据的驱使下，媒体的具体营销策略可能将发生天翻地覆的改变**，如图 10-2 所示。

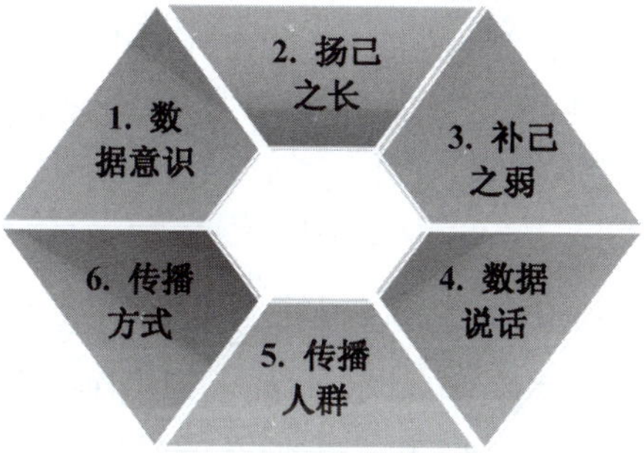

图 10-2 传媒营销六大策略

1. 数据意识

大数据时代，最重要的就是数据，数据是一切信息的基础，所以媒体一定要有重视数据的意识，并要善于收集数据、分析数据、使用数据。媒体业本身是信息产业，并且是信息业的前沿，在大数据时代拥有先天优势。

2. 扬己之长

在大数据时代，媒体应拓展自身，要深入了解自身优势所在，扬己之长。传媒业完全有潜力成为大数据时代的一个引领者，利用对大数据的挖掘获取对社会更深刻的观察、解读与预见。在保有“宽广度”的同时，要在“纵深度”上取得突破。

3. 补己之弱

大数据对于传媒行业来说是一个新兴事物，同时也是自身的“短板”。而媒体行业要做的就是将这块“短板”加长、补全。例如互联网媒体拥有精准性推荐，而媒体行业又有什么不可以的呢？只要数据够充足、分析够全面，完全可以做到补己之弱，全面发展。

4. 数据说话

大数据时代，既要用事实说话，也要用数据说话。而媒体却只做到了用事实说话。数据也是事实，大量的历史数据、不同角度不同方面的数据，经过用科学方法来分析，可以获得表面看不到的东西，这就是更深刻的事实。例如，某航班的延误时间似乎是随机的、无规律的，但是，当数据累积到一定程度时，航班延误时间的长短就会在统计上呈现出一种秩序性和稳定性。

5. 传播人群

新闻媒体自产生以来，都是以大众传播为主，综合性的报纸、广播电台都是传播界的王者。而网络媒体却不同，人们上网浏览都会留下“足迹”，即浏览数据。根据这些数据，可以在最合适的时间，以最恰当的方式向浏览者推送最感兴趣的新闻，这就是精准传播。所以传统媒体在这方面仍需努力，只有划分出特定人群，对不同的人群做出不同的营销策略，才能增强新闻的传播力度。

6. 传播方式

大数据时代，在现有的图文、音视频传播之外，将会出现数据的可视化。这将为传统媒体带来传播方式方法的改变。新闻数据化、数据图视化将成为受欢迎的传播方式。

媒体也需要聘请可视化工程师，因为他们既懂得数据分析，又精通构图，能把数据变成图像，用直观的图像来讲故事。像这样的从业者，将远多于现在平面媒体的美术编辑、广播媒体的音响师、电视媒体的化妆师。

·专家提醒

大数据时代的来临，媒体需要未雨绸缪，及时制定明确的数据战略，勇敢迎接挑战，抢抓机遇，迎难而上，在大数据时代抢占有利地形，抢占更大的市场空间，从而掌握主导性的话语权。

10.2.2 大数据下传统媒体的转型策略

大数据时代的传媒要借鉴相关数据挖掘分析技术，在产品开发、经营管理等各方面，充分利用大数据、开发新型新闻产品、为读者提供更精准的个性化服务。同时也要开发自身拥有的数据资产，进行多用途利用。

1. 新闻数据化

所谓“新闻数据化”，主要是指在新闻生产过程中充分利用数据挖掘、分析、展示等技术，提高新闻质量，丰富新闻类型；在传播在形式上以图表、数据为主，辅之以必要的少量文字；在实际操作中，要通过数据挖掘、统计、分析，从海量数据中发现有价值的新闻线索；最后依靠可视化技术将经过过滤后的数据进行融合，以形象化、艺术化的方式加以呈现，致力于为读者提供客观、系统的报道以及良好的阅读体验。

目前，在综合传媒业界，新闻数据化主要有以下 3 种路径，如图 10-3 所示。

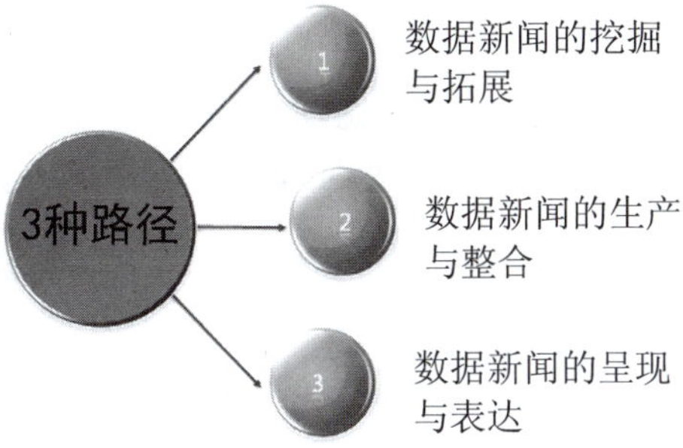

图 10-3　新闻数据化的 3 种主要路径

(1)　数据新闻的挖掘与拓展。

虽然在大数据时代，信息充斥着每个角落，但是新闻线索的获取仍需更加专业。媒体可以通过自己的数据研究中心，或者依靠数据库新闻团队，利用专门的技术和工具从海量信息中去挖掘新闻价值，从而得到更有价值的新闻线索，并进一步拓展新闻深度。

(2)　数据新闻的生产与整合。

大数据下的社会媒体越发蓬勃，而传统媒体也可以借助社会化媒体，一方面可以通过一系列的设置，使更多用户能便捷地参与到新闻的制作和生产中来。另一方面，社交媒体平台上的信息数据也是数据新闻生产的重要资源之一。

(3)　数据新闻的呈现与表达。

数据新闻通常运用可视化技术，以表格、图形、动画、视频等形式来传递新闻信息，这有助于传统媒体对已经拥有的数据进行更好地呈现与解读，是通往数据新闻方向的必由之路。这种可视化的互动表现手法不仅提升了新闻的表现力，还拓展了新闻的深度。对于新闻人来说，用数据说话、用图表说话，将变得与新闻写作同样重要。

2. 受众数据化

所谓“受众数据化”，主要是指对受众的主体行为习惯及相应的态度、心理等进行数据化，以提升受众的消费体验，并进行深度的数据开发利用。传统媒体一般拥有庞大的受众群体，但他们往往简单地以发行量、收视(听)率等来衡量影响。在大数据时代，这种受众数据化，已广泛应用于以下三个方面，如图 10-4 所示。

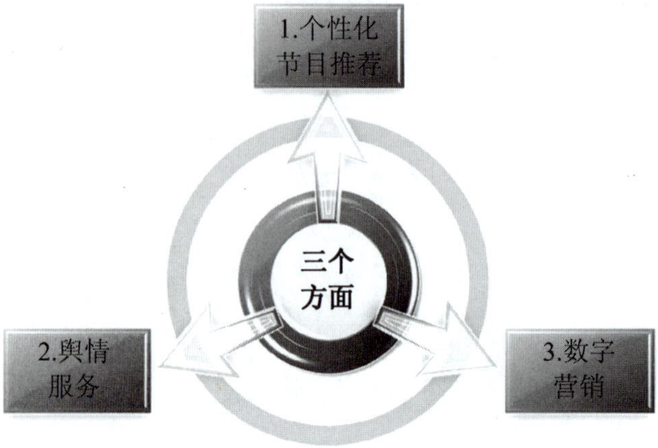

图 10-4　受众数据化应用的 3 个方面

(1)　个性化节目推荐。

新闻媒体自产生以来，综合性的报纸、广播、电视一直是传播界的权威。而到了互联网时代，情况有所改变。网络信息的爆炸性，使读者开始学会根据自己的喜好选择有用的信息内容。虽然传统媒体做不到这一点，但是传统媒体可通过划分时间的方法，将节目类型与人们的生活实践相匹配，例如许多电视台的周末会延长儿童节目的播放时间，因为周末都是学生休息的时间。

(2)　舆情服务。

在大数据技术的帮助下，公众的意见、态度、情感等原来难以捉摸的内容也可以数据化。在大数据时代，也应树立大舆情服务的观念。一方面扩展舆情信息规模，利用大数据技术进行各种类型数据的收集，另一方面丰富舆情分析纬度，充分利用相关性，进一步精准把握舆情走势。

(3)　数字营销。

大数据媒体为广告投放和数字营销也提供了基础。传统媒体可以在网上积累大量的用户数据，这些完全可以成为提高媒体广告效果的基础。例如某电视台在网上了解到年轻人对音乐舞蹈类的广告不是很反感，便在播放年轻偶像剧时插播了这类广告。这是传统媒体数字营销最常用的策略。

通过上述分析可以看出，大数据已经在潜移默化中改造着传统传媒业，给传媒转型提供了诸多思路。实际上，只要充分挖掘，大数据还可以给传统传媒业提供更多机会。

10.3 大数据与新媒体的大发展

对于娱乐传媒来说，获得更多的收视率就算营销成功。不用说，大数据将在这方面成为传媒之间竞争的新型武器。

10.3.1 大数据与新媒体技术的发展

在大数据时代，广电新媒体技术正在加快脚步。运用新的技术谋发展。最巧妙之处，便是将广播电视与互联网技术的有机结合。

如今的电视传媒行业越来越趋向于互联网电视，例如智能电视的发展表明，广电新媒体技术正在不断吸收互联网技术的精髓。从技术角度看，智能电视和互联网电视在本质上是一样的，它们都结合了传统电视技术与 OTT 的技术优势。在传统电视机的基础上搭载高速芯片、使其拥有开放的操作平台、丰富的应用资源，从而改善的用户体验，摆脱传统电视单一、单调的播放模式，这是智能电视与互联网电视最大的不同。所以，随着智能电视的普及，智能电视极有可能覆盖互联网的功能，使智能、互联网与电视相结合，如图 10-5 所示。

·专家提醒

OTT 是 Over The Top 的缩写，指的是通过互联网向用户提供各种应用服务。这种应用和目前运营商所提供的通信业务不同，它仅仅只是利用运营商的网络，而服务则是由运营商之外的第三方来提供的。

图 10-5 互联网智能电视

在智能电视时代，电视传媒运用大数据技术必是一个发展方向。那么大数据技术将如何促进媒体行业的智能电视与互联网电视的变革呢？

首先，要了解电视媒体承接了多少互联网媒体平台的功能。从信息消费的角度看，各种媒体平台都是信息消费的载体与中介。作为信息消费的平台，其功能是直接与消费者相关的。电视媒体是智能电视信息的源头，智能电视的普及使电视媒体的内容走向多元化，播放也变得具有可重复性。例如错过了一场体育赛事的直播，以往是通过互联网来补看，而现在智能电视也可以做得到，并且效果比互联网还要好得多。

其次，将智能电视与互联网电视在大数据技术应用中的共性与个性结合。大数据技术提供了分析与了解用户个性化需求的手段。但是智能电视与互联网电视的大数据系统可以进一步了解群体中用户信息消费的共性与个性。智能电视系统将在群体结构分析的基础上，了解个人的偏好与整个群体(比如一个家庭)的偏好。智能电视将会按照大数据分析的结果为该群体用户个定制、推荐个性化的内容。

最后，将电视媒体、互联网、智能电视三者融入大数据环境中，广电新媒体不再只是内容产品的信息消费平台，应用将成为智能电视与互联网电视的新宠。到那时信息消费的范围将不断扩展，用户消费的信息产品不再局限于内容产品，大数据支撑的信息服务将逐渐扩大。电视屏幕将逐渐融入游戏、电商、医疗、生活服务等内容，实现从单屏向多屏，二维向三维，甚至向虚拟现实方向发展，用户将从看电视走向用电视和玩电视。

10.3.2 大数据与新媒体产业链的发展

大数据在电视行业的运用，催生了智能电视时代，而智能电视的普及形成了一条条完整的新媒体产业链，如图 10-6 所示。

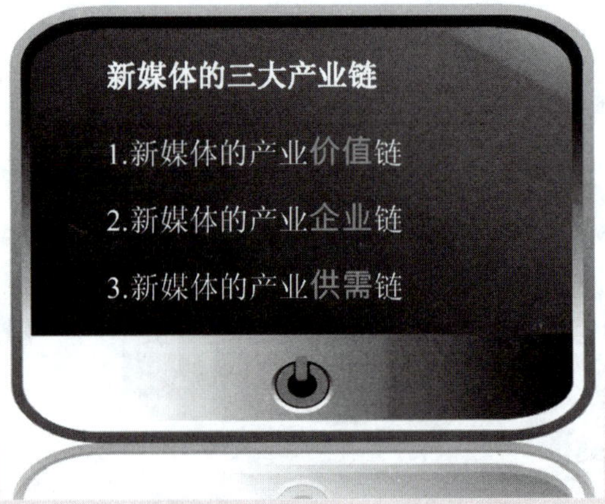

图 10-6 新媒体的三大产业链

1. 新媒体的产业价值链

在大数据技术背景下，新媒体企业内外部的价值创造过程将有可能被重构。从以往的内容播控平台，逐步转向多元化的应用服务平台。新媒体的内外价值将通过大数据被整合起来，从而贯通新媒体的整条价值链。

广电新媒体企业的外部价值，是企业在实现价值最大化时实现的最优客户价值。“用户体验”的好坏、优劣，将直接决定企业外部价值的实现。广电新媒体企业要了解用户的体验动机与体验需求，大数据技术或许是其解决之道。另外，广电新媒体需要赶上大数据时代的脚步，利用大数据契机，真正了解用户体验，提升用户使用的黏性。

在广电新媒体企业的内部，大数据将成为贯通整个内部运营环节的关键。将媒体收集到的用户数据、内容数据、经营数据，进行深度整合，并利用数据挖掘找出运营的漏洞，提出解决策略。如此一来，大数据的经营分析将企业内部决策与企业外部环境有机整合，实现了内外部价值链的优化。

2. 新媒体的产业企业链

大数据技术的崛起将改变新媒体企业链。传统的新媒体企业链由内容生产、新媒体平台、新媒体增值商、新媒体传播周边企业等构成，它们之间的联系几乎是单向的。大数据时代将可能打破这一规则，企业链将会重组并形成一个闭环。

在电视传媒行业，得用户大数据者得天下。新媒体的内容制作必须要向媒体平台企业请教用户喜欢什么、用户在做什么。另外，新媒体可通过周边企业、广告商去了解用户。这也就意味着，广电新媒体平台型企业将有机会向链条的两端扩展，未来或许出现横跨完全产业链的广电新媒体企业。

3. 新媒体的产业供需链

目前在广电媒体市场环境中，版权方拥有较大的市场权利。通常新媒体企业在购买内容版权之前，大多依靠经验法则来判断该内容的点击率和收视率的高低。而大数据技术能实现收视率与点击率预测，这也是新媒体大数据技术的应用方向之一。目前已经有多种模型提供收视率和点击率的预测。相信不久以后，大数据的预测会越来越准确，新媒体企业在版权市场上将获得更大的议价权。

·专家提醒

在产业的供需链上，传统电视收视率是行业货币，这是众所周知的事实。由于传统收视率依赖于样本户数据，因此，在数据真实性上一直受到各方的诟病。在大数据时代，这些问题将可能得到改善。

利用大数据的收视分析，在原理与实践上更为科学。与传统的收视分析不同，传统收视分析是一种统计结果的描述，涉及的分析较少，而大数据的收视分析将更加重视收视数据的分析与数据的挖掘，做到知其然，更知其所以然。

另外，在大数据环境中，媒体行业的台网融合、广告与电商融合等都将是下一阶段广电新媒体发展的重要方向。

10.4 大数据与媒体行业的应用案例

在大数据时代，无论是制作电影、电视还是网络视频，只有抓住观众的眼球才能获得更高的收视率，才能在同行竞争中胜出。

10.4.1 湖南卫视——携手百度创大剧

青春偶像剧《不一样的美男子》是由湖南卫视和春秋风云影视策划有限公司联合出品的偶像剧。该剧由张翰领衔主演，于 2014 年 6 月 29 日晚十点在湖南卫视开播。这部集青春、悬疑、超能力等元素于一体的暑期大戏，首次运用大数据介入剧情优化。有“大数据引擎”之称的百度将作为该剧大数据合作伙伴，被称为“中国的《纸牌屋》”，如图 10-7 所示。

图 10-7 《不一样的美男子》发布会

该剧前期筹备仅一个多月，湖南卫视大胆尝试边拍边播。播出过程中，百度大数据将全程向剧组反馈观众反应和喜好，剧情发展将据此进行修改，实时互动如此之强，完全颠覆了传统制剧模式。此外，该剧还同时集结了吴映洁、范世琦、纪亚文等众多内地新生代偶像。

在该剧播出过程中，百度建立实时互动平台，将实时反馈用户关注热点，方便网友互动，制作方根据大数据反馈来决定剧情走向甚至大结局，从而创造出不一样的剧情体验！

这次合作，百度为《不一样的美男子》完全打通音乐、视频、知道、百科等七大用户平台，实现无缝对接，满足剧迷的音乐、图片、视频需求，并通过大量的剧迷互动的方式来决定剧情发展，例如投票 PK 两大男主，剧情发展趋势投票，剧情实时直播等，满足网友对剧情的参与度和关注度。与此同时，百度数据研究中心也不断更新发布网民搜索及社区行为的统计结果，从而为该剧打造最具传播价值的信息沟通平台。

这次和百度大数据的合作，给剧迷们带来了超预期的惊喜，利用互联网的能力，让连续剧本身以观众为中心，让观众也成为真正参与者。这次合作将开启全新的连续剧制作播出模式，完全可能颠覆传统的玩法。

•专家提醒

在本案例中，我们看到了湖南卫视的聪明之处，知道传统电视媒体获取的数据量远不如网络媒体产生的数据量，于是采用与中国第一大搜索引擎公司——百度互相合作的方式，利用了互联网在这方面的优势，为电视剧的收视率创下了惊人的纪录，也符合了大多数剧迷的剧情需求。

10.4.2 《小时代》——用大数据定位观众

第 16 届上海国际电影节又让“大数据”成为焦点，而郭敬明执导的电影《小时代》更是借助大数据的东风在上影节大出风头。

电影《小时代》以经济飞速发展的上海为背景，讲述的是 4 个从高中开始就在一起生活的女生的故事。2013 年，整个 7 月有关《小时代》的争议都在不断发酵。也许很多人都瞧不起甚至讨厌《小时代》，但我们却不能忽视《小时代》的观众群，因为他们或许将决定中国电影的未来。在一片争议声中，成本仅 2000 万元的《小时代》获得了接近 5 亿元的票房。

数托邦工作室采用新媒体大数据分析手段，对《小时代》的观影人群进行了调查分析。数托邦工作室的数据采集方法如图 10-8 所示。

通过对采集来的数据进行分析，在《小时代》的 9 万多位微博原发作者中，女性占到了八成以上，并且将近一半是微博达人，她们积极地参与了《小时代》这部电影的观影、评论、分享、传播甚至争论，创造了数倍于其他电影的各种微博，如图 10-9 所示。可见，她们就是《小时代》电影的主要观众群体。另外更重要一点就是，由于他们中将近一半是微博达人，这对这部电影的传播和营销起到了至关重要的推手作用。

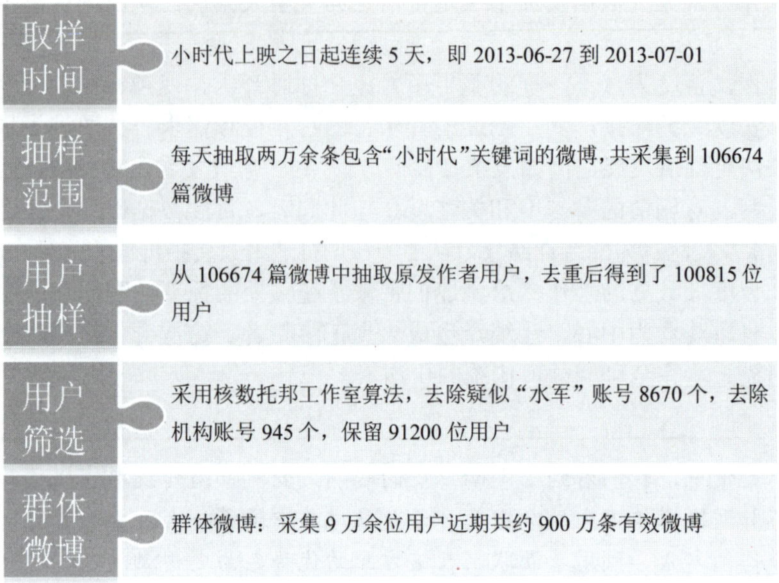

图 10-8　观影人群数据采集方法

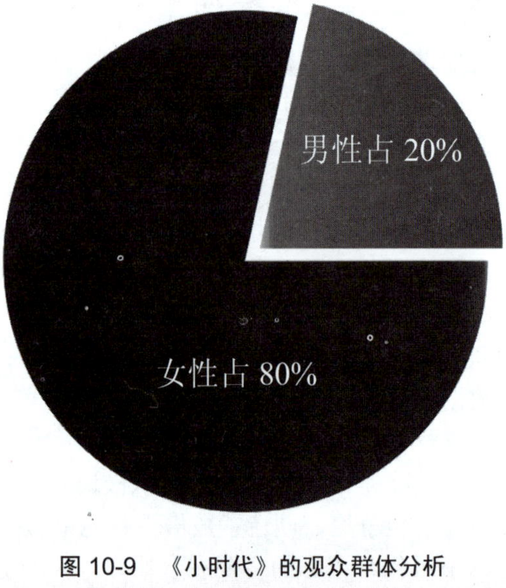

图 10-9　《小时代》的观众群体分析

也许有人会问：传媒爷爷分析这些数据有什么作用？其实如果用大数据的思维来分析这个问题的话，这里有大学问。

首先，大数据分析扮演着一个针对影视制作及投资决策建议平台的角色。它可以提供给影视传媒市场一个理性的预期，用精准的量化数字计算可能的投资回报率。

其次，大数据的分析还直接影响后期广告投放，以及衍生品物料的开发，有利于全价值链研究，具有巨大的商业价值在里面。

·专家提醒

通过本案例，我们能够感觉到，大数据对于当下电影创作起着至关重要的作用。尽管电影作为具有艺术属性的工业产品，大数据无法帮助影视传媒的创作，但除了创作之外的部分，如前期的观众导流、后期的宣传大多都是可以利用大数据去解决的。

10.4.3 视频网站——用大数据打造自制剧

目前各大视频网站都开始自制电视剧、电影、微电影等，例如乐视网的《X girl》，腾讯视频的《探灵档案》。截至 2014 年上半年，网络自制剧有近 30 部，如图 10-10 所示。

2014 上半年各视频网站自制剧盘点（播放量）1000 万次）

YOUKU优酷 世界都在看 / 土豆 tudou.com	万万没想到第二季	腾讯视频	暗黑者
	万万没想到之小兵过年		微时代
	乙方甲方第二季		探灵档案
	分手大师之大侠卢小鱼		我的西游
	分手大师		腾空的日子
	曾经想火		冰箱少女
iQIYI 爱奇艺 悦享品质	灵魂摆渡	Letv乐视	STB 超级教师
	废柴兄弟		蕾女心经
	你好外星人		青春忏悔录
	白衣校花与大长腿		唐朝好男人 2
	高科技少女喵		屌丝日记
	不可思议的夏天		学姐知道
搜狐视频 tv.sohu.com	屌丝男士第 3 季		
	水浒学院 2		
	匆匆那些年		
	三国热		

图 10-10 2014 年上半年各大视频网站的自制剧

在大数据的运用上，相比较电视媒体，视频网站具有天然优势。用户只要登录视频网站，什么时候播放、什么时候暂停、甚至看了几分钟就关闭了视频等，这些观影行为产生的数据都会进入后台被分析。通过这些分析，就可以进行剧情设置和安排明星阵容，研究流行文化的趋势与观众欣赏心理。再加上网络剧没有电视剧那么多的严格要求，所以网络自制剧成为视频网站新宠。

据了解，网民在观看网络剧的时候，在意的可能并不是剧情。所以视频网站依托于网络年轻化、娱乐化的趋势，在自制剧题材选择上更加注重快节奏、互动性、话题性等几个特点。比如搜狐视频自制节目《屌丝男士》，就以一分钟一个明星、半分钟一个笑点的方式夺得了众多网民的喜爱。

但更重要的是，大数据也为自制剧寻找题材提供了很大帮助。爱奇艺影视剧影视出品总制片人戴莹透露，爱奇艺的《人生需要揭穿》、《灵魂摆渡》等几部自制剧获得高点击量与百度的大数据支持不无关系。

·专家提醒

视频网站通过大数据的运用，让视频网站能够提前预测到哪些题材和内容能够受到网友的追捧，降低了失败的风险。也为广告主做品牌深度推广提供了支持，提高了营销的精准度，为网站带来了巨大的商业利益。

第 11 章 大数据在生产制造业中的应用

学前提示

在生产制造业中，供求关系是生产企业首先要考虑的因素。传统供需分析方式往往有一定的滞后性，所以在生产制造业中，大数据能够分析出市场上细微的动态变化，从而先人一步，获得更多的利益。同时在新的市场环境下，大数据对生产制造业发挥的作用越来越大。

要点展示

- ◆ 生产制造业的大数据时代
- ◆ 大数据在生产制造业中的应用案例

11.1 生产制造业的大数据时代

随着全球化的发展，大部分产品的销售区域已经不再局限于企业所在地区，其销售网络往往是遍及全国甚至全球。与此同时，这些销售所带来的数据信息就越来越多，信息种类也越来越复杂。所以在这种环境下，生产制造业想要更加完善、系统地了解市场，大数据就成了其必不可少的工具。

11.1.1 大数据铸就工业互联网

工业互联网就是利用开放的、全球化的网络，将人、数据和机器连接起来，其目标就是升级那些关键的工业领域，而大数据就成了工业互联网不可或缺的一个组成部分。

工业互联网具有整合以下两大革命的优势。

(1) **工业革命。**伴随着工业革命，出现了无数台机器、设备、机组和工作站。

(2) **网络革命。**在其影响之下，计算、信息与通信系统应运而生并不断发展。

随着工业的发展，工业互联网的三种元素逐渐融合，充分体现出工业互联网的精髓及其重要性，如图 11-1 所示。

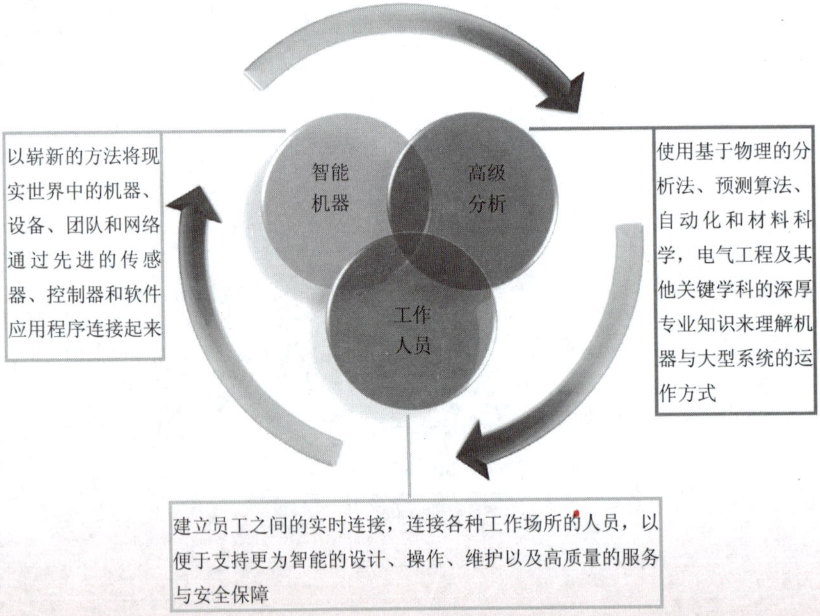

图 11-1　工业互联网的三种元素

在生产制造业中，对于大数据的理解，不能仅是认为其含有价值，而要看到它可以让信息智能化。大数据看起来可能像是工作流程的一种简单升级，但事实上，它代表的东西可能是自工业革命以来意义最深远的商业和技术的融合。

工业互联网将这些元素融合起来，将为企业与经济体提供新的机遇。例如，传统的统计方法采用历史数据收集技术，这种方式通常将数据、分析和决策分隔开来。伴随着先进的系统监控和信息技术成本的下降，实时数据处理的规模得以大大提升，高频率的实时数据可为系统操作提供全新视野。

大数据可以说是工业互联网的重要能源，但工业互联网同样意味着开发新的软件和分析方法，以便从原先不存在连接的地方提取和厘清数据。通过将机器连接至互联网，其所产生的数据信息将被不断积累。更重要的是，这些机器现在已成为一个紧密结合的智能网络的组成部分。这个网络可以被用来构建让关键信息实现安全的自动化传输，以对性能问题进行预测。

例如停电事故，一旦发生不仅代价高昂，而且具有破坏性，甚至是危险的。有了工业互联网之后，从发电的巨大机器到电线杆上的变压器，一切都可以连接到互联网上，从而提供状态更新和性能数据。由此，可对潜在问题进行预测，在造成公司损失数及浪费客户时间之前抢先采取行动。此外，现场查验员在计划进行修复之前将从“看看”哪儿出了问题演变成“测测”哪儿出了问题。

目前大数据助力的工业互联网已经得到广泛的应用。据统计，在 2015 年，这些行业将节省成本约 240 亿美元。

11.1.2 生产制造业如何利用大数据

目前制造业对数据的利用水平明显落后于其他行业，制造企业想要提升自己，追赶上其他行业的信息化水平。

制造业需要考虑的方面有很多，例如设计、工艺、生产、分散渠道、销售。如果产品有问题再反馈回来，最终会回到供应链的源头上。这就意味着制造企业需要跟很多环节打交道，再加上本身并不是站在信息的最前沿，由于信息孤岛的问题，就会将问题复杂化。

所以，大数据下的生产制造业要从最不起眼的地方入手，主要包括以下两个方面。

1. 从设计环节上入手

在国内，凡是能做成百年企业的，都是设计能力超强的公司。而这类公司基本上都有一个特点，那就是他们经常会收集用户的反馈信息，甚至建立一个网上社区，由粉丝参与到设计环节当中。通过网上社区数据的积累，他们会借助大数据的分析能力，将这些反馈信息快速融入产品设计当中，最后推出消费者满意的产品。

而在高端制造业上，对数据的分析更加细致化，某一类的参数积累越多，对产品最后的质量效果帮助就越大。例如同样的材料做出来的产品，有的能耐用 10 年，有的用不了几年就坏了。主要是其原料配比、加工、工艺等存在差别，而这些差异需要依靠多年的数据积累才能形成。

笔者认为，国内制造企业在设计过程中，应该从头到尾运用大数据理念。生产设计人员要学会用数据的眼光去生产设计，而不能认为产品做得好不好，是其他部门的责任，与自己没有太大关系。所以制造企业管理者在运用大数据时要先从设计的环节着眼。

2. 从生产车间入手

国内的高端制造业其信息化程度之高，生产线上的机床基本都是自动化的，从原材料进入车间到成品产生，甚至都不用人干预。例如汽车制造，如图 11-2 所示。每个数控机床就是一部小电脑，一条生产线下来就有几十个质量控制点，只要机器一开，每分钟就会产生巨大的数据量。

图 11-2　自动化汽车生产线

如果工厂的产量比较大的话，那么该企业本身就是一个标准的大数据应用市场。像这样的企业如果从小的生产环节开始，先将数据以自己的维度从机器上采集起来，再结合预先建立的模型，就可以逐步形成大数据的应用。通过长时间的积累，就可以分析出影响产品质量的关键因素都有哪些，然后以此为依据就可以去改进产品和生产流程。

11.1.3 用大数据优化供应、降低成本

自 20 世纪 80 年代，我国制造业已经开始依靠历史数据库来管理大量相关的制造业务数据了。

尤其在高端的生产制造业，我国已开始利用大数据进行供应链的优化、企业成本的控制，如图 11-3 所示。

图 11-3 生产制造业在大数据方面的运用

1. 优化企业运营效率

在生产过程中将传感器附着于机器上，收集每个机器的运营数据，就能分析出整个生产流程，了解每个环节是如何执行的。一旦某个流程偏离了标准工艺，系统就会产生一个报警信号，从而以最快速度发现错误并改正。利用大户数据技术还可以对工业产品的生产进行虚拟模型化，优化生产流程。

此外，很多数据都分散在不同的领域，特别是在大型跨国公司内，过去要想在整个企业内提取这些数据是相当困难的。而大数据则能帮助企业将所有的数据集中在一个平台(云中)上，让所有员工都可以进入平台根据自己的工作需要寻找相关的数据信息；从而极大地提升企业的效率和协同，确保组织内的所有部门以相同的数据协同工作，减少失误，提升运营效率。

2. 优化制造业供应链

美国较大的 OEM(定点生产)供应商超过千家，他们要为制造企业提供超过近万种不同的产品，每家厂商都依靠市场预测和其他不同的变量，来销售自己的产品。利用销售数据、产品的传感器数据和出自供应商数据库的数据，各个生产制造企业可以知道全球不同地区的需求量。由于可以跟踪库存和销售价格，在价格下跌时买进，所以这些制造企业节约了大量的成本，使供应链得到了优化。

3. 优化能源降低成本

在设备生产过程中，由于利用传感器收集的数据信息能够发现能耗的异常或峰值变化的情形，因此可在生产过程中优化能源的消耗。制造企业在工业互联网上利用大数据技术可改进运营效率、降低成本，创造更好的产品。

11.2 大数据在生产制造业中的应用案例

中国是制造大国，对于生产制造企业来说，获得更多客户、降低生产成本、提高产品质量等，都是大数据在生产制造业的价值表现。本节将通过大数据在企业中的应用案例，来展示大数据对生产制造业的帮助。

11.2.1 可口可乐——用大数据制定口味

2013 年，可口可乐与微软合作在上海成立了一个数据中心，主要用来处理与中国市场相关的数据。

许多人大概还记得不久前大家在微博上狂晒印有“考霸”“吃货”“宅女”等字样的可乐瓶子的事情。这不仅是可口可乐一次成功的社会化营销，更是一个生产快消品的公司与提供大数据技术的公司合作的最佳案例，如图 11-4 所示。

图 11-4 大数据定制的可乐瓶身

可口可乐瓶身上的昵称，是对在网络平台上使用频率最高的词汇进行大数据捕捉和收集的结果。活动启动后的推广也从原来的依靠广告公司进行搜索以寻找互动对象，变成了实时的数据收集、清理、入库，让广告公司实时发现并引导活跃或高质量的传播者进行互动。

科技让企业知道自己能做什么，但是市场却能告诉企业应该做什么，而数据就来源于市场。所以，可口可乐在对数据的追踪和利用有自己清晰的认识。

·专家提醒

在本案例中，可口可乐公司根据不同社会习惯来收集和处理数据，消费者在消费的同时也起到了娱乐的作用。在未来，消费者或许能够买到更适合自己口味的可口可乐，例如在商务楼旁边的可乐销售点会针对白领们的需求，销售具有更强提神功能的饮品。

11.2.2 长安汽车——用数据造汽车

重庆长安汽车(集团)有限责任公司是我国重要的汽车生产基地，经过近百年的发展，已逐步成为大型集团公司，如图 11-5 所示。 作为中国汽车行业的排头兵，长安汽车的信息化建设同样有不俗的表现。从 20 世纪 90 年代开始，长安汽车就已在研发、生产、销售各个环节应用信息化系统，实现了信息化对业务的全面支撑。

图 11-5 长安汽车公司大楼

2001 年，长安汽车与 Oracle 公司确定了战略合作伙伴关系，应用了 Oracle 公司的 ERP、e-HR、CRM 等系统，让长安汽车更加确信采用“一线贯通”的方式建设信息化，是符合其战略发展方向的。

在现代企业竞争中数据就是竞争力。作为一个企业，重要的是知不知道下面的数据，知不知道数据形成的业绩与竞争对手的数据差异在哪里。信息系统保证了数据的透明与规范，让数据呈现在所有应该共享的人面前。而信息系统首先带来了数据的对称，同一系统中授权一致的人会看到相同的信息，谁也没办法隐藏信息，它是透明的。其次，数据的对称规范了管理，如果没有数据，想做到精益管理基本是空谈。

•专家提醒

很多企业的数据是不对称的，如果数据在流转的过程中出现人为加工修改，将会为企业决策带来了很大的潜在风险。当然，做到数据的透明规范与共享，最终的目的还是为了实现企业整体效率的提升。

2010 年，长安汽车产销达 185 万辆以上，销售收入达到 1000 亿元以上。这其中信息化功不可没，尤其是对于成本控制、物料管理、差异的分析和风险分析，信息化发挥了重要的角色。2010 年 10 月 31 日，长安汽车发布了全新的品牌标识，并宣布 2020 年的战略目标是实现年产销 600 万辆，成为世界级的汽车企业。

•专家提醒

信息化建设对于现代化企业来说是一场挑战，而这场挑战的核心就是数据应用。长安集团借助 Oracle 领先的技术优势和丰富的实践经验，建立电子商务交易平台和营销，推动集团的管理提升和成本控制。所以，长安汽车与 Oracle 继续长远而密切的合作，将创造更多的收益。

11.2.3 大可乐——用大数据做手机

大可乐手机是北京云辰科技有限公司旗下的安卓智能手机品牌。它是一家以互联网手机和移动互联网为方向的技术型创业公司，以“在手机上实现极致互联网体验”为目标，做真正的互联网手机。

2014 年 9 月 3 日，大可乐联合阿里云以及中国移动发布了旗下首款“大数据”4G 手机——“大可乐 • 春”，如图 11-6 所示。

北京云辰科技有限公司根据数据魔方的统计数据显示，近一年来有 70%的用户选择 5.0～5.5 寸屏幕的手机，34%的购机用户最关注手机拍照功能，其中又有 74%的用户会选择 800 万像素的手机。所以北京云辰科技有限公司根据这些数据信息，抓住大多数消费者对手机的需求，生产出“大可乐 • 春”手机。

为了迎合手机行业的发展趋势以及购机者的需求，“大可乐 • 春”配备 5.5 英寸 IPS 显示屏、内置四核 1.2GHz 高通骁龙 400 处理器，提供 1GB 运行内存以及 4GB 机身存储，主摄像头 800 万像素，支持中国移动 4G(TDD-LTE)/3G(TD-SCDMA)以及移动、联通 2G(GSM)网络，双卡双待，电池标配容量为 2300mAh，并内置快速充电技术 QuickCharge 1.0，充电速度加快 40%。

图 11-6 大可乐手机发布会

由于该款手机是基于阿里数据魔方、阿里云、中国移动以及第三方调研机构的大数据分析进行开发，以大多数用户的需求定义产品，所以在价格方面，以 699 元的售价，刷新了品牌 4G 手机的价格底线。

·专 家 提 醒

在本案例中，北京云辰科技有限公司通过对国内购机者对手机配置的要求分析，生产出符合市场需求的"大可乐·春"手机。如果是在销售行业，这种大数据的运用是最常见的，但是在手机生产行业，运用大数据通过对购机者的购买需求分析，而制造的手机毕竟还是少数。相信随着手机行业的发展以及大数据越来越深的影响力，这种应用会越来越普遍。

11.2.4 西门子——数字化的生产车间

西门子股份公司创立于 1847 年，是全球电子电气工程领域的领先企业，主要业务集中在工业、能源、医疗、基础设施与城市四大业务领域。

在西门子一间生产车间内的各种有序运行的机器旁边，几名身着蓝色工装的工作人员在电脑前不慌不忙地操作着，脚下洁净的地面给人一种错觉——这里像是一间文职人员的办公室。当看到各种元器件在传感器的配合下自动前行时，才证实这里的确是生产车间。这里就是西门子工业自动化产品成都生产研发基地(SEWC)。

2013 年 9 月 11 日，西门子位于成都高新区的工业自动化产品成都生产研发基地正式投产，如图 11-7 所示。SEWC 研发制造的第一款新品 Simatic IPC 3000 SMART(西门子工控机产品，用于冶金、电子、通用机械、电力、矿山和交通等领域)

就是在这个车间下线的。

图 11-7　西门子工业自动化产品成都生产研发基地

SEWC 生产车间主要分为上下两层。

下层为物流层。从原材料的进入，到送检、按需分送、不同工序加工、到成品打包，垃圾包装运送等一系列流程，都将在这一层的传送带上自动完成。但是让人觉得不可思议的是，偌大的生产车间，除了传送带，只有 1 名工作人员操控着一辆小车，偶尔会多看到几名工人，这就是自动化生产，即使在最繁忙的时候，这一层最多只需要 6～8 名员工。

上层为制造车间。从物流层传送上来的原材料将在这里通过各种程序成为产品。工作人员看上去并不忙乱，只是在电脑前比画着。而每个班次，只需要 20～30 名工作人员就能完成各项工作。

在整个生产流程中，所有的材料一直到成为产品，遍布生产线的传感器都能通过条码记录下各种数据，绝对不会出现差错，也不可能出现物品掉落的情况。就算断电也会有数据的备份，更不会导致生产过程出现任何的紊乱。

SEWC 是西门子在中国建设的第一家数字化企业，实现了产品从产品设计到制造过程的高度数字化。而这一天，西门子在智能制造时代又抢先一步，也打响了在工业 4.0 时代获得更多机会的算盘。

•专家提醒

工业 4.0 是德国政府《高技术战略 2020》确定的十大未来项目之一，并已上升为国家战略，目标是建立一个高度灵活的个性化和数字化的产品与服务的生产模式。该战略已经得到德国科研机构和产业界的广泛认同，西门子公司已经将这一概念引入其工业软件开发和生产控制系统。

更精彩的是，这个工厂的绝大多数技术来自西门子自身，可谓一座“自己生产自己”的工厂。目前，SEWC 已经将整个生产流程都进行了数字化，主要体现在以下 4 个环节，如图 11-8 所示。

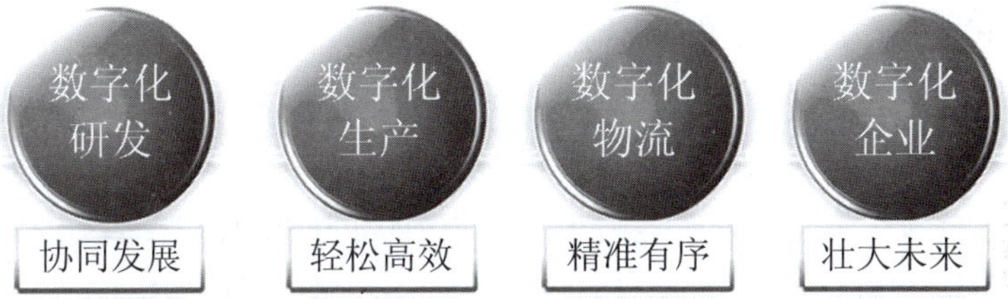

图 11-8　数字化生产的 4 各环节

1. 数字化研发：协同发展

研发是数字化工厂“数据链条”的起点，整个研发过程的数据将在各个时间、地点进行实时传递与更新，避免了传统制造企业经常出现的由于沟通不畅产生的差错，也使得工厂的效率大大提升。有相关数据统计，数字化的快速的研发，可将产品的上市时间缩短 50%。

由西门子成都工厂研发的 NX 软件，大大缩短了产品从设计到分析的时间，节省了编程时间和产品开发时间。在 NX 软件中完成设计的产品，都会带着专属于自己的数据信息。这些数据一方面通过 CAM(计算机辅助制造系统)向生产线上传递，为完成接下来的制造过程做准备；另一方面被存储到进数据中心的 Teamcenter 软件中，供质量、采购和物流等部门共享。

共享的数据库是 Teamcenter 的最大特点。例如采购部门会依据数据库信息进行零部件的采购，质量部门会依据数据库信息进行验收，物流部门则是依据数据库信息进行零部件的确认。这就使得西门子成都工厂研发团队的工作量变得简单、高效了许多，避免了传统研发制造企业的研发和生产环节或不同部门之间由于数据平台使用不畅而造成的混乱。

2. 数字化生产：轻松高效

西门子 MES(生产信息化管理) 系统每天生成的电子任务单都会显示在工作台前方

的电子显示屏上，实时的数据交换间隔小于 1 秒，这就意味着随时可以看到最新的版本。没有了人工抄写的任务单，省去了不同产线交流的复杂环节。生产订单由 MES 统一下达，在与 ERP(企业资源计划)系统高度的集成之下，可以实现生产计划、物料管理等数据的实时传送。

另外，西门子全集成自动化解决方案在很大程度上替代了人类。例如西门子用视觉系统来识别质量、用自动引导小车来传递产品。这样仅使人的工作变轻松了，更能确保生产各环节的可靠、灵活与高效。通过西门子 PLM(产品生命周期管理) 和 MES 的信息互联，在全球的工厂之间实时调配生产计划，以达到资源利用和物料配送的最佳组合。

3. 数字化物流：精准有序

西门子成都工厂的数字化物流系统，使整个物流的传递更精准有序。一名装配生产线员工，在需要物料时甚至都不必转身，只要轻触工作台上的电脑显示屏，三四分钟后，他所需的物料就会被准确地从车间的物料中间库中输出，并送到他面前。

这主要归功于自动化流水线上的传感器。它会对引导小车上产品的条码进行扫描，扫描得到的数据就会告诉“软件系统”在该装配环节需要的物料是什么，员工按动按钮，物料就会从物料库自动输送出，并通过流水线上传感器的“指挥”，送到指定位置，这一过程是“全透明”且不需要人工干预的。

而这一切，如果在传统制造企业，都是要靠员工看任务单并亲自去物料库中选取完成的。员工不但要频繁往返于工位和库存地点，还难免因为看错任务单而造成效率低下；当任务单出现更新时，也难保证第一时间告知员工。

4. 数字化企业：壮大未来

制造企业想要在激烈的全球竞争中保持优势，就必须要做到以下 3 点。

(1) 将资源做到最大化地利用，将生产变得更加高效。

(2) 必须尽可能地缩短产品上市时间，对市场的响应更加快速，从而适应不断变化的客户需求。

(3) 要快速实现各环节的灵活变动，将生产变得更加柔性，从而满足市场多元化的需求。

西门子成都工厂这样的数字化企业的出现，为未来中国制造的变革方向提供了一个良好的参考。数据显示，通过数字化的工厂规划，产品上市时间缩短了 30%；制造成本降低了 13%。而在新产品上市比例、设备生产效率、产品交付能力及营运利润率等多个方面，数字化工厂的指标均远远高于传统制造企业。

•专家提醒

西门子公司利用大数据在中国建立的工业自动化产品生产研发基地，摆脱了传统的生产车间烦乱、嘈杂的生产现象，取而代之的是整洁、有序生产车间，同时生产出来的产品无论是在质量上还是效率上都有很大的提升。同时西门子选择将最先进的数字制造技术带到中国，显示了西门子在华发展的坚定信心。

11.2.5 哈雷摩托——用大数据把关质量

哈雷摩托是全球知名摩托车品牌，作为世界顶级休闲摩托车品牌，哈雷摩托车的成长浓缩了自1903年美国一个世纪以来品牌的发展历程，如图11-9所示。

图11-9 哈雷摩托车

在位于宾尼法尼亚州约克市的摩托车制造厂，软件不停地在记录着微小的制造数据，如喷漆室风扇的速度等。当软件察觉风扇速度、温度、湿度或其他变量脱离规定数值时，它就会自动调节机械。

过去喷漆工作总是存在一定的偏差，每个人做相同的工作总会有一些差别。为了有稳定的产品输出，哈雷·戴维森同时使用软件，寻找制约公司每86秒完成一台摩托车制造工作的瓶颈。

通常一辆摩托车的生产问题只有在随后的安全检测中才能被发现，而新能力意味着能够在生产过程中捕捉到存在的瑕疵。例如一根螺丝钉拧紧的程度是非常小的数据，而如果导弹制造商未能使用正确的紧固件或是安装方式，都可能导致设备的失败。

所以在哈雷摩托的生产过程中，利用数据做到了提前发现问题并及时解决。同时生产的数据化，使车辆的每个组成部分都做到最完美，使每一辆哈雷摩托在出厂之后都是一件合格的产品。

·专家提醒

哈雷摩托生产厂家利用大数据分析技术，对整个生产线进行数字化管理，使车辆在生产线上的每个环节都做到严格的把关，一方面提高了车辆的质量，另一方面也为自己节省了成本和时间。哈雷摩托的这种数据化生产模式也是生产制造行业需要借鉴与学习的地方。

11.2.6 福特——用大数据改变汽车制造

福特是世界著名的汽车品牌，为美国福特汽车公司旗下的众多品牌之一。福特汽车公司是世界上最大的汽车生产商之一，成立于 1903 年，总部位于密歇根州迪尔伯恩市，如图 11-10 所示。

图 11-10　福特汽车公司总部

在数据化生产时代，大数据也对福特汽车在某些方面带来了重要影响，包括从汽车的设计到供应链分析等各个环节都有所涉及。对于汽车制造，很多人都会联想到流水线的生产与组装，以及大规模超级计算机对汽车各个性能的模拟与分析。所以福特也不例外，大数据同样是影响其生产制造的关键因素，甚至影响到汽车每个零部件的设计。

在庞大的数据信息中，数据的好处并不是能够看得见的，但是一旦在产品上运用到这些数据，数据的好处就在产品上体现出来了。福特通过分析众多社交媒体和其他外部数据，从而更好地了解客户对福特汽车的看法，了解福特汽车相比其他品牌车系的对比。

例如，福特产品开发团队曾经对运动型多用途汽车应该采用手动打开车后行李箱车门还是采用电动打开行李箱车门进行分析。电动式行李箱车门能够自动打开车门，比较便捷智能，但这种方式会影响到车门的开启有限。此前采用定期调查的方式并没有什么人反映这一问题，但后来根据对社交媒体的关注和分析，发现谈论这一问题的人比较多，于是福特公司也找到了缺陷进行了改进。

另外，他们也一直在对智能库存管理系统加以完善，从而让经销商库存实现优化。一直以来，大宗产品和商品流通领域，比如大型商场、汽车等经销商，其面临的库存问题往往都比较复杂。因此，需要将全国各地的销售数据汇总，并将各种车辆与本地相关的数据联系起来。

除此之外，福特还可以利用大数据在公司内部提供各种咨询和分析服务。这种利用大数据对汽车设计制造的模式，其实还可以给福特内部提供业务分析。通过调查分析发现，目前存在的业务问题大部分来自业务部门本身(大约 80%)，而 20%的问题则来自研究部门。

其实福特的研究与创新团队在很大程度上都依赖于开源技术，最具代表性的就是 Hadoop。他们尝试了各种自然语言处理工具，也利用 SAP 的 HANA 内存分析数据库来验证可行性。

另外，福特还利用大数据改善用户的驾驶体验。例如，其 Energi 插电式混合动力汽车每小时能产生 25G 字节的数据，通过服务器端处理并返回给移动应用端，从而通知司机汽车电池的续航状况、最近的充电站以及其他车辆性能数据，如图 11-11 所示。

图 11-11　福特 Energi 插电式混合动力汽车

对于福特来说，数据的收集是创新的必经之路，福特的试验车通过高分辨率相机和一个传感器阵列，每小时收集约 250G 字节数据。通过这些可以了解哪些数据是最有价值，并通过这些数据分析来帮助设计和生产汽车。

•专家提醒

福特在产品的研发设计阶段，大数据就已经对汽车的部件和功能产生了重要影响。无论是在生产创新上还是用户的体验上，大数据都起到关键的作用。对于汽车制造业，各大汽车公司都在不断优化供应链、提高产品性能，这也许是以后汽车生产制造业的必经之路。

11.2.7 Enevo——用大数据设计垃圾桶

Enevo 是芬兰一家专注于垃圾管理和回收的创业公司，也许有人会问，“这不就是中国的环卫部门吗”？这是完全错误的。Enevo 是一家软硬结合的科技公司，他们的第一款产品 Enevo ONe Collect 实现了让垃圾桶智能化工作。

Enevo ONe Collect 可以感应到垃圾桶内的各项数据信息，例如垃圾高度、垃圾桶内温度等，并将数据传送给工作人员。工作人员可以通过电脑或手机上的 Web 工具实时查看自己管辖区域内所有垃圾桶的状态，若垃圾桶内的垃圾快满了，就需要工作人员去回收垃圾。所以当工作人员一早开着清洁车从环卫所出发时，系统早已帮他规划好了回收垃圾的最优路径。另外，该系统还能实时监控垃圾桶内的异常，例如温度过高(着火)或者是被移动(被盗)，如图 11-12 所示。

图 11-12 Enevo ONe Collect 系统

·专家提醒

Enevo ONe Collect 系统使垃圾处理工作将轻松许多，也减少了不必要的浪费。根据 Enevo 的数据统计，通过减少不必要的车辆燃油和人工费用，能帮助环卫机构减少 20%～40%的运营成本，同时也保证了城市环境的清洁卫生。

第 12 章 大数据在金融行业中的应用

学前提示

在金融行业中，“数据是重要资产”的观念已经成为共识。随着金融行业的业务量增加，金融业急需借助大数据战略打破数据边界，来构建更为全面的企业运营全景视图。所以本章就让我们来了解一下大数据在金融行业中的应用和发展。

要点展示

- 大数据影响着金融行业
- 大数据在金融业中的应用方案
- 大数据在金融业中的应用案例

12.1 大数据影响着金融行业

在大数据时代，金融机构之间的竞争将在网络信息平台上全面展开。说到底就是谁掌握了数据，谁就拥有风险定价能力，谁就可以获得高额的风险收益，最终赢得竞争优势。所以，大数据对金融行业影响将很深远。

12.1.1 大数据为金融行业发展带来机遇

目前，中国金融业已经进入大数据的初级阶段，国内金融机构的数据量已经达到100TB 以上。并且随着非结构化数据量的速度增长，金融机构在大数据应用方面的优势更加显现出来。

一方面，**金融企业在为用户办理业务的过程中积累了大量高价值的数据，例如客户的身份、资产、负债情况、资金收付交易等。这些数据在运用专业技术挖掘和分析之后，将产生巨大的商业价值。**

另一方面，**通过信息数据的分析，金融机构具有较为充足的预算，有能力采用大数据的最新技术。**

总体看，大数据技术将与金融业务呈现快速融合的趋势，而这一融合将给未来金融业的发展带来重要机遇，如图 12-1 所示。

图 12-1　大数据技术为金融业带来的三大机遇

1. 大数据技术推动金融机构的战略转型

任何新兴行业的发展必定会影响到其他行业，传统的金融业在大数据的影响下也产生了负面效应，表现为核心负债流失、盈利空间收窄、业务定位亟待调整。所以，在这样的驱使下，传统的金融企业都实行了战略转型。

业务转型的关键在于创新，但现阶段国内金融机构的创新往往沦为监管套利的企业，没有能够基于挖掘客户内在需求，提供更有价值的服务。而大数据技术正是金融机构深入挖掘、找准市场定位、明确资源配置方向、推动业务创新的重要工具。

2. 大数据技术能够降低金融机构的管理和运行成本

通过大数据应用和分析，金融机构能够准确定位企业管理中的缺陷，制订有针对性的改进措施，实行符合自身特点的管理模式，进而降低管理运营成本。此外，通过大数据的数据分析方式，可以更好地了解客户的消费习惯和行为特征，及时、准确地把握市场营销效果。

3. 大数据技术有助于降低信息不对称程度，增强金融机构的风险控制能力

利用大数据技术，金融机构可以摈弃原来过度依靠客户提供财务报表获取信息的业务方式，转而对其资产价格、账务流水、相关业务活动等流动性数据进行动态和全程的监控分析，从而有效提升客户信息透明度。

·专家提醒

大数据技术的使用已经成为一种全新的现象，例如小到普通存取款、大到企业转账正在不知不觉地数据化。这是一种无意识下形成的局面，发展到一定程度后，通过 IT 技术能更好地为金融企业创造更多的价值。

12.1.2 大数据为金融行业发展带来挑战

大数据就像是一把双刃剑，金融行业在利用大数据技术抓住了行业发展的机遇的同时，也必须看到，金融机构在与大数据技术融合的过程中也面临诸多挑战和风险，如图 12-2 所示。

图 12-2 大数据技术为金融业带来的三大挑战

1. 大数据技术应用可能导致金融业竞争版图的重构

信息技术的进步，使金融业开放以及监管政策发生变化，客观上降低了行业准入门槛，使得越来越多的非金融机构切入金融服务链条，并且利用自身技术优势和监管盲区占得一席之地。而传统金融机构就没那么幸运，由于原有的组织架构和管理模式，无法充分发挥自身潜力，所以极可能处于竞争下风。

2. 大数据的基础设施和安全管理急需加强

在大数据时代，数据信息不再是除传统的账务报表，金融机构还增加了影像、图片、音频等非结构化数据，传统分析方法也难以适应大数据的管理需要，软件和硬件基础设施建设都亟待加强。同时，由于大数据的数据范围大，获取信息的途径多，金融大数据的安全问题日益突出，一旦处理不当可能遭受毁灭性损失。所以近年来，国内金融企业一直在数据安全方面增加投入。

3. 大数据的技术选择存在决策风险

目前，大数据还处于运行模式的探索和成长期，分析型数据库相对于传统的事务型数据库尚不成熟，这就容易导致决策错误或出现决策风险。大数据是一个总体趋势，但过早进行大量投入，选择了不适合自身实际的软硬件，或者过于保守而无所作为都有可能给金融机构的发展带来不利影响。

•专家提醒

大数据为金融机构提供了客户全方位信息，通过分析和挖掘客户的交易信息掌握客户消费习惯，并准确预测客户行为。这些信息如果只是局限于金融企业而言，没什么问题，但是如果这些信息被公布出来，那对用户来说将会造成很大的麻烦，同样对于金融企业的信誉也大大受损，甚至就还要附带大量的商业金融赔偿。所以对于用户的信息，金融企业要到绝对的安全与保密。

12.1.3 金融企业如何正确利用大数据

尽管大数据在金融企业中的应用刚刚起步，目前影响还比较小，但从发展趋势看，应充分认识大数据带来的深远影响。

1. 大数据对金融业的影响

(1) **在制订发展战略时，不仅要考虑规模、资本、网点、人员、客户等传统要素，还要更加重视对大数据的占有和使用能力，以及互联网、移动通信、电子渠道等方面的研发能力。**

(2) **在发展战略中，引入和践行大数据的理念和方法，推动决策从“经验依赖”型向“数据依靠”型转化。**

(3) **在实际运用中，要保证对大数据的资源投入，把渠道整合、信息网络化、数据挖掘等作为向客户提供金融服务和创新产品的重要基础。**

2. 金融业正确使用大数据的五个方面

综上所述，金融企业对大数据的正确利用主要包括以下五个方面，如图 12-3 所示。

1) 推进金融服务与社交网络的融合

融企业要发展大数据平台，就必须注重互联网站、社交媒体等新型数据来源，通过各种渠道获取尽可能多的客户和市场资讯。

(1) 融企业要整合客户的数据渠道，利用社交网络的作用，例如论坛、微博、微信、聊天工具等，增强对客户的了解和互动，树立良好的品牌形象。

(2) 融企业要将企业内部数据和外部社交数据互联，获得更加完整的客户视图，进行更高效的客户关系管理。

(3) 融企业要利用社交网络数据和移动数据等进行产品创新和精准营销。

(4) 融企业要注重新媒体渠道的舆情监测，在风险事件爆发之前就能进行及时有效地处置，将声誉风险降至最低。

图 12-3 正确利用大数据的五个方面

2) 处理好与数据服务商的竞争、合作关系

行业的竞争通常会扬长避短，金融行业也是如此。就拿与电商之间的竞争为例，电商平台每天都有大量的金融交易，但这些交易的支付结算大多被第三方支付机构垄断，传统金融企业处于支付链末端，从中获取的价值较小。为此，金融机构可考虑自行搭建数据平台，将核心话语权掌握在自己的手中。

另外，金融企业也可以选择与电信、电商、社交网络等部门平台展开大数据战略合作，进行数据和信息的交换共享。金融企业手中握有用户的资料，将金融服务与移动网络、电子商务、社交网络等融合起来，而这些数据资料对于电商来说将有大价值，也是实现多赢的重要选择。

3) 增强大数据的核心处理能力

增强大数据的核心处理能力首先要做的是强化大数据的整合能力。这不仅包括金融企业内部的数据整合，更重要的是与大数据链条上其他外部数据的整合。一般来自各行各业的数据标准存在差异，要尽快统一标准与格式，以便进行规范化的数据融合，形成完整的客户视图。

其次是增强数据挖掘与分析能力。要利用大数据专业工具，建立业务逻辑模型，将大量非结构化数据转化成决策支持信息。

最后是加强对大数据解读和应用能力。最好打造一支复合型的大数据专业团队，他们要具备良好的业务理解力，并能与内部业务条线进行充分地沟通合作。

4) 加大金融创新力度，设立大数据实验室

可以在金融企业内部专门设立大数据创新实验室，实验室统一负责大数据方案的制定、实验、评价、推广和升级。每次推行大数据方案之前，实验室都应事先进行单元试验、穿行测试、压力测试和返回检验，等到测试通过后，对项目的风险收益做出有数据支撑的综合评估。目前市场上的许多新技术，如谷歌 MapReduce 框架下的 Hadoop 或 Hive 等分析系统，具备较强的整合分析功能，可促进大数据向价值资产的转换。

5) 加强风险管控，确保大数据安全

如果管理不善，大数据本身也可能演化成大风险。大数据应用改变了数据安全风险的特征，它不仅需要新的管理方法，还必须纳入到全面风险管理体系，为了确保大数据的安全，金融机构必须抓住以下 3 个关键环节。

(1) 协调大数据链条中的所有机构，共同推动数据安全标准，加强产业自我监督和技术分享。

(2) 加强与监管机构合作交流，借助监管服务的力量，提升自身的大数据安全水准。

(3) 主动与客户在数据安全和数据使用方面加强沟通，提升客户的数据安全意识，形成大数据风险管理的合力效应。

12.2 大数据在金融行业中的应用方案

金融企业进军电子商务的核心目的在于采集数据，而金融企业开展网络融资、保险业探索虚拟财产保险的成败关键则在于利用数据。由此可见，大数据俨然成为金融业构建核心竞争力的重要资产。下面我们就来看一下大数据在金融领域的应用。

12.2.1 用大数据分析金融数据

用大数据分析金融数据是大数据在金融行业的应用之一，大数据能发挥较大作用的领域主要有以下 5 个，如图 12-4 所示。

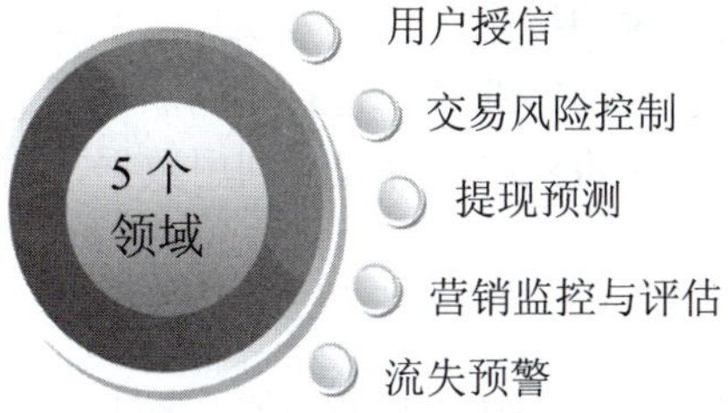

图 12-4　大数据发挥作用的 5 个领域

1. 用户授信

用户授信是数据挖掘最早应用的领域之一，国内的数据挖掘最早基本上也是基于授信所需要的分类挖掘算法而发展的。用大数据判断用户的信誉风险，对于金融企业来说是一个重要的方向。如果能够基于大数据(看你能获得何种数据)来构建起信用评估机制来，这会很受市场欢迎。

2. 交易风险控制

交易风险控制是基于大数据的流式处理能力，实现对用户的动态评估，即交易风险的判断。例如，一张信用卡几乎同时在不同地方进行交易，这个时候交易风险就产生了。客户的信用卡可能被盗，也可能存在欺诈交易行为。

3. 提现预测

提现预测打破了目前互联网金融的流动性和收益率不能兼得的特征。在技术层面如果能够实现大数据对产品的支撑，会做得更高效。具体来说，金融企业需要满足用户每天提现的需求，这就需要储备流动性强的资金，储备少了，会出现挤兑；储备多了，而资金不能得到充分利用，无法产生更多的收益。所以需要构建预测模型，对资金的需求量提前做出预测。

4. 营销监控与评估

营销监控与评估是容易被忽视的领域，大多数人都关注营销效果。其实有很多环节可能会影响到用户的转化，例如，接触情况、吸引性、消费滞后性等。这些需要依赖于大数据基于客户更准确地解答。

5. 流失预警

流失预警就是通过获取的用户数据，洞察用户在整个相关产品里的使用行为，从而发现用户潜在的流失风险与去向。例如原来较优质的客户最近在一段时间里突然不太活跃了。是客户最近比较忙没有交易，还是客户选择了其他公司？这就需要依赖于大数据进行洞察。

笔者认为，使用大数据金融的概念，制定并实施大数据金融战略，更能体现金融业自身的实力和潜力，也更能与网络业及其他行业有机融合，平等竞争。在大数据时代金融业只有找到自身生存发展的领域，合理地利用数据，才能有发展壮大的机会。

12.2.2 大数据在金融行业中的应用策略

我国银行业加快大数据应用不仅具有行业意义，而且对于推动我国信息化进程、服务“新四化”发展也有重要作用。目前，大数据在金融行业的应用策略主要有以下五项，如图 12-5 所示。

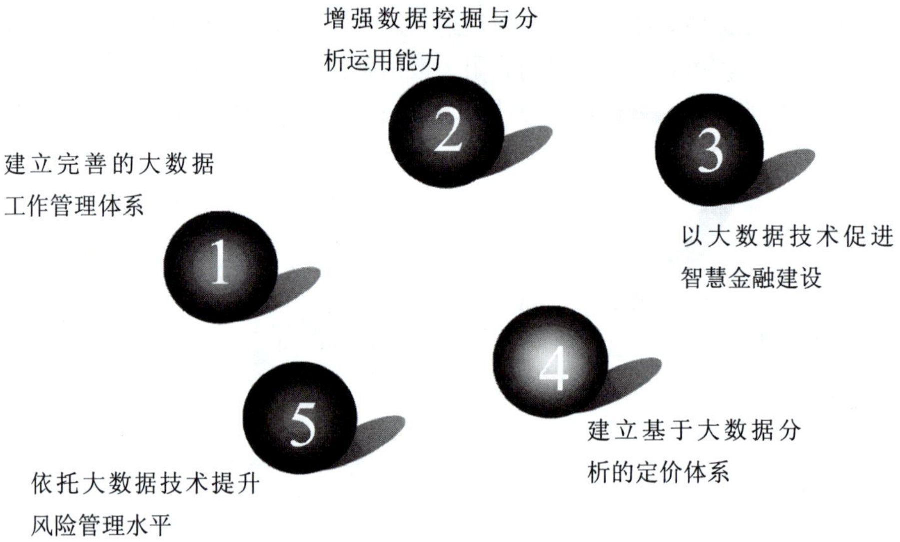

图 12-5 五项应用策略

·专家提醒

十八大报告中提出：“新四化”是指坚持走中国特色的新型工业化、信息化、城镇化、农业现代化道路。

1. 建立完善的大数据工作管理体系

在总行层面建立大数据工作推进机制，制定大数据工作规划，主管数据部门对大数据工作进行统筹规划、组织协调、集中管理。业务部门需要承担大数据采集、分析和应用的职责，全面整合集团内外部各类数据，形成管理数据、使用数据和推广数据的有效工作机制。

2. 增强数据挖掘与分析运用能力

在企业内部全面推广基于数据进行决策、利用信息创造价值的观念，引进数据挖掘和大数据运用专业方法和工具，培养专业数据挖掘分析人才队伍，把握、预测市场和客户行为，并将数据深度运用到业务经营管理过程，利用数据来指导工作，做到精准营销和精细管理。

3. 以大数据技术促进智慧金融建设

推动大数据向生产力转化，加快产品创新实验室的技术研发，把实验室成熟产品运用于客户的营销和服务，推进智慧金融建设。网点服务要运用好大数据等技术成果，利用智能设备、数字媒体和人机交互技术为客户带来“自助、智能、智慧”的全新感受和体验。通过多种维度挖掘客户需求，实现对合适客户、在合适时间、通过合适渠道、推荐合适产品。

4. 建立基于大数据分析的定价体系

目前，资金的交易变动频率和流动性加快，大数据要从更宽广的角度，测算是否满足监管要求和贷款需求变化，从而为银行以存定贷、以贷吸存策略提供量化支撑，有效降低资金成本。除此以外，银行还要运用大数据分析，建立起综合服务和信贷差异化定价体系，做到对不同产品、不同行业、不同区域实施差别化定价，最终实现一户一策的综合化、差异化服务，提升精准营销水平。

5. 依托大数据技术提升风险管理水平

大数据时代，金融企业可以实现信息的多维度分析，全面整合客户的多渠道交易数据，以及经营者个人金融、消费、行为等信息进行授信，降低信贷风险。由历史数据分析转向行为分析，将对目前的风险管理模式产生巨大突破。

12.3 大数据在金融行业中的应用案例

金融涉及多种行业，而这些行业又是如何应用大数据的呢？本节将带你了解金融行业的大数据应用案例。

12.3.1 光大银行——用大数据带来大贡献

近年来，越来越多的以大数据为核心的应用创新业务不断推出，在为客户提供更优质金融服务的同时，也使得银行运转得更为高效和顺畅。在大数据的潮流下，光大银行通过利用大数据所带来的贡献度正日益显现，如图 12-6 所示。

图 12-6　四大贡献

1. 提升效率

2013 年，光大银行基于大数据 Hadoop 技术构建起核心历史数据查询平台，该平台可为客户提供联机历史数据查询应用功能。通过 Hadoop 技术可使以往需要 3～4 天的查询时常缩减到当日完成，大大提升了运营效率。

2. 降低成本

在成本控制方面，核心历史数据查询平台采用开放式的大数据应用架构，在软、硬件科技成本投入上较传统技术架构应用节省近 80%的费用，使投入成本大幅度降低。这也是国内将首个将 Hadoop 技术运用于银行在线运营业务的成功案例。

3. 加强风控

大数据为风险管理保驾护航是金融企业必须具备的核心竞争力。近年来光大银行全面打造“风险预警平台”。该平台利用互联网大数据挖掘技术、文本数据分析技术以及风险欺诈数据挖掘模型技术，将企业信息与企业账务报表数据进行关联分析，通过事件驱动做出风险事前预警。

在单一客户预警的基础上，还深度挖掘企业与关联企业、企业与关联个人、个人与关联个人之间的关系，使认定的风险预警信号得以传导给予客户相关联的其他客户，从而能够更加高效地发现风险，为银行贷后风险管理构建起一道强有力的大数据信息保护屏障。

4. 创造价值

利用大数据社交媒体技术进行数据分析，光大银行制做出了“云图”。云图为业务部门新拓展供应链或拓宽现有供应链网络和主动发现有价值客户提供了全面、准确的数据，同时也为银行根据客户特点提供个性化服务提供了依据。

据统计，光大银行信息科技部门数据服务人员全年须完成人均近 1000 项业务部门提出的数据服务需求。光大银行创新提出开放式数据服务社区理念，并建设成服务平台，利用“人工智能语义分析”技术，使得数据服务资源共享、知识共享成为可能。自 2012 年启动“智慧分行科技行”主题活动，两年内推动实现近 350 项数据分析业务营销活动，激发分行业务发展活力。

•专家提醒

人工智能语义分析是针对网页文字进行概括分析的一种技术。通过提取网页文字最核心的内容，并针对此内容提供延伸阅读、精准广告等一系列附加服务。

12.3.2 广发银行——用大数据深挖客户需求

2014 年 9 月 22 日，广发银行与百度签署战略合作协议，双方将在支付、大数据、营销、互联网产品等领域开展跨界合作，以便更好地挖掘客户的潜在需求，如图 12-7 所示。

图 12-7 签署战略合作协议现场

此前广发银行已经与百度旗下的互联网支付公司百付宝开展了合作。而此次双方更深层次的合作，将进一步相互开放优势资源，在互联网金融服务、大数据业务、地图产品等领域全面开展深度合作。

随着互联网的发展，互联网金融已经逐渐成为金融业的主要发展方向，无论是商业银行还是互联网企业都在探索这片蓝海。商业银行要想在竞争中不败下阵来，需要从思想上进行革命。尤其是百度以搜索见长，掌握着客户的搜索数据，利用大数据分析技术，极易转化为潜在客户需求。

对于银行和互联网企业的跨界合作，笔者认为，“大数据是银行重要的战略资源和发展引擎，而银行接触的数据毕竟还是很狭窄的。银行应主动走出去，科学选择跨界合作对象，积极寻求外部数据支持，进一步丰富数据维度。”

·专家提醒

广发银行与百度成功的跨界合作是一种很明智的资源共享选择。虽然国内金融业在急速发展，但是相比较互联网金融，银行的发展速度明显滞后了许多。即便如此，银行在金融街的地位还是不可动摇的，所以选择合作伙伴，用大数据来源深挖客户需求，无论对于银行还是对于互联网金融，都是一举两得的好事。

12.3.3 招商银行——突围互联网金融

互联网金融对传统商业银行的真正冲击在于，互联网金融企业比传统商业银行更有能力网聚用户、发现用户的需求以及对用户提供精准服务，而这些本能恰恰是互联网、大数据和云计算所赋予的，这是不争的事实。由于传统商业银行普遍还不具备这样的能力，所以才渐渐失去了固有的金融服务优势。

传统商业银行的这一短板在很早的时候就被招商银行所发现。为此，招商银行在2012年开始着手构建基于云计算系统的大数据平台。对向来“只选择成熟技术”的银行业而言，招商银行是在进行一次冒险的尝试，但招商银行的大数据尝试能在短时间内初具成效，让人体会到这次尝试是值得的。

招商银行很早就把“从数据中发现价值”的能力作为银行发展、保持竞争力的基础能力。所以，招商银行一直视数据为银行的重要资产，在竞争与发展过程中，招商银行从未摆脱对数据分析能力的依赖。1999年，招商银行就建立了数据仓库系统，展开了在数据挖掘、数据分析领域的探索。正是对数据价值的重视，让招商银行顺利走上了大数据探索之路。

尽管在基于数据仓库的数据挖掘、分析领域，招商银行的技术团队算得上经验丰富，但面对近几年才兴起的大数据分析方法，整个团队必须从零开始学习。从研究谷歌发布的大数据文献开始，他们发现大数据分析技术有独特的价值，而目前较为成熟的平台实现技术主要是围绕 Hadoop 技术和云计算系统，他们必须在这些领域快速实现技术突破。

随着大数据平台的上线，新的金融应用也开始在招商银行的各个分行推广。全行每天所涉及的数据量就达到几百 TB。如果算上其他应用所需的行为数据的全面采集，全行每天需要处理的数据量将达到 PB 级。为了能高效处理这些数据，招商银行的数据分析平台目前采用了传统技术和新技术并存的模式，从数据的储存、整合处理、分析展现、挖掘，都有成熟的工具。

•专家提醒

大数据技术是互联网公司发展起来并将大数据应用推向了一个新的发展阶段。但银行数据比互联网数据更复杂，并且银行历经多年的发展，在数据分析领域已形成了很多成熟的技术，没有那么容易就被新技术完全替代，所以大数据在银行的应用还有一个过程。

在本案例中，招商银行提前发现互联网金融的崛起，通过一系列的举措，弥补自身与互联网金融相比的短板，从而能够与互联网金融相对抗。所以从这些迹象我们可以看到未来的银行发展的趋势是，银行业务将与互联网业务结合，各自发挥所长，共同创造金融业的辉煌。

12.3.4 工商银行——用大数据创新市场营销

2014 年 2 月，在由国务院国资委、工业和信息化部、中国企业联合会共同组织的“第二十届全国企业管理现代化创新成果”联合发布会上，工商银行的“大型商业银行基于数据仓库的精准营销管理”创新成果荣获一等奖，成为此次活动中唯一获此奖项的商业银行。这标志着我国商业银行在应用大数据创新市场营销模式、提升企业管理现代化水平方面取得了新的进步。

此次获奖的创新成果是工行将数据仓库等信息化建设成果应用于市场营销领域、实现信息技术在经营管理中融合应用的创新实践。

早在 2001 年，工行就建设了数据仓库，经过多年的持续完善，目前已经做到了以下三个方面。

(1) 实现了客户信息、账户信息、产品信息、交易信息、管理信息及重要外部信息的集成管理，建立了集团统一信息视图和综合评价体系。

(2) 形成了数据标准、数据质量、数据架构、元数据、数据生命周期、数据安全、数据应用等全流程管理机制。

(3) 在及时反映经营成果、跟踪监测业务动态、支持市场营销、服务精细管理、引导业务创新发展、实现信息创造价值等方面发挥了显著作用。

目前，该行的企业级数据仓库存储的数据量已超过 350TB，居国内同行业第 1 位、国际银行业第 6 位。

通过本案例我们可以看出，工行在数据仓库建设应用方面取得的成果，具有意义重大、导向性强等特点。对于我国企业如何抓住大数据、云计算等新一代信息技术发展和应用机遇，拓展新业务、提升管理水平、增强竞争力具有重要借鉴价值和示范意义。

12.3.5 民生银行——大数据时代的小额贷款

民生银行作为国内最早一批部署大数据分析的银行之一，坚信数据分析对企业价值的提升有着巨大驱动作用。其业务快速增长带来的激增数据对业务洞察能力不断提出新的要求。

截至2013年10月，民生银行的小微贷款余额已经突破4000亿元；5年来累计发放的小微贷款突破1.2万亿元。这是自2012年小微贷款余额突破3000亿元之后，民生小微贷款余额再次突破整数关口。

一直以来，商业银行从事小微贷款业务一直存在着风险大、成本高、难以持续的难题。而民生银行通过5年的实践，逐渐寻找到一种可持续的小微金融模式，其诀窍在于通过批量化、规模化的方式解决风险大、成本高的难题。

而其理论基础则是大数据定律。民生银行认为，单笔小微贷款风险可能较大，企业行为也难以预料，但如果分析出成千上万相似的小微贷款，摸透小微贷款企业的发展趋势，那么不良率将趋于稳定且可预见，那么小微金融贷款也就达到了风险可控、成本可控的目的。

2014年，IBM和巨杉数据库公司宣布与中国民生银行展开合作，为民生银行搭建低成本、低风险、高性能、高可靠且水平扩张的数据平台，帮助民生银行通过大数据分析应对金融业的大数据挑战，实现深刻的行业洞察。

在实施的路径上，民生银行重点从两个维度实践大数据定律：一圈一链模式和城市商业合作社模式。

所谓“一圈一链”，就是围绕商圈和产业链批量开发小微客户。目前，民生“一圈一链”批量授信项目达到3000多个，重点支持特色产业链78个，贷款余额超过3800亿元。“一圈一链”成功之后，民生便开始推进城市商业合作社模式，按照区域、行业等特征，将昔日松散的小微商户，整合成一个有组织的经济体，从而实现客户资源的整合和批量开发。

传统粗放式的客户营销策略已经不足以帮助银行实现更快速业务的增长。民生银行通过精准的营销设计降低客户流失率，提高忠诚度；借助大数据技术对不同渠道来源的提供商、客户的交易行为进行全面分析，实现链式反应；搭建有效的数据模型，为客户提供全方位管家式的非金融服务。

民生银行大数据平台解决方案的实施，将完善民生银行大数据平台，帮助民生银行积极应对金融业发展的新要求，完善交易流水查询分析系统、产业链金融管理系统，以及私人银行产品货架管理系统。在应对金融业巨大信息量带来的4V挑战中，该平台体现出以下四大优势。

1. 数量大

随着业务的细化和企业规模的增加，民生银行面对的计算量呈数量级增加。大数据平台能够应对大规模的静态原始数据分析，提供多节点的分布式计算，提升数据处理能力并增强线性伸缩能力，能够应对海量文本的处理。

2. 多样性

IBM 大数据平台集成了具备强大扩展性的结构化和半结构化处理描述性语言，可以处理各种类型的数据分析，从而在各种应用场景中都能实现数据的分析。内置的集群内文本语义分析功能，为多种来源的文本提供高性能的处理、标注及分析功能。

3. 速度快

在互联网金融时代，信息的高速传递，1 秒的响应时间差别，都会带来许多的变数。IBM 大数据平台能够即时地应对应用程序要求的变化，实现更佳的应用程序性能、利用率以及对业务关键型工作负载要求的更快速响应。使得企业可以使传统的业务和多个大数据应用各行其道，互不干扰。

4. 准确性

IBM 大数据平台通过信息整合可以将任何类型的数据集成到 IBM 大数据平台中，通过数据治理可以实现信息的生命周期管理、隐私保护和安全性管理、数据质量控制和主数据管理等。更重要的是，通过这一平台，企业不仅可以了解关系型数据还可以掌握半结构化数据以及非结构化数据所代表的含义，为大数据的进一步分析和洞察提供基础支撑。

在本案例中，民生银行通过“一圈一链”模式和“城市商业合作社”模式两大手段促进小微贷款迈向大数据的发展，或许小微贷款试水大数据之后将更有利于民生银行的发展，其他银行也应该学习民生银行的发展优势。

12.3.6 中信银行——大数据打造全流程网银

中信银行在网络金融业务领域的探索一直走在行业前沿。2013 年，中信银行在业内率先开创了 POS 贷商业模式，利用网络大数据提升小微贷款发放效率。继国内各大手机支付软件(如支付宝扫码付、腾讯微 POS 扫码付)之后，中信银行于 2014 年 1 月 18 日推出异度支付手机客户端，并不断丰富其应用。

1. POS 贷商业模式

中信银行的创新 POS 贷业务实现贷款网络化，并在网络融资领域引领了行业风潮。继去年中信银行携手银联商务率先推出 POS 网络商户贷款业务之后，这一创新的业务模式便在业内引来不少跟风者。例如江苏银行、南京银行先后携手银联商务，再度推出面向小微企业、个体商户的 POS 贷融资系列产品。但是在 POS 贷业务领域，中信银行无疑更加有发言权，如图 12-8 所示。

中信银行的“POS 商户网络贷款”有以下几个特点。

(1) 无抵押、无担保的小额短期线上信用贷款。

(2) 针对的是小微企业主以及个体商户。

(3) 手续简单，足不出户，7×24 小时，动动鼠标就可以申请。

(4) 贷款方便，有 POS 流水就可以贷款，无须任何担保。

(5) 审批快，在线 2 分钟出审批结果，快到你想不到。

(6) 贷款额度高，最高 50 万元，流水越多，额度越高。

(7) 省利息，按日计息，随借随还，精打细算，不浪费一天利息。

图 12-8 中信银行 POS 商户网络贷款业务推介会

POS 贷业务的主要原理是第三方支付平台在 POS 机商户和银行之间进行“撮合”。在商户授权下，银行根据商户日常真实发生的 POS 交易流水，对符合资质的商户进行授信评估和发放贷款。

中信银行网络贷款系统有一套复杂的评估模型，对交易流水量、波动幅度等有评判标准，虚假数据是骗不过银行传统的线下实地调研的。当发现它的日常流水紧急下降或增加时，银行就会去商户现场查看交易有没有异常变化。采用这种线上线下相结合的方式，从而有效确保信息真实，防范风险。

中信银行借助银联大数据，还可以提前预支并控制风险。由于风险已在前期大数据下进行筛选，客户获得之后在风控和审核端的时间周期将大大缩短，因此放款到账周期可以以分钟计。

2. 异度支付

异度支付是中信银行建立在大数据和新技术基础上，集网上支付、转账、购物、理财和财富管理等功能的全新产品，包含了手机充值、电影票和理财产品购买、交通罚款缴纳和特约商户优惠功能，如图 12-9 所示。

截至 2013 年 9 月，中信银行异度支付 App 已上线 16 种应用，涉及票务、缴罚款、保险、充值等 13 个门类。截至 6 月末，异度支付客户数已达到 418.43 万户。并随着后续的发展，异度支付将不断地推出新业务，增加新功能，提高将非中信银行客户向该行零售客户的转化率。

2013 年 7 月，异度支付与 7881 平台签订了战略合作协议，而 7881 作为异度支付的合作伙伴，也在其官网提供了异度支付 App 的下载。所有在 7881 官网下载异度支付 App 的用户都能获得 6 元红包，而且享受游戏充值优惠折扣的待遇。异度支付传递一种服务理念，即在无界的时间和无限的空间中，通过现实与虚拟的多种方式，为该行客户提供“零距离”的贴心服务。

图 12-9　中信银行异度支付界面

专家提醒

使用中信银行卡的用户，无论借记卡或信用卡，只需在智能手机上安装中信银行手机银行客户端，就能直接绑定默认使用的银行卡，进行网络支付。

异度支付为用户带来的服务主要有以下三个方面。

(1) 提供 “游戏充值”服务。

对于游戏爱好者来说，异度支付最赞的服务是可以进行“游戏充值”。游戏充值里面有 7881 手游交易平台提供的游戏点卡充值、QQ 充值、App 手游充值等。

(2) 跨行转账免收手续费。

中信“异度支付”在金融业务上显得很有优势。异度支付可实现无须开通网银或移动银行的跨行转账，不但实时到账还免收手续费，且即将实现所有银联卡之间的实时互转。

(3) 增加多种便民化服务。

异度支付为用户提供了多种便民化服务，用户可以直接通过异度支付进行游戏充值、购买电影票、购买机票、购买理财产品等，为用户的日常生活提供了便利，同时也为用户节省了时间。

3. 升级网络渠道

2014 年上半年，中信银行围绕“金融网络化”和“网络金融化”两个方面发展网络银行业务，将网络银行业务作为全行战略发展的重要支撑和重点领域。

从业绩数据上来看，中信银行也在网络金融领域交出了堪称亮眼的成绩单，如图 12-10 所示。

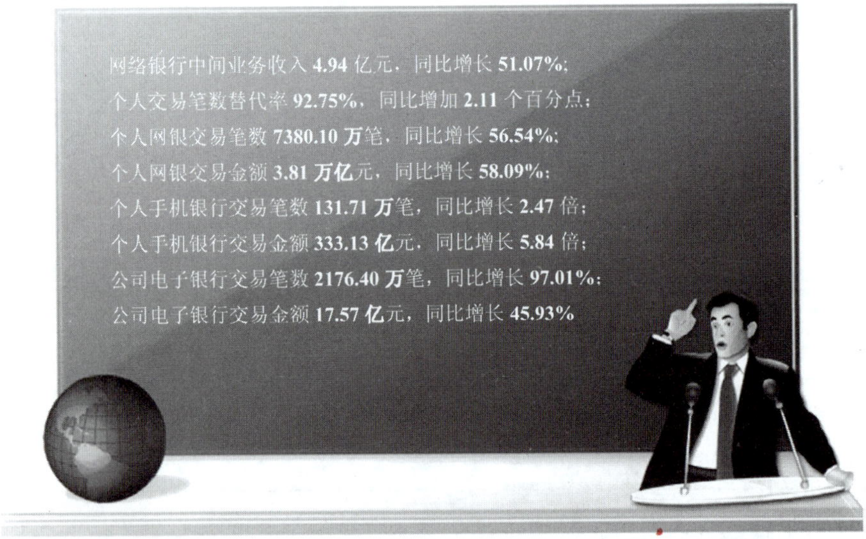

图 12-10 中信银行网络金融领域增长数据

除了传统的电子银行业务之外，中信银行网络银行还将突破远程开户和网络授信核查等关键技术难关，重点突破电子商务、移动支付和网络贷款等产品领域，打造全流程网络银行服务模式。

•专家提醒

用大数据打造全流程网络银行，无论是在硬件还是软件商都比较全面，拓宽了企业自身的业务范围，增加了业务量。当下互联网金融发展如火如荼，中信银行在网络金融领域，定会继续坚持理念创新、产品创新和 IT 创新，打造在互联网经济中的核心竞争力。

12.3.7 交通银行——用大数据构建营销系统

随着经济全球化的增强，金融市场竞争日趋激烈，各大银行的产品和服务差异也越来越小，银行正将赢利聚焦点从“以客户为中心”转向“以数据为中心”。交通银行携手全球领先的数据分析解决方案厂商天睿公司，以数据仓库平台为基础，构建事件式营销系统，实现了经营效益与管理效率双丰收。

天睿公司自 2005 年起就开始为交通银行提供专业服务，帮助其建立了企业数据仓库平台。2011 年 9 月，交通银行再度携手天睿公司作为精准营销咨询服务的供应商。项目初期，基于天睿公司数据仓库平台，以上海分行为试点，先期试点事件式营销。

在上海分行事件式营销项目试点阶段的前 3 个月，活动反响超过预期，活动响应率达到 16.8%，较之前提升了 56%，成功地开展了两个事件营销活动。

由于银行业客户信息错综复杂，个人客户信息收集不全，来源渠道多、变化快，信息不齐全、准确率较低等原因，造成个人客户信息质量普遍不高。为此，交行通过天睿公司精准营销咨询项目的实施，有效提高个人客户信息质量。通过客户数据分析与管理，在保留优质老客户的基础之上，吸引潜力新客户，提升营销效率，改进客户体验，达到了银行与客户互利双赢的良性循环。

经过一系列的举措，天睿公司设计出具体的事件营销项目以及规则评价标准等，明确了渠道系统的改造需求并协助改造工作，并定期生成过程报告以监控营销执行过程。目前该项目的成功经验，计划将在交行全面推广。

•专家提醒

交通银行通过与天睿公司的合作，不仅为交行上海分行带来了直接收益，同时帮助银行实现了从“信息整合、数据分析、销售机会发现、营销名单分配、渠道沟通、销售过程管理、效果反馈”的闭环营销管理流程，并成为大数据在交通银行全行推广的重要依据。

12.3.8 浦发银行——用大数据打造“电商通”

2014 年，浦发银行发布“电商通 2.0”，全面升级该行服务小微电商企业的能力、手段和范围。

浦发银行在义乌推出“电商通”，主要是针对浙江义乌小商品城的网络化发展，专为义乌电商园区的线上商户提供的配套金融服务。在义乌“电商通”试点推广仅 4 个月后，浦发银行就着手搭建了服务电商的大数据平台，全新推出“电商通 2.0”，实现了全面的线上操作，包括线上经营、线上数据、线上审批与线上贷款。

“电商通 2.0”有效地解决了小微电商融资普遍存在的“短、频、急”需求，取而代之的是“多、快、好、省”的服务体验，即更多的贷款机会、更快的申贷速度、更好的信用贷款和更节省的融资成本。

图 12-11 浦发银行发布电商通

浦发银行升级后的“电商通 2.0”具有以下五大特色。

(1) 打造大数据引入和运用平台，全面整合各类有效数据信息，做到精准定位效率领先、产品服务契合度领先、售后管理质量领先。

(2) 以“信用贷款”为主要融资产品，加载网上自助、随借随还等功能，极大地提高了小微电商的融资便利和服务体验。在资料齐全的情况下，客户贷款通过审批最快只需 10 分钟。

(3) 以自动评审为核心，最大限度地简化了客户经理和客户的操作流程，客户经理上门一次、客户来银行一次即可完成所有业务流程。

(4) 彻底颠覆银行客户经营的传统模式，实现“自上而下”组织推动，真正做到精准营销和快速服务。

(5) 配套政策凸显优势，浦发银行为“电商通 2.0”配套了专项的贷款规模及更高的不良容忍度。

浦发银行利用大数据打造的“电商通 2.0”，标志着浦发银行服务中小微企业的能力的提高、手段和范围进一步扩大，使浦发银行在中小微金融服务领域具有里程碑意义，并再一次彰显了浦发银行服务中小微企业、反哺社会的决心和信心。

12.3.9 平安财险——大数据助力企业扩张

云计算还方兴未艾，大数据就迎头赶上，成为最吸引眼球的高科技热点话题。随着大数据的流行，企业的营销策略也发生着改变，而平安财险在大数据应用上的尝试，让我们重新认识了大数据在保险行业的重要性。

平安集团可以说是传统金融机构转互联网化的先驱。多年来，平安财险与百度搜索维持了良好的合作关系。百度每天有数十亿次的搜索需求，而这些搜索所产生的大数据能够描绘出保险行业的切身需求，更重要的是对了解消费者的真实意图很有帮助，从而为其提供有价值的解决方案。

对于企业来讲，必须清楚了解自己的利润池的分布，并且随时留意哪些直接竞争者或周围企业的利润源头出现了战略性的变化。在大数据时代，消费者的生活娱乐以及消费信息本身就作为数据而被记录和存储下来，并具有真实、前瞻、海量的特点。这些搜索数据能够真实反映消费者的诉求，且反映了消费者需求形成的早期想法，这对于企业来说，数据的利用率就大大提升。

通过大数据的技术步骤，我们可以对消费者主动表达的购买意图和行为轨迹的信息数据进行分析提炼，随时了解消费者的意图，理解消费者，从消费者的角度出发去思考营销和创新。总的来说，平安财险大数据战略的意义主要有以下几点。

1. 从搜索轨迹分析客户需求

随着汽车市场的繁荣，与其相关的零配件市场、修车、车险等周边产品的竞争也日趋激烈。多年来，平安财险通过与百度深度合作，使他们用一种新的视角、方法重新梳理用户。百度每天所记录的用户搜索诉求，所产生的大数据能够描绘其需求，更重要的是对了解消费者的真实意图很有帮助，从而为其提供有价值的解决方案。平安财险在消费者直接搜索“车险”等关键字的时候进行品牌沟通与宣传，并借助大数据将客户的生活轨迹可视化。

2. 梳理车主生态圈，勾勒车主问题蓝图

平安财险对于目标客户进行了全新的分析与研究。例如，在研究汽车生命周期中，主要围绕汽车厂商、4S 店、汽车配件厂商、交通部门、加油站、导航服务提供商、保险公司等一系列组织机构。他们共同聚集起来形成了一个生态系统，即车主生

态圈。

当研究“车主”的时候，就站在一个产业链的角度去深入了解车主的需求，全方位地了解与车相关的消费生活。这种全新的概念和视角，完全颠覆了传统的客户分析方式。

车主生态圈的概念，主要可分为“购车前”“购车中”和“购车后”3 个不同时间阶段。平安财险通过大数据刻画出了车主每个阶段汽车生命周期的问题蓝图。从学车、选车、购车、用车再到卖车，可以清晰地看到在不同阶段车主的不同问题与需求。例如，在购车阶段，车主会考虑车险、购车款、经销商、政策、二手车、车牌这几大类问题。而这些问题完整地反映了车主的生活。

3. 基于生活的解决方案

买了汽车下面要做的就是为爱车上车牌。大部分车主都十分重视车牌，希望讨个好彩头或者车牌中含有自己喜欢的幸运数字等。根据百度平台的数据显示，“车牌号码测吉凶”的日搜索量高达 1.3 万次。如此高的搜索量，或许这反映了消费者的生活。

为此，平安财险设计了属于自己的 App。该应用软件不仅可测试车牌吉凶，还可以告诉车主不同车牌尾号的车主的风险系数、平均交通事故数、出险事件、平均理赔时间等，并同时推荐关联险种。这在一定程度上是替代了百度的功能。

4. 基于消费的解决方案

当车主遇到交通事故的时候经常会在百度上搜索“车刮擦了怎么办”等问题。初次搜索开始以后，车主可能直奔品牌官网进行购买，可能进入百度站内社区如知道、经验等搜索信息，也可能进行垂直社区查看口碑。百度百科平台根据以上分析为平安财险量身定做、开发商业产品，平安财险开始利用“知道问答营销”/“企业知道平台”，进行内容营销，服务车主。

5. 布局“车主生态圈”

2013 年 10 月，中国平安财险旗下创新型子公司“平安财险好车”首批 5 家分公司在上海、苏州、南京、宁波、温州正式成立。对于购车者、车主、汽车制造商、经销商、零配件供应商、维修厂商、各种配套设施供应商，平安财险都以他们为主形成一个完整的汽车交易生态链。而在这个链条中，平安财险将嵌入自己的金融服务、购车贷款、租赁、二手车抵押、经营贷款等业务。

•专家提醒

中国平安与百度正式签署 JBP 战略合作协议，预示着平安将与百度在数据研究、消费者洞察、品牌建设、产品创新、营销模式等领域进行立体式合作，携手建立金融行业互联网营销方法论与行业规则，力图为国内广大消费者提供金融业务网上操作便利平台。

事实上，大数据和互联网正在帮助保险业更好地满足客户的需求。大数据技术可能突破传统保险行业“可保风险”与“不可保风险”的界限，使原来不能承保的风险变为可保风险，扩大保险业的保障范围。另外，大数据基于精确量化的承保损失分布，可以提升保险机构资产负债的管理水平，在资本市场实施更精准的风险投资组合策略，提高保险业的投资回报水平。

平安财险通过与百度的合作，利用百度搜集到的用户搜索信息，改变了以往保险行的战略方向。似乎已有越来越多的企业选择与百度进行合作，以期在大数据浪潮中不被淘汰。的确，这种合作在现在看来是明智的，相信平安财险通过数据的合理利用，会为自身带来更大的价值。

12.3.10 彩票行业——用大数据预测结果

中国彩票年销量已接近 2500 亿元，这个大蛋糕已让国际博彩公司和游戏公司垂涎不已。**中国彩票产业应如何与大数据时代接轨，并保持公益先行的最大特色，这将是彩票研究领域所要面临的课题**。

彩票是公益行业，但同时也是销售行业、服务行业，更是金融行业。透过每年 2500 亿元的市场销量，背后所折射出来的是巨大的数据量。

澳洲数学家曾经在大数据研究的基础上，借助云计算，尝试推导当地彩票的开奖结果。虽然通过数据分析，永远无法准确推算出开奖结果，但可以无限“接近”开奖结果。

以足球比赛为例，彩民只要能够掌握历史数据的 5%，运用一定运算方式和软件，在海量数据的基础上，就可以在一定程度上“分析”比赛结果，甚至能预计到比赛的进程，提高博彩游戏的中奖概率。

澳洲数学家示范了这种“接近结果”的运算过程。他们把球赛历史数据的分析精确到每场比赛、每个队员、每踢出一脚球的路线，以及这球踢出后，场上其他 10 个队员接球的成功率等方面。当然这样的分析是没有定性的，因为比赛中任何一次事件都是没有概率可言的。尤其是当历史数据超过 300 场以上，对于普通彩民来说，无异于无法抵达的空中花园。而数学家之所以能做到，便是想办法最接近这个秘密花园。

用大数据分析彩票开奖结果，不是一件简单的事情。当然这也说明了一个问题，就是如果想通过预测来得出开奖结果，这是天方夜谭，我们唯一能做的就是无限地接近真相，但永远看不到真相。

12.3.11 卡得万利——用大数据融资

大数据时代为产生海量数据的金融业带来了新商机，正在成为金融业运作的最有价值、最强大的决策辅助工具。

2013 年，上海法式餐厅老板肖恩接到了一个电话，电话里有人询问他是否需要融资借款。肖恩很诧异，因为开第二家连锁餐厅需要资金，他奔走于多个银行，但都无功而返。于是肖恩就询问对方是怎么知道他的融资意愿，并联系到他的。

原来，打电话的是卡得万利商业保理有限公司的融资保理业务经理。而该经理正是通过公司大数据平台的信息，发现肖恩渴望获得融资，并启动了融资保理业务个性化服务。通过对法式餐厅两年来 POS 机刷卡交易数据分析判断，卡得万利为肖恩提供了预借款 30 万元，借款期 3 个月的融资保理建议。经过考虑，肖恩接受了卡得万利的建议，获得了所需款项。

卡得万利是商务部的创新金融服务业务，肖恩获得的融资服务，正是上海市政府指定的专门为小微零售商户提供融资的公共服务项目——卡得万利融资保理业务“卡立贷”。融资保理是其主要业务形式，就是债权方将应收账款转让给保理商，保理商支付现金，提供预付款融资的一个过程。

2013 年初，卡得万利与工行、建行、农行、招商银行以及银联商务等大型金融机构签署战略合作协议，目的是建立独有的中小微企业融资大数据策略中心平台，从大数据战略出发，提供合理融资决策建议。

•专家提醒

卡得万利利用大数据战略在管理交易、信贷风险和合规方面已经大显神通，把为中小微企业提供融资服务提升到了新的高度，确立了在小微融资领域的核心竞争力，开创了小微融资的新篇章。相信，随着大数据时代的到来，小微企业融资也会迎来大变局。

第 13 章

大数据在企业管理中的应用

学前提示

目前，越来越多的企业意识到数据在运营管理中的重要性，尤其是在管理决策中显得更为重要。各行各业都在思考如何利用大数据提升企业竞争力以及如何管理好并持续积累自己的数据战略资产。

要点展示

- 用大数据管理企业
- 大数据在企业管理中的应用案例

13.1 用大数据管理企业

企业的决策是企业今后的发展方向，正确合理的决策能够为企业带来更多的商业价值。大数据的出现让企业决策发生了变革，使企业领导者在做出商业决策的时候有了一个重要的参考依据。

13.1.1 大数据帮助管理者做出决策

有人说，管理企业就像开着一辆庞大的汽车，随时要根据周围环境的变化做出正确的指令。所以，企业的经营决策几乎贯穿于企业运营管理的各个方面。**按照影响大小企业决策可以分为长期战略的大型中长期决策、业务部门中短期规划的中型决策、细小事务型决策。**

任何企业的管理者在做出正确决策的时候，都需要一定的决策依据。因为任何的决策都可能对公司的经营发展产生良性或恶性结果。没有科学合理的决策依据，做出的决策就可能是错误的。

目前，大数据在企业管理决策中的应用主要有以下六大方面，如图 13-1 所示。

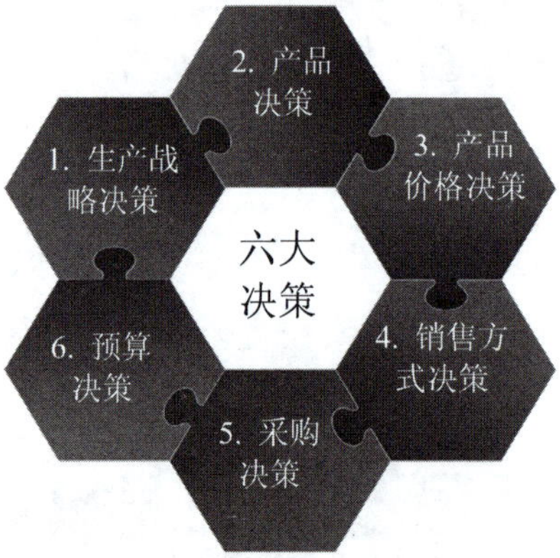

图 13-1　大数据在企业管理决策中的六大应用

1. 生产战略决策

企业生产方向一般在建厂时都已确定，例如房地产公司、酒店企业等。但随着企业外部环境和时间的变化，企业可能会增加许多产业甚至是产业转型。例如房地产行业不景气的时候，房地产公司就可以增加酒店行业，甚至是向酒店行业转型，所以在这样的环境下，企业需要重新研究和选择生产方向。

(1) **坚持原来的方向。**当企业发展环境对企业原定方向影响不大时，应坚持原来方向。

(2) **增加新的方向。**企业在坚持原来方向的基础上，若仍有多余能量，则可以考虑再增加新的生产方向。

(3) **彻底转产。**当原服务对象和长远的需要都很少时，同时又很难竞争过同行强敌，就要彻底转变方向。

2. 产品决策

产品决策就是企业生产什么样的产品的决策。产品决策主要包括以下两个方面。

(1) **个别品种决策。**企业要根据个别产品的发展前途、收益性、竞争对手、技术条件、设备条件、资金条件、新产品的商品化过程以及国家政策法律等方面的综合因素做出决策。

(2) **合理的产品结构决策。**企业经济效益好，资源利用程度高，经营比较稳定，产品结构才算是比较合理的。

3. 产品价格决策

无论企业生产什么样的产品，基本上都是以产品的利润为主要目标，以扩大市场占有率为重要目标，适应激烈的市场竞争。想要做到这些就必须进行价格决策。合理的价格就是进入市场的通行证，能够赢得各方面的效益和满意。**通常定价策略包括限制成本定价策略、需求导向定价策略和竞争导向定价策略。**

4. 销售方式决策

凡有自销权的企业，都要进行产品销售方式决策。**该决策的主要目的是解决怎样才能够尽可能地把产品销售出去的问题，主要包括量两个方面：一是销售渠道的选择；二是促进销售的措施。**

5. 采购决策

企业的采购需要考虑的因素有很多，例如生产效率、库存情况、供应情况等，主要包括以下几个方面。

(1) 根据企业确定的各类产品生产量，计算出各个产品生产所需要的各种物料需要量和所有产品生产所需要的物料需要量。

(2) 根据企业产品生产作业计划，计算出各种物料在不同时间的需要量，制订出企业物料需求计划。

(3) 根据供应链管理的基本判断，对物料供应商的选择做出决策。

(4) 根据库存情况，对物料采购批量做出决策，在保证生产需要的同时，使产品生产的物料成本降到最低点。

6. 预算决策

经过前面的五项决策之后，企业的生产经营决策方案已经形成，最后该做的就是，**对该决策方案下的企业产品市场销售收入和各类成本费用进行全面的预算，可测算出该方案下的企业经营成果。**

在企业的经营管理中，企业管理者的决策需要一定的依据才能决策。然而随着外部环境的变化越来越快，企业经营管理者和中层管理者可遵循的历史经验和惯例会越来越少，很多决策必须通过详尽的分析、甚至经过虚拟模拟之后才能做出相对正确的选择。**所以在大数据时代，管理者运用以往的数据进行分析将成为一种惯例，决策内容也在数据分析、逻辑推理的基础上得出。**

•专家提醒

除了以上六点重要的决策以外，数据分析在企业经营决策中的应用还体现在运营决策评估中的应用。在此领域的应用主要涉及几个关键模型——杜邦分析模型、SCOR 供应链运营参考模型、市场营销指标模型，以及方案之间比较的方法。

大数据能够为企业决策带来四大价值，如图 13-2 所示。

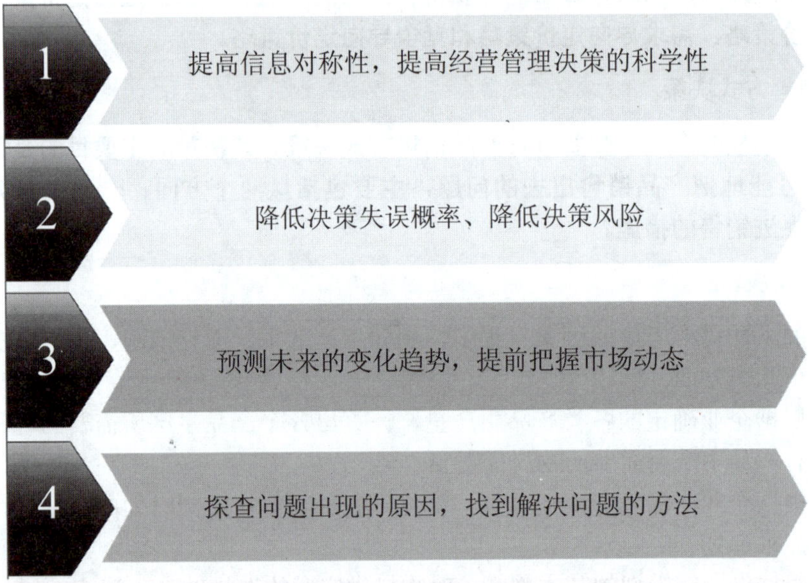

图 13-2　大数据在企业决策中的四大价值

13.1.2 如何用大数据做出商业决策

企业的管理就是决策。无论是高层还是中层经理人，每天都在参与、制定和执行着关系到企业生死存亡的各类决策。因此，掌握决策的程序和方法，把握决策关键环节很有必要。**科学决策主要分为界定问题、分析问题、制定可行的替代方案、寻找最佳的解决方案 3 个阶段。**

1. 发掘潜在问题

企业运营中许多问题乍看之下，以为找到了关键因素，实际上这些因素多半既不重要，也不相干，往往是表象。而且最显而易见的症状往往透露不出任何重要线索。比如，商场管理者看到人流量并不是很大，通常会以为宣传力度没有达到，但是很少会想到造成这种情况的原因与商场商品的受欢迎程度或商场地理位置等有关。

因此，决策的首要任务是找出潜在的问题。在这个阶段，花再多的时间都不为过。而要找出潜在的问题，管理者必须先找到“关键因素”。

例如一家电器城通过各种促销方式希望提高销售数量，从而达到提高销售利润的目的，但是无论怎样努力，虽然销量上去了，利润就是上不去。最后管理者发现，商场的商品促销方式有问题，就拿手机来说，买一部 1500 元以上的手机送一床空调被，而管理者就没有考虑到消费者是否需要空调被，而如果另一个商场打出：买一部 1500 元以上的手机送一个移动电源的话，相信消费者会很容易被吸引过去。

要通过分析问题找到关键因素，并非易事。

(1) **假定一切条件都不变，然后问：未来将发生什么状况？该如何应对？**

(2) **回顾过去，然后问：当初发生这个问题的时候，如果采取了什么行动，或不曾采取什么行动，将会如何影响目前的状况？**

2. 用数据分析问题

数据是分析的依据。每个公司或多或少都有自己的数据库，就算没有数据库的小型公司，每个员工、管理者的工作经验也是非常有用的信息资源，通过公司所有人的努力，对问题的不同看法，能为决策者提供莫大的帮助。而决策者要做的就是将数据进行整合分析。

有一家新闻杂志陷入财务困境。他们以为是广告费率的问题。但是在分析了事实和数据后，他们发现了一个被忽略的重要问题，那就是新闻的实效性。一般新闻只有一两天的实效性，而过了这个时间，新闻的价值将大大降低，对订户而言，它只是成功扮演了消息来源而已，而并非新闻来源。后来该杂志通过分析读者群之后，他们重新把问题定义为：我们要怎么样才能成为一份新杂志？解决方案是：转行为周刊，为读者带来一周中最具影响力的新闻信息。

3. 制定可行的替代方案

新旧交替是事物发展的自然规律，企业的决策就是完善或替换旧制度。但无论怎样完善和替换都有个不变的决策原则，那就是每个问题都必须制定出各种选择方案。因为只有这样才能把基本假设提升到意识的层次，迫使企业检视这些方案，测试其效果。至于替代方案，不见得就能保证我们的决定都是明智而正确的，但至少能防止我们在未经深思熟虑的情况下做决策。

13.1.3 大数据对企业管理的作用

大数据在企业管理中起到的作用是不可小觑的，它使企业管理步入了新的阶段，为企业带来了更大的商业利润。具体包括以下八个方面，如图 13-3 所示。

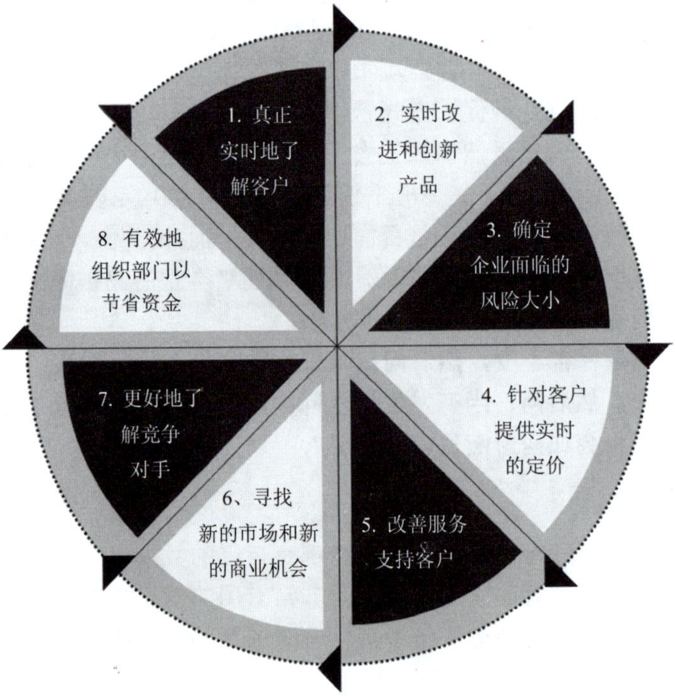

图 13-3 大数据对企业管理的八大作用

1. 真正实时地了解客户

以往的客户信息收集，主要是通过调查问卷的方式了解到客户在哪里、客户需要什么。而当调查结果总结出来时，结果往往已过时。而利用大数据，这种状况将不再发生。

大数据能够帮助企业完全勾勒出其客户的 DNA。充分了解客户是有效地与客户达成生意合作的关键。使用互联的社交媒体数据、移动数据、网络分析和其他数据分析，企业可以充分了解每一位客户，实时地知道他们想要什么，以及何时想要。从而真正了解客户，并根据客户的个性化特点，给出有针对性的建议或显示广告。

2. 实时改进和创新产品

大数据可以帮助企业运行，同时进行数以千计的实时模拟，测试新产品并进行相应的改进。利用可扩展的计算机电源，结合仿真算法，可以在同一时间运行和测试成千上万的不同的变化，而每个设计只需调整一点点，成千上万的设计点就能将产品改进得更加精细，并显示一款产品的改进。互联网线下产品，如果知道如何操作和执行的责任，也可以利用大数据进行改进和创新。

3. 确定企业面临的风险大小

企业的运营时时刻刻都存在着风险，确定企业所面临的风险自然也就成了今天企业业务的一个重要方面。

为了确定一个潜在的客户或者供应商的风险，需要对客户或供应商进行特定的归类，每位客户或供应商都有自己的风险水平。能够确定风险的大小对企业而言就相当于掌握了一项技术，例如在保险业，预测分析可以用来确定一个客户在未来可能花费多少钱。可以帮助保险公司以最为正确的价格在最为恰当的时间、地点为客户提供最为恰当的保险产品，以确保降低索赔成本和避免顾客欺诈骗保行为。

4. 针对客户提供实时的定价

大数据也会对价格产生影响。其可能会为电子商务中的收益管理带来全新的意义。例如 Orbitz(果迷网，世界上最大的在线旅游公司之一)尝试利用大数据，向苹果用户显示的酒店价格比 PC 用户更昂贵。Orbitz 发现，较之 PC 用户，Mac 用户平均一晚的酒店花费要贵 20 美元到 30 美元。

有了这样的数据信息，就可以帮助企业针对竞争对手的市场策略进行实时的反应并调整价格。根据价格制定个性化的需求与服务，同时也享受到了销售和利润的增长。

5. 改善服务支持客户

如今许多生产企业都可以远程监控机器，查看机器的运行情况，从而能够对机器的各个不同部分进行实时监测。而这些数据将被发送给制造商，进行实时的存储分析。每个振动、噪声或错误均会自动检测，当算法检测到正常运行的偏差，服务支持将发出警告。当工程师来维修机器时，他可以利用所有可获得的信息准确地知道应该进行哪些维修工作。

6. 寻找新的市场和新的商业机会

2011年，欧洲联盟举办了公开数据挑战。这是欧洲最大的开放式数据竞争，激发创业者利用政府部门的大量的开放式数据做出创新的解决方案。可以使用大数据发现顾客尚未提出的需求。通过分析企业已经掌握的数据模式和/或回归分析，会发现客户尚不知道他们自己的需求和愿望。

除此以外，大数据也可以帮助企业发现在哪个市场推出首款产品或哪里放置产品比较合适。例如丹麦的一家能源公司维斯塔斯风力系统使用大数据和分析，找到了世界上最好的使用风力涡轮机的地方。

7. 更好地了解竞争对手

所谓知己知彼，百战不殆。了解竞争对手的运营状况将带来很大的帮助，并成为企业管理决策的重要依据。例如通过使用大数据分析算法能够找出竞争对手产品价格的变化，从而自动改变自己的价格以及保持竞争力。

8. 有效地组织部门以节省资金

通过分析企业所掌握的所有的数据，可以使供应链中的物流业变得更高效，例如信息部门可以为运输部门提供道路情况，从而减少汽车的能耗。部门之间的有效组织是一加一大于二的完美结合，目前许多大中型企业都意识到这一点，已成功为企业节省大量资金。

·专家提醒

中国在大数据领域仍然相对落后。虽然中国已渐渐从云计算过渡到大数据时代，但国外的IT企业已将注意力转向了云计算背后的大数据，且有许多年了。虽然“大数据比云计算更重要”的判断有点夸张，但是可以肯定的是：云计算不单是提供云存储等IT基础架构服务，大数据的处理更是其核心与关键。

13.2　大数据在企业管理中的应用案例

在大数据时代，通过大数据预测进行企业管理，促进企业健康发展。因此，企业只有找到将数据科学与传统技能完美结合的方式，才能打败对手。不是所有的赢家都会将大数据用于其决策制定，但数据告诉我们，这样确实胜算最大。

13.2.1　江苏移动——用大数据创新管理

为了适应大数据时代的挑战，江苏移动公司将建立集中的企业数据中心，打造数据型管理及应用体系作为重要的企业战略加以推进。

1. 建立公司级数据运营团队与管理机制

江苏移动公司成立以公司领导为首的跨部门运营团队，工作内容既包括大数据管理及系统支撑工作，也包括对于大数据的分析挖掘和在公司各业务领域的价值应用。

2. 建设企业数据中心系统平台

公司依托原有的经营分析系统建立企业数据中心平台，作为公司数据汇聚处理与融合挖掘共享的枢纽，提高数据管理与支撑能力。

3. 实施标签化数据资产管理

成立大数据标签库管理委员会，统一管理企业数据中心数据资产，并制定了相应的数据引入、数据服务等工作技术标准、服务标准和相关流程。融合公司分散在各业务平台以及互联网内容等数据进行关联处理，形成企业核心数据资产。

4. 实现标签化数据资产的共享

江苏移动公司建立了全面开放的数据共享平台，提供数据资产和用户标签共享服务，各专业系统在数据应用过程中产生的标签和结果数据，将根据需要再次提供给企业数据中心，以便更好地实现数据二次分析和统一共享。

5. 推动数据应用，实现从经验直觉到数据做主的转型

通过对相关产品、成本、网络、渠道等数据的分析与挖掘，建设管理指标、产品管理、决策支撑、成本效益、网络运维、渠道运维应用体系，支撑公司各项运营和管理活动，对集团客户、12580 商盟、ICT 信息化合作伙伴以及大众客户提供智慧数据产品。

•专家提醒

早在 2012 年 10 月，江苏移动支撑了楼宇价值挖掘、流量经营应用专区等新型应用构建，实现了运营和网络的精细化管理，使成本管理不断精细化，节约了成本支出，全面增强了企业实力。

在本案例中，江苏移动通过数据型管理及应用，建立了企业数据中心，实现了数据资产的集中化管理，并建立了面向分类市场的数据应用体系，支撑专业化运营工作。自项目建设应用以来，围绕市场活动数据需求，实现了多项跨系统数据融合。

13.2.2 西尔斯——用大数据降低成本

西尔斯控股公司是北美一家领先的家电零售商，同时在工具、草坪和花园用具、家用电子，以及自动维修和维护等方面的销售处于领先地位，如图 13-4 所示。

图 13-4 西尔斯店面

这家几乎与西方现代零售业同龄的老古董，曾经雄居美国零售业榜首近一个世纪。但是在最近几年，这个零售巨头的日子却是江河日下，前途不容乐观。导致西尔斯规模下滑的原因总结起来主要有以下两个方面。

(1) 西尔斯公司近几年一直在大规模地关店，但同时也有新店开张，而且整体门店数量有波幅地上涨。

(2) 其门店可比销售出现负增长，而且近几年全部出现负增长。

为了改变企业管理方式，抑制不良形势的继续发展，西尔斯公司首席信息官 Keith Sherwell 在 2012 年 9 月作了一份关于大型零售集团企业的技术革新计划。而想要完成这个计划，则要依赖于 Hadoop、开源以及进一步削减管理维护成本的技术。

为此，Sherwell 逐步意识到并做到了以下几点。

(1) 西尔斯力求拥有零售行业中规模最大的 Hadoop 技术集群，该企业在开源上下了很大的赌注。

(2) Sherwell 意识到技术成本正在影响着西尔斯的利润率，更新公司的技术架构的话，很可能会将成本缩减一半。

(3) 西尔斯原先就拥有一个动态定价系统，西尔斯公司必须要同其他零售商对比产品定价策略。

(4) 大数据同样也可以在分析天气模式以及天气如何影响销售时发挥作用。

(5) 西尔斯公司正在将 10 个数据仓库整合为 2 个，并将其中之一完全开放。

(6) 西尔斯公司将其员工忠诚度项目从 Exadata 中分离出来并转向开源，这样每年节省下来的资金将至少有数百万。

(7) Sherwell 认为戴尔与惠普的存储设备相对于 Hadoop 技术来说价格太高。

(8) 以 Teradata 技术为基础的数据仓库，仍然保留在西尔斯的计划当中。

此后，西尔斯公司开始使用集群收集来自不同品牌的数据，并在群集上直接分析数据。与此同时，为了避免浪费时间，西尔斯公司先把来自各处的数据在分析之后再做合并。这种调整让公司的推销方案变得更快、更精准。

·专家提醒

集群就是一组计算机，它们作为一个整体向用户提供一组网络资源。这些单个的计算机系统就是集群的节点。

从本案例中，西尔斯公司正在重点利用开放资源、大数据技术以及降低成本措施，来改进其技术基础架构。毕竟最好的大数据供应商，是那些能将数据以最合适的形式呈现出来的供应商。

13.2.3 迪士尼乐园——用数据提升游客乐趣

迪士尼乐园是一个位于美国加利福尼亚州安纳罕市的主题乐园。迪士尼是孩子和童心未泯的成人的天堂，每个乐园里都有 100 多个项目，但每一项目前排起的长队让游客兴致大减。

为此，迪士尼公司收集了 10 多年的历史数据，结合天气、旅游、日期等数据，预测出每一条队伍每天、每小时的排队时间，供游客参考，安排自己在园区内的游览次序。通过迪士尼公司的大数据策略，可以使每位游客平均每人节省 4 个小时，提升游客们进园游玩的乐趣。

随后，迪士尼公园又在大数据战略上投资数十亿打造度假计划系统 MyMagic。其核心支撑元素是它对每年到主题公园游玩的旅客的数据进行收集，这种技术是前所未有的。

MyMagic 系统由智能手机端的应用程序和名为 MagicBands 的腕带组成，客人可以通过它来预订门票和客房，提前规划好自己的活动，然后通过 MagicBands 存储机票、酒店钥匙和信用卡等信息，如图 13-5 所示。MagicBands 采用无线射频技术，用户只需用它轻触传感器即可使用，迪士尼公司也可以根据信息来追踪游客的行踪。这样一来，该度假公园针对每位潜在用户所传达的信息和所制定的价格都是不同的。

在收益方面，MyMagic 的分析功能也成为迪士尼的第二个增收工具。首要增收工具将是鼓励游客提前安排好行程细节，以使他们在公园里待更长时间以及通过更便捷的非现金支付手段来进行消费。比如说，如果某个园区的一家餐厅在某个时间段有优惠活动，那么迪士尼就可以通过 MyMagic 系统知道在这个园区的哪些游客在该时间段没有预订 FastPass 服务，并向这些游客发送该餐厅的即时折扣消息。

图 13-5　迪士尼开发的 MyMagic 系统

在本案例中我们看到，迪士利用自己的大数据平台，改善了公园的对游客的管理方式，在方便管理的同时，更大程度帮助游客节省了时间。其实很多小公司，只要依靠坚强的意志和不凡的智慧，凭借一个小小的团队，使用 Hadoop 技术、NoSQL 数据库和其他开源技术，完全能够创造出一个特有的大数据平台。

13.2.4　汉庭酒店——用大数据释放财务能效

“大数据”这一互联网领域的主流词汇，也开始触动着酒店管理者的神经，他们开始意识到大数据可以释放出的巨大价值，并探讨和学习如何借助该领域的技术为饭店经营管理服务。

作为国内高速成长的新兴酒店集团，汉庭自 2005 年创立以来，已经迅速完成了在全国主要城市的战略布局，并重点在长三角、环渤海湾、珠三角和中西部发达城市形成了密布的酒店网络。

然而随着业务的快速发展以及连锁酒店市场竞争加剧，汉庭酒店集团现有预算系统面临严峻的挑战。例如以前采用 Excel 表单进行数据的分析和整理，相关的财务预算人员要把大部分时间花在表格的处理上面，很多预算人员每天要处理很多表格。而原有的分析过程需要花费 2～3 天，并且如果反复调整、反复计算的话，所耗费的周期更长，更复杂，难以满足企业需要。

为此，汉庭财务部门和 IT 部门开始通过引进先进的业务模式和信息化技术实现业务升级。为了支撑集团业务的进一步拓展，实现新的市场创新和突破，汉庭酒店集团通过建立新的预算系统对集团的经营预测进行高效分析。经过多方比较，汉庭酒店集团最终选择 IBM Cognos 来实施全面预算解决方案。

IBM 公司帮助汉庭引入全球领先的业务分析的信息化技术，并成功实施了基于 IBM Cognos 全面预算解决方案。基于 IBM Cognos 的全面预算解决方案为汉庭酒店集团提供了强大的业务分析能力和商业智能系统，帮助集团从人力、客服、管理费用、资本支出、营销费用、销售等多方面提升了企业预算的效率和能力。

全面预算解决方案的成功实施，让汉庭酒店集团高级管理层能够深入、多角度地看到非常细节的实时数据、全面了解各部门预算流程执行情况及问题。汉庭酒店集团的首席财务官透露，通过运用大数据管理财务，让他们获得了以下好处。

(1) 数据处理的效率得到了很大提升。

汉庭酒店的预算周期从过去的 6 个月缩短到 2 个月，年度战略规划的工作时间也缩短了 90%。

(2) 沟通的有效性得到了提高。

预算是需要多个部门参与的，全面预算管理系统支持多用户同时工作，自动化的提醒方式保证了流程的顺利进行。

(3) 数据的可靠性得到了提高。

大数据系统保证了数据传递是无缝的，避免由于一些人为数据处理出现的错误，以及延迟、版本混乱等这些大企业里常见的问题。

(4) 全面预算解决方案提升了工作效率。

这套方案利用多维数据模型支撑很多报表，只要改动一个地方，相关联的报表就会自动调整。

在实时性方面，与商业智能系统集成后，管理层可以随时看到调整前后的结果，及时获取实时准确的数据，确保了预算结果精确。

在灵活性方面，如果某个项目需要进行预算调整，都可以在系统平台上快速进行调整，并看到效果，从而决定是否真的要执行调整的方案，提高了预算调整的效率。

·专家提醒

汉庭酒店集团通过进一步深化全面预算解决方案，将全面预算管理平台升级为整合全面绩效管理平台，为汉庭最终实现成为“世界住宿业领先品牌集团以及世界级的中国服务品牌”的远景目标，提供了坚实的信息化基础。

第 14 章

大数据在移动微营销中的应用

学前提示

大数据因互联网而生，然而现在大数据的应用领域已经不再局限于互联网了。随着智能手机的普及，移动互联网已经成为大数据商业营销的主战场，而大数据微营销是推动这场营销大变革的重要动力，也是大数据商业营销今后的发展趋势。

要点展示

◆ 移动互联网是盘大餐

◆ 移动互联网微营销的具体实施

◆ 移动互联网微营销案例

14.1 移动互联网是盘大餐

2014 年 1 月，发生了一场关于打车软件的“血战”，那就是“快的打车”与“嘀嘀打车”的价格战，如图 14-1 所示。

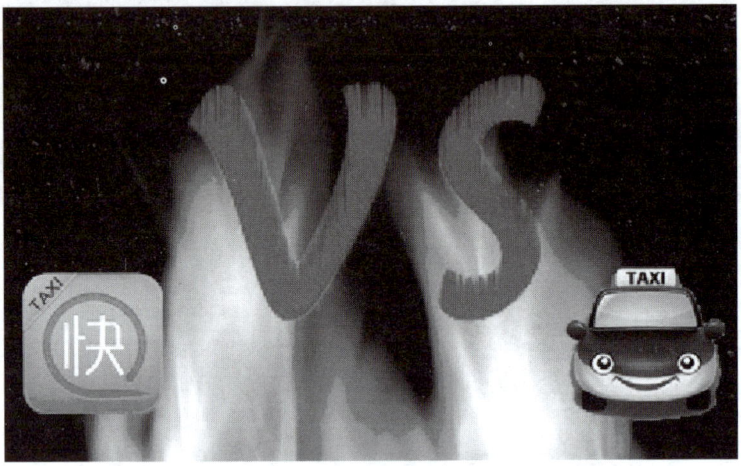

图 14-1　快的打车与嘀嘀打车的价格战

自 2014 年 1 月起，双方就开始不断叫板并升级，掀起了一轮又一轮的价格补贴战风波。

1 月 2 日，快的投放 1 亿元对使用支付宝支付打的费用的用户进行补贴；

1 月 10 日，嘀嘀打车对使用微信支付打车费用的用户每次补贴 10 元；

1 月 22 日，快的打车对使用支付宝支付打的费用的用户每次补贴 10 元，并对司机每次补贴 15 元；

2 月 18 日，嘀嘀打车对使用微信支付打车费用的用户每次补贴 12～15 元；

2 月 19 日，快的打车更是将补贴费用提高至 13 元。

就在这短短 40 余天里，嘀嘀、快的两大打车软件之间的价格战不断升级。截止到 2 月 20 日，嘀嘀打车和快的打车双方补贴总额已将近 20 亿元。于是就有人产生疑问：这两个软件下这么大的血本对乘客进行补贴，他们靠什么赚钱？盈利模式又是什么呢？

其实仔细观察后便可发现，这两个打车软件各有一个强大的“后台”。快的支付使用的是支付宝，嘀嘀支付使用的是微信，所以快的和滴滴两家的“后台”分别是阿里和腾讯。也就是说，这场价格战真正投入资金的是阿里和腾讯。**而他们不惜血本地拉响价格战的目的就是抢占移动支付市场。**

对于大多数用户来说，一个支付习惯形成以后，有可能在很长一段时间内甚至是永远不会改变，例如习惯使用微信支付的用户，就不会主动选择用支付宝进行支付。两大电商巨头真实地看到了这种现象，进而借助打车软件拉拢移动支付市场。

当阿里和腾讯在锁定了自己的用户目标后，就会根据用户的购物习惯、消费能力等一系列数据进行分析，向用户精准推荐、投放广告。也就是说移动支付时代，大数据能做到的事情，他们都可以完成。所以说移动互联网是一盘大餐。

14.1.1 移动互联网时代的微营销

如果嘀嘀打车与快的打车还用传统营销手法来进行价格战，那么这两家的后台很有可能被骂成“傻子”，毕竟这种补贴是一种看不出回报的高投入。但在移动互联网时代，这种营销手段不仅不会被骂，内行人还会竖起大拇指，因为这是移动互联网时代一种新型的营销手法——微营销。

微营销是以营销战略转型为基础，通过企业营销策划、品牌策划、运营策划、销售方法与策略，注重每一个细节的实现。通过传统方式与互联网思维实现营销新突破，达到新型的营销效果。微营销是传统营销与现代网络营销的结合体，主要在移动互联网终端使用。

•专家提醒

微营销不只是微信营销，微信营销是微营销的一个组成部分。并且微博、微信、微信公众平台、微网站、App 等应用软件也不是微营销，它们都是实现微营销的工具。

与传统营销方式相比较，微营销具有以下五大优势，如图 14-2 所示。

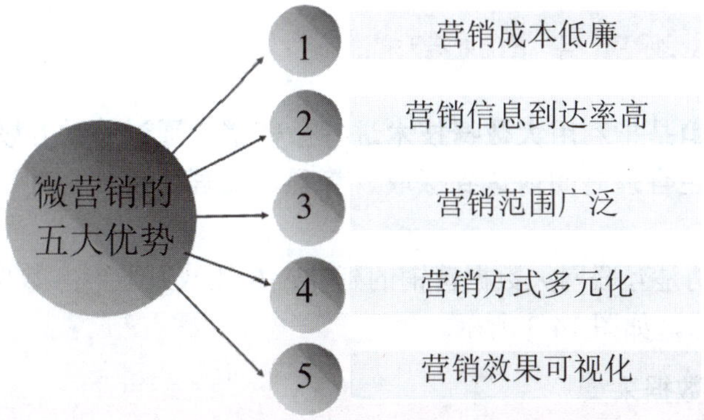

图 14-2 微营销的五大优势

1. 营销成本低廉

传统的营销方式推广成本高，例如报纸，而且具有很强的时效性。商家如果想达到预期的效果，就要投入大量宣传成本。而微信营销相对来说成本低廉，除软件本身免费外，消费者关注商家后只需定期向消费者做一些小的优惠活动就可以长期吸引消费者接收商家的营销信息。

2. 营销信息到达率高

在传统的媒体(如广播、电视、报纸)上做营销的产品信息，商家难以预测有多少人可以看到这个广告，但是在微信上推送一条消息到用户的手机里，到达率可以高达100%。

3. 营销范围广泛

消费者看到商家的产品信息后可能和几个家人朋友一起消费，但是当消费者把产品信息分享到微信朋友圈后，所有的微信好友都能看到。

4. 营销方式多元化

微营销方式更加多元化，用户不仅可以群发文字、图片，还能够推送漂亮的图文信息。尤其是语音和视频，可以拉近和用户的距离，使营销活动变得更生动，更有趣，更利于营销活动的开展。

5. 营销效果可视化

和传统的广告难以检测效果相比，微信营销的效果是可视化的，商家可以登录微信公众平台查看自己的宣传信息有多少人阅读，有多少人转发。从而根据反馈信息合理调整今后的宣传思路。

14.1.2 大数据时代的微营销

大数据微营销是指利用大数据技术进行微营销，通过移动互联网采集大量的行为数据，营销者在合理时间内达到撷取、管理、处理、整理，并帮助企业找出目标受众。

大数据微营销是互联网大数据营销的延伸，相比较互联网大数据营销，大数据微营销具有以下特点，如图 14-3 所示。

1. 多平台化数据采集

大数据的多平台化数据采集，能使对顾客行为的刻画更加全面而准确。多平台采集可包含互联网、移动互联网、广电网、智能电视、户外智能屏等的数据。

图 14-3　大数据微营销的特点

2. 强调时效性

在移动互联网时代，顾客的消费行为和购买方式极易在短的时间内发生变化，在顾客有需求时，及时进行营销非常重要。所以要在顾客决定购买的“黄金时间”内，让顾客接收到商品广告。

3. 个性化营销

互联网时代，商家可以做到个性化推荐，而在移动互联网时代，这种推荐方式更加简单。因为大数据技术可让他们知晓目标受众现在身处何方、正在关注着什么位置的什么屏幕。同时还可以做到当不同用户关注同一媒体的相同界面时，广告内容有所不同，可实现对网民的个性化营销。

4. 性价比高

大数据微营销可以根据实时性的效果反馈，及时调整投放策略。而且大数据微营销通过实时监测消费者在移动互联网上的行为数据，而对其开展的营销，整个过程成本几乎为零。

5. 关联性

大数据微营销的一个重要特点在于，顾客关注的广告与广告本身的关联性，即在不同时段的广告呈现在很大程度上都有关联。由于大数据可以全方位了解用户，知晓目前顾客的具体位置，这些有价值的信息可让广告的投放过程产生前所未有的关联性。

6. 动态更新

大数据微营销可以实现顾客资料的自我更新。数据库的动态更新功能不仅节约了大量的时间和资金，同时也更加精确地实现了营销定位，从而有助于改善营销效果。

7. 顾客主动加入

在大数据微营销环境中，用户为了获得个性化服务或有价值的信息，往往是顾客主动地加入网站的数据库。这对于大数据微营销人员来说，无疑是一个好消息。

8. 改善顾客关系

顾客服务是企业留住顾客的重要手段，一个优秀的顾客数据库是大数据微营销取得成功的重要保证。

移动互联网时代的大数据为营销策略、营销方向、营销手段提供了多种可能。传统的互联网时代，别人最多只能知道这只狗最近需要什么、什么时候出去遛弯、什么时候回窝睡觉。而移动互联网时代，还能知道这只狗现在在干吗、需要的狗粮有没有买到等，商家的精准推荐为顾客提供了更多的参考。

14.2 移动互联网微营销的具体实施

由于移动互联网大数据是传统互联网大数据的延伸，在营销功能和手法上大致相同，所以这一节主要来介绍一下在移动互联网平台，大数据微营销的实施方式。

14.2.1 大数据微信营销

微信营销是移动互联网营销最常见的一种营销模式。微信不存在距离的限制，用户注册微信后，可与周围同样注册的“朋友”形成一种联系，订阅自己所需的信息，商家通过提供用户需要的信息，推广自己的产品，从而实现点对点的营销。

那么，微信营销究竟是怎么一回事？它的具体实施方式又有哪些呢？营销效果又将如何呢？

由于前面已经详细介绍过微信营销的优势以及相关案例，所以这里主要了解一下微信营销的具体实施方式。

(1) **免费是最有效的营销工具。**

互联网已经和生活息息相关，越是完美贴身的需求就越容易对比。以微信和短信来比较，微信发送信息是免费的，而短信是收费的，那么运营商短信的收入必将被微信占领。

(2) **根据用户找准定位。**

任何产品、服务都需要特定的目标消费人群，商家永远不会在养老院里卖滑板。而确立定位就是确立目标市场，确立战略的实时方向。

(3) **服务为先、盈利为后。**

大多数行业的盈利是建立在前期的亏损之上的，例如刚开业的超市必定会持续一段时间的特价，再如前面的“打的价格战”，只有先让用户尝到甜头才能拉拢用户。

(4) **要有吸引眼球的名字。**

微信公共账号的名字至关重要，如果你的名字有足够的吸引力，那么你就容易受到关注。甚至可以理解为想要吸引哪一类用户，就起与这一类用户相关的名字。但无论什么样的名字都要记住一点，就是不要直接写某某品牌的官方网站，这样太过直白，更没有技术含量。

众所周知，企业的生存和发展离不开顾客，所以企业只有不断地了解顾客需求、满足顾客需求，做到令顾客满意，才能转化和保持顾客，最终赢得更多的顾客。那么企业微营销在这方面有哪些价值呢？如图14-4所示。

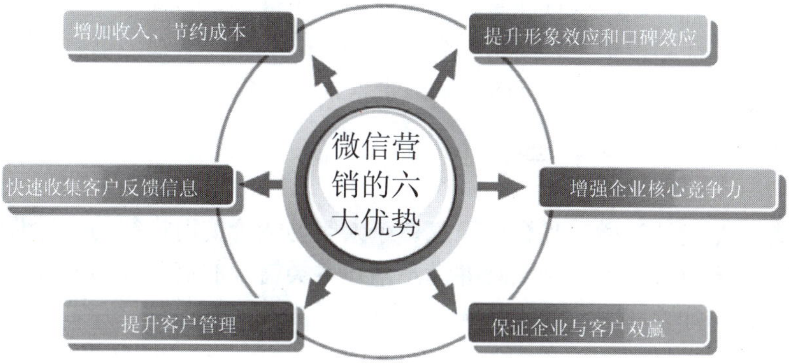

图14-4 微信营销的六大优势

(1) 增加收入，节约成本。

顾客可以通过各种渠道成为微信的粉丝，获得企业信息。如果企业的产品能够达到顾客的预期值，那么顾客就会成为微信忠实的粉丝与客户，要知道传统的营销模式，一个企业想要得到一个忠实客户，要付出的代价是相当高的。而一个忠实客户通常会反复地购买，这就为企业在宣传上节省了很多成本。

(2) 快速收集客户反馈信息。

通过微信公众平台设置或人工回复，可以实现与客户的即时互动，收集客户第一时间反馈的信息，有利于企业及时采取措施，为用户提供更人性化的服务。

(3) 提升客户管理。

微信是最精准的品牌营销工具，企业可以通过服务号的客户关系管理功能，时刻关注客户的需要以及客户对产品的满意度，经常征询客户意见，并将其及时反馈到企业客户管理中，就能实现有效解决客户问题，提升企业在客户心中的满意度。

(4) 提升形象效应与口碑效应。

微信服务的质量是无法展览的，靠的是客户之间的口耳相传，所以树立好企业形象，那么口碑效应也就越好。同时满意的客户也是企业免费的广告资源，他们会将自己切身的感受传播给自己熟悉的客户，这比花钱做广告更有效，可以迅速提高企业的知名度，以及企业形象。

(5) 增强企业核心竞争力。

市场的竞争其实就是客户的争夺，而抓住回头客更是市场争夺的核心。所以企业要利用微信服务号做好售后维护工作，以客户为中心、以实现优质服务为承诺，从而提升客户的满意度和忠实度。这样的售后维护工作才能成为企业竞争的第一优势，帮助企业在行业内脱颖而出。

(6) 保证企业与客户双赢。

微信营销并不是让哪一方成为赢家，只注重企业的盈利而忽略了客户的利益，那将会使企业走向滑坡；而太过注重客户利益，也会将企业战线拉长，甚至拖垮企业。所以，无论什么样的营销模式，要以企业与客户的双赢为基础。也只有这样，企业才能永远留住自己的忠实用户，同时为企业带来大的收获。

14.2.2 大数据微博营销

微博营销是指通过微博平台为商家、个人等创造价值而执行的一种营销方式，也是指商家或个人通过微博平台发现并满足用户各类需求的商业行为方式。要做微博营销，首先要架构好以下四个微博系统，如图 14-5 所示。

图 14-5 四个微博系统

1. 官方微博

官方微博是发布企业新闻、企业动态、产品新闻等关于企业的官方微博网站。例如 OPPO 官方微博，如图 14-6 所示。当用户进入到企业的官方微博，如果觉得微博很好，对自己有帮助，那么用户就会添加关注，成为官方微博的粉丝，而这些粉丝将来就成了企业的忠实用户。

图 14-6　OPPO 官方微博

·专 家 提 醒

微博的注册、认证和发布都是免费的，所以这就没有成本的约束。而传统的官方网页是花钱租服务器，花钱策划网页内容，结果是网民浏览后就走人，什么都没有留下。

2. 品牌微博

品牌微博是企业传递品牌文化、品牌价值、品牌活动的微博网站，它主要发布品牌动态、品牌运营、品牌活动、品牌最新营销政策、品牌售后等信息。例如美的空调品牌微博，如图 14-7 所示。

图 14-7　美的中央空调的品牌微博

3. 产品微博

产品微博是以企业发布某种产品信息为主的微博。例如小米手机 4 的产品微博，如图 14-8 所示。

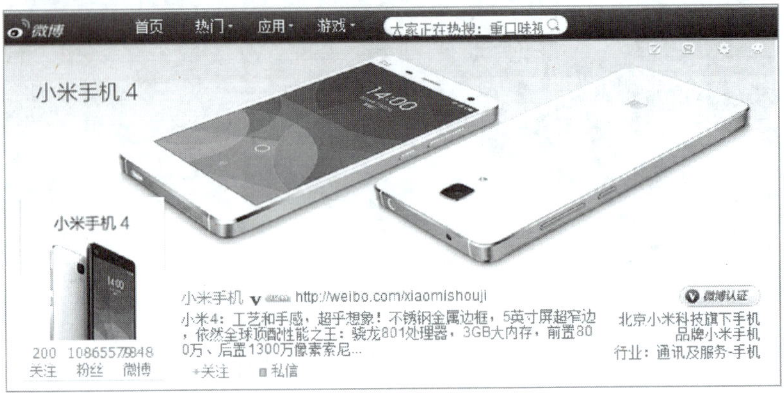

图 14-8 小米手机 4 的产品微博

4. 专业知识微博

专业知识微博的主要任务就是发布一些与产品使用相关的小知识，让博友在获取知识的同时加深对产品的印象。例如美的集团的美的小美微博，如图 14-9 所示。

图 14-9 美的小美专业知识微博

当企业构架好自己的微博系统后，接下来要做的就是增加粉丝的关注度。微博营销最重要的就是拥有足够多的粉丝人数，因为只有将用户做到一定的量，才能对宣传和推广有一定的作用。在做用户量时，从 0～1000 这个阶段最痛苦，就像大的摩天轮一样，刚开始转动的时候非常吃力，但当转起来了之后，就省了不少力。在增加粉丝这个环节中，企业微博维护人员需要做好以下 4 件事。

(1) 每天至少要发 50 条微博。

每天 50 条的内容肯定会使有些人头疼，内容肯定没那么多，更别提什么新鲜有趣。所以企业微博维护人员要学会在网络上寻找相关内容。例如你是做 IT 的，那你就可以在网上搜集一些关于电脑组装、电脑软件的应用、电脑常见问题的解决办法之类的内容。

(2) 内容要标准化。

(3) 学会利用现有的网络资源。

(4) 建立丰富的微博内容资料库。在网上搜集到的内容要将其分门别类整理成有条理的文档。

当你的微博粉丝数量达到 1000 以后，那么你的微博影响力将逐渐增强。其实微博营销是一门大学问，更多的细节还需要我们自己去琢磨。具体需要注意以下几点。

(1) 在商业营销中，夸赞自己的商品很正常，但不能建立在诋毁别人的商品之上，否则可能会引起对骂，这在消费者看来是无知的举措。

(2) 微博内容的引用要确定其真实性与可靠性，不要成为别人炒作的推手。

(3) 微博营销重在营销。根据用户所反馈的信息，利用数据分析，及时改变营销策略，这才是精准营销的根本。

14.2.3 大数据 App 营销

App 是智能手机应用程序的 Application 缩写，也称手机客户端。而 App 营销就是用应用程序来营销。**App 营销是通过特制手机、社区、SNS 等平台上运行的应用程序来开展营销活动。**

1. App 营销的优势

App 营销具有以下八大优势，如图 14-10 所示。

图 14-10 App 营销的八大优势

1) 成本低廉

App 营销只要开发一个适合于本品牌的应用就可以了，可能还会需要一些推广费用，但相对于电视广告、报纸，甚至是网络而言，都要低很多。这种营销模式的营销效果是电视、报纸和网络所不能代替的。

2) 促进销售

有了 App 的竞争优势，无疑增加了产品和业务的营销能力。

3) 信息全面

全面展示信息能够刺激用户的购买欲望，移动应用能够全面地展现产品的信息，让用户在没有购买产品之前就已经感受到了产品的魅力，刺激用户的购买欲望。

4) 跨时空

营销的最终目的是占有市场份额，获得更多的客户。互联网信息交换具有超载时间约束和空间限制的特点，使得脱离时空限制达成交易成为可能，企业能有更多的时间和更多的空间进行营销，每天 24 小时都能提供全球性的营销服务。

5) 品牌建设

移动应用可以提高企业的品牌形象，让用户了解品牌，进而提升品牌实力。良好的品牌实力是企业的无形资产，可为企业形成竞争优势。

6) 随时服务

网上订购，通过移动应用对产品信息的了解，可以随时在移动应用上下单或者是链接移动网站进行下单。同时，也容易通过客户购买后的评论掌握客人的喜爱与厌恶的样式、格调和品位等。这对产品样式设计、定价、推广方式、服务安排等，均有重要意义。

7) 精准营销

精准营销是大数据技术最大的特点，在 App 营销中更为常见。借助先进的数据库技术、网络通信技术及现代高度分散物流等手段，保障与顾客的长期个性化沟通，使营销达到可度量、可调控等精准要求。同时，移动应用本身具有很强的实用价值，可为手机用户提供生活、学习、工作等资讯。

8) 互动性强

App 营销是企业直接与用户之间的互动，取代了传统媒介在中间的传播，使这种互动更具时效性，而这种营销效果也是电视、报纸和网络所不能代替的。

2. App 营销的模式

不同应用软件的营销模式不同，带来的营销效果也不同。目前主要的营销模式有以下五种，如图 14-11 所示。

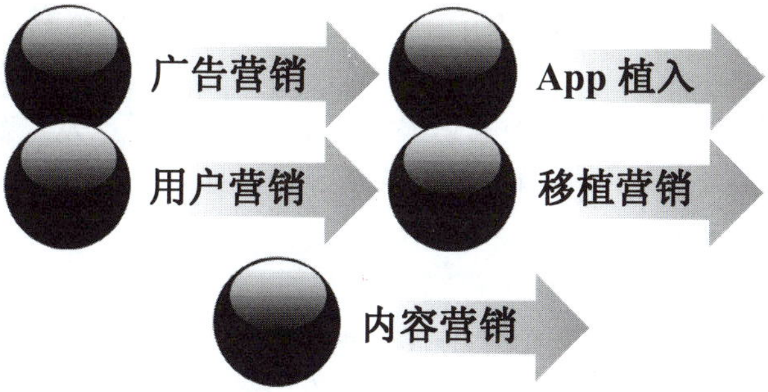

图 14-11 五种营销模式

1) 广告营销

在众多的功能性应用和游戏应用中，植入广告是最基本、最常见的营销模式。当用户点击广告栏时就会进入指定的界面或链接，可以了解广告主详情或者是参与活动，如图 14-12 所示。这种模式操作简单，适用范围广，只要将广告投放到那些热门的、与自己产品受众相关的应用中，就能达到良好的传播效果。

图 14-12 智能手机软件内植入广告

2) App 植入

App 广告植入主要有以下三种方式。

(1) 内容植入。

内容植入就是在游戏中出现商品名称。例如“疯狂猜图”这款游戏就融入了广告品牌营销，把 Nike、IKEA 之类的品牌作为关键词，既达到了广告宣传效果，又不影响用户玩游戏的乐趣，而且因为融入了用户的互动，广告效果更好。

(2) 道具植入。

道具植入就是在游戏的道具中出现现实中的产品。比如“人人餐厅”这款游戏就是将伊利舒化奶作为游戏的一个道具植入其中，让消费者在玩游戏的同时提升品牌或产品知名度，在消费者心中树立企业的品牌形象。

(3) 背景植入。

背景植入就是将游戏的背景或游戏的奖励以广告形式出现。例如在“抢车位”这款游戏中，将 MOTO 的手机广告作为停车位的一个背景图标，给消费者无形中植入了 MOTO 的品牌形象。同时，如果游戏中用 MOTO 手机车位背景，每天可得 100 金币，从而驱使游戏玩家去使用该背景。

3) 用户营销

用户模式是企业把符合自己定位的应用发布到应用商店内，供智能手机用户下载。而用户利用这种应用可以很直观地了解企业地信息。这既发挥了广告传播效果，又为用户的生活提供了便利性。这种营销模式具有很强的实用价值，让用户了解产品，增强产品信心，提升品牌美誉度。

从费用的角度来说，用户参与模式则主要由客户自己投资制作 App 实现，相比之下，首次投资较大，但无后续费用。而营销效果取决于 App 内容的策划，而非投资额的大小。

4) 移植营销

移植营销就是将互联网上的网站开发为自己的 App 产品，然后将其投放到各大应用商店以及网站上，供用户免费下载使用。例如手机淘宝，用户可以随时随地地浏览网站，获取所需商品信息，进行下单。这种模式相对于手机购物网站的优势更快速便捷，内容丰富，而且这类应用一般具有很多优惠措施。

5) 内容营销

通过优质的内容，吸引到精准的客户和潜在客户，从而实现营销的目的。如“汇搭”通过为消费者提供实实在在的搭配技巧，吸引有服饰搭配需求的用户，并向其推荐合适的商品。

随着时代的发展，企业的营销方式也慢慢开始发生了新的变化。特别是随着移动互联网的兴起，传统的营销方式因其性价比太低而越发不受企业的待见。而通过 App 营销，可以精准传递客户并黏住顾客。由于 App 营销不再受时间、地点的限制，也不再只是信息单向流通，从接触顾客到最终的达成销售，整个营销过程都可以只在 App 这一个小小的端口内发生，使顾客接收到产品信息的可能性更大。

14.2.4 大数据微电影营销

微电影营销是指个体通过 PC、手机、摄像头等多种视频终端摄录、上传互联网进而共享短片达到一定宣传目的的营销手段。微视的时间有限制，短则 30 秒，长则 20 分钟，其内容广泛，形态多样，涵盖小电影、纪录短片、DV 短片、视频剪辑、广告片段等。

微电影不同于网络视频短片，它更偏向于商业化，而且它的背后一定是商业驱动，一定是专业化的制作，一定能够起到商业电影一样的视觉与情感享受。

微电影其实就是微博、微信等信息共享功能的延伸。微博是靠一百多字、图片等有限信息支撑起大众言论平台，而微电影是想在短短十几分钟，甚至几分钟内打动观众，引发关注。随着 4G 的普及，微视频营销逐渐走向成熟。

微电影之所以可以成为商业营销的一种手段，其实就是广告主对广告效应的追求，尤其在投入与效益比上，更加对微电影情有独钟。微电影营销具有以下明显优势，如图 14-13 所示。

图 14-13 微电影营销的四大优势

1. 更具吸引力

微电影是电影的一种，里面有任务、有情节，能够抓住人的眼球。每个人可能都是因为对微电影内容的好奇而播放、欣赏，而普通的企业广告宣传片一般无法吸引不相关观众的目光。

2. 更具亲和力

普通的企业宣传片纯粹以宣传自身为目的，容易引起观众的抵触情绪，甚至连看都不会去看。而企业微电影的剧情、内容更容易让人接受。

3. 更具可看性

剧情赋予了企业微电影更丰富的表现形式。相对于千篇一律的企业宣传片，企业微电影可以包含更丰富的创意元素。

4. 更具传播力

好的微电影作品能够将企业品牌融于故事情节中，与观众情感共鸣，因而能够进入观众的眼球、融入观众的心里，这种传播效果是任何一种广告都达不到的。

每个成功的微电影背后都有一个坚定的广告主。目前，微电影已经成为企业的营销标配，越来越多的企业都在尝试微电影营销，这将改变广告主的一些投放价值取向。也许在未来的某一天，我们打开电视机不再是铺天盖地的直白广告，而是微电影与广告相融合的新型广告。

14.2.5 大数据二维码营销

二维码微营销是指以二维码为纽带，融合移动互联网、自动识别技术，精准投放优惠券，引导消费者扫描二维码，来推广相关的产品资讯、商家推广活动，刺激消费者购买行为的新型营销方式。

二维码微营销作为一个简单承载信息以供查询或者识别的营销工具，俨然已成为一种创新的营销方式。其主要具有以下十大优势，如图 14-14 所示。

图 14-14　二维码营销的十大优势

1. 信息量大，编码广

二维码是一个多行、连续性、可变长、包含大量数据的符号标识。其中，每个条形码有 3~90 行，每一行有一个起始部分、数据部分、终止部分。小小的图形中可以容纳 1850 个大写字母或 2710 个数字或 1108 个字节，或 500 多个汉字。

另外二维码不但可以储存文字、数字、签名等数据信息，还可以把图片、声音、指纹等数字化的信息进行编码，用条码表示出来，还可以将简短的视频作为条码储存起来，达到可以读取识别的作用。二维码编码范围之广是其他任何一种条码所不能够达到的。

2. 译码准确率高

在二维码中的三个"角"上有三个方块，如图 14-15 所示，它叫位置探测图形，有了这三个点，不管是从哪个方向读取二维码，即使将二维码图形旋转，也可以识别。因为三点就可以确定一个平面，而节省出的那一个角是为了嵌入更多信息。

普通条码的译码错误率约为百万分之二，而二维码条码的误码率不超过千万分之一，译码准确率极高。

图 14-15 二维码

3. 成本低

二维码制作不需要任何的制作材料、制作工具，成本几乎为零，用户可直接在手机上制作保存。例如智能手机的手机 QQ 就可以将自己的 QQ 号制作成二维码，如图 14-16 所示。

随着社会的发展、科技水平的提高，移动互联产品越来越受到企业的喜爱，成本低廉、用途广泛的二维码的兴起为企业带来了很多方便。

图 14-16　手机 QQ 二维码

4. 易识别

通常情况下，要读取普通二维码中的信息，需要先在智能手机上安装识别二维码的应用软件，常见的有微信、我查查等，如图 14-17 所示。

图 14-17　微信扫一扫

二维码的易识别还体现在其广泛使用，只要手机一扫，用户就能进入网站，或者获取文字、图片等信息，为我们的生活省去了很多麻烦。

5. 可链接网络

二维码可以链接网络，让扫描二维码后的用户，直接进入厂商提供给用户的网站，为移动网站带来更多流量。各种营销活动都可以通过二维码的链接功能来实现。

6. 容错能力强

即使二维码的损毁面积高达 30%，其中的信息仍然可以读取，这要归功于二维码强大的容错能力。其原理是二维码在编码过程中进行了备份，就像是 abc 被编码成 abcabc，这样只要扫描到一部分二维码图片，二维码中的内容还是可以被全部读取的。所以这就是为什么用户在扫描二维码的时候，只是对着图形的一部分进行了扫描，就可以成功获取全部信息的原因。

7. 可加密

二维码本身并不具有保密功能，二维码加密功能的运用，需要在二维码内引入加密措施，才能更好地保护译码内容不被他人获得。

8. 尺寸可变

二维码的扫描原理是用某种特定的几何图形，按一定规律在平面上分布的黑白相间的图形记录数据符号信息。通过图形上面的黑白点来代表 0 和 1，实现信息的记录。对一张二维码图像来说，其横向和纵向的总黑白点数是固定的，其等比例放大或缩小都不会影响其所存储的信息的完整性。

9. 应用领域广

由于二维码具有携带信息量大、信息类型广泛的特点，它可以给任何一种产品进行业务介绍，不受传播形式的限制。

另一方面，由于二维码可印刷在产品包装、产品宣传页、户外广告、宣传海报等任何介质上，这为手机用户获取信息提供了多种途径，同时也为产品提供了更广的营销渠道。

10. 精准定位客户

通过二维码，广告主可以跟踪和分析每一个媒体、每一个访问者的访问方式以及访问总量等。并且通过扫码者参与活动，用户可能会主动留下手机号码等信息，从而对选择最优媒体、最优广告位、最优投放时段提供精确参考。

二维码有着这么多的优点，那么它的营销渠道究竟又有哪些呢？为此，笔者通过对现在市场上的二维码微营销的观察，整理出了以下四大营销渠道，如图 14-18 所示。

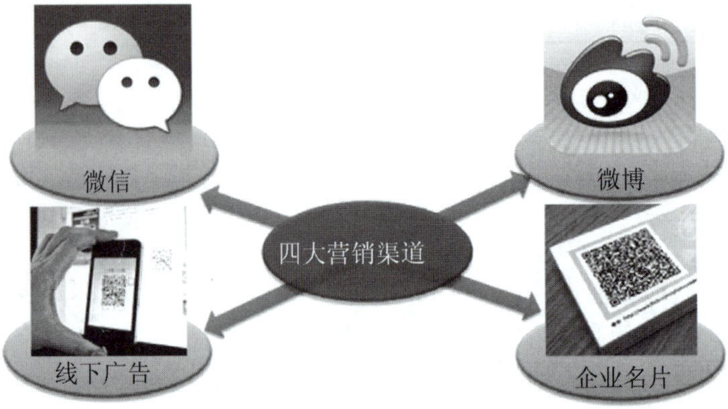

图 14-18　二维码微营销渠道

微信和微博两种渠道就不多解释了，主要来看一下线下广告和企业名片两种营销渠道。

(1)　线下广告。

企业可以在一些户外广告或者线下宣传礼品的包装袋上加印二维码。当客户在看到广告的时候，即可顺便扫描下二维码，再结合相应的“诱因”(如免费会员卡等)，即可比较简单地获得消费者。

(2)　企业名片。

如今，智能手机与二维码成为名片的得力助手，名片上加二维码，扫一扫即可很轻松地看到企业宣传或者营销活动，如图 14-19 所示。同时，带有二维码的名片，不仅可以让收到名片的人记住名字，还可以让对方体验营销活动。

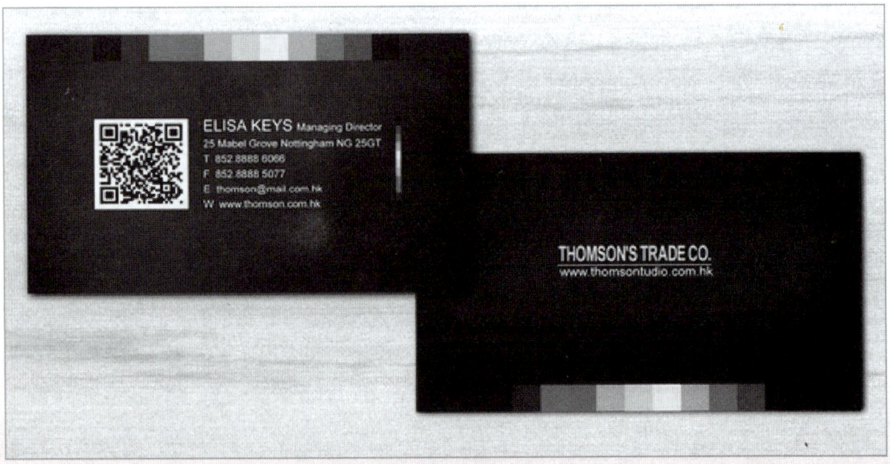

图 14-19　二维码名片

14.3 移动互联网微营销案例

大数据时代的移动互联网微营销看起来不是那么成熟，但已经有很多广为人知的成功案例。在本小节中，笔者结合现实中的大数据微营销成功案例，深层剖析大数据微营销，让大家在案例中理解大数据微营销。

14.3.1 布丁酒店——微信客户端订房

2012 年 11 月 12 日，布丁酒店微信客户端订房功能正式上线，同时也是首家与微信平台直连的生活服务类商家。布丁酒店通过与腾讯官方密切合作，已把一个改变酒店营销模式的产品呈现出来。其微信客户端实现了个性化的菜单定制，在微信底部的对话栏中提供“酒店预订”和“布丁社区”两大类别，每个类别又有 5 个选项，可根据自己的需要进行选择，如图 14-20 所示。

图 14-20　布丁酒店微信客户端

在所有入住成功的订单中，新用户占 61%。

如今，只需要通过扫描二维码或搜索“布丁酒店”公众账号，点击“关注”按钮，便可成为布丁酒店微生活会员，除到店领取惊喜奖品外，还可随时享受会员礼遇。比如订房可享受 9.2 折，等，原有的布丁酒店账号瞬间变身成为一个 App。

而微信订房也为布丁提供了庞大的数据资源。布丁酒店截至 2013 年 5 月 10 日的微信运营数据显示：

(1) 布丁酒店微信用户近 55 万；

(2) 微信带来新会员占比 60.56%，日均订单 264 个；

(3) 微信用户订房高峰时间段为 14:00—16:00；

(4) 67%的女性单人入住了大床房；

(5) 微信用户大学生占 61.5%。

有了这样的数据之后，布丁酒店就可以进行精准推荐，根据不同时间段、不同用户提供不同策略的营销服务。

·专 家 提 醒

布丁酒店的这种微信营销方式在现在看来已不是什么新鲜事。但不得不承认布丁酒店很有先见之明，利用微信作为载体，将企业客户端附在微信载体之上，从而获得较大的用户资源，再通过大数据分析，为用户提供精准化服务，将微信、用户资源、数据三者合为一体，形成了新的营销模式，为企业带来了更大的商业价值。

14.3.2 伊利舒化——世界杯微博营销

在消费者消费联想中，牛奶多是营养、健康的，而与“活力”关联不直接，所以需要一个机会，让营养舒化奶和活力有机关联起来，打造更广阔的营销路线。

在 2014 年巴西世界杯期间，新浪世界杯微博报道代言人“活力宝贝”就找到了一个契合点：因为世界杯是最考验中国球迷活力的世界杯，所有的比赛基本都是在后半夜，而这个时候人最疲劳、最困，需要活力才能坚持看完比赛。

所以，世界杯期间，伊利营养舒化奶与新浪微博深度合作。在“我的世界杯”模块中，网友可以通过披上自己喜欢的球队的国旗来表示对该球队的支持，并结合伊利舒化产品特点，与世界杯足球赛流行元素相结合，借此打响品牌知名度，让球迷产生记忆度，如图 14-21 所示。

图 14-21　舒化奶与微博打造“我的世界杯”

在新浪微博的世界杯专区，有 200 万人披上了世界杯球队的国旗，为球队助威，相关的博文突破了 3226 万条。同时，通过对微博粉丝的比较，选出粉丝数量最多的网友，成为球迷领袖。伊利舒化的“活力宝贝”作为新浪世界杯微博报道的形象代言人，将体育营销上升到了一个新的高度，为观众带来了精神上的振奋，与观众产生共鸣，使广告也成为一种享受。

·专 家 提 醒

本次微博营销活动让球迷活力与营养舒化奶有机联系在一起，让关注世界杯的人都关注到营养舒化奶。但是如果企业、品牌不能和观众产生情感共鸣的话，即使在比赛场地的草地上铺满了企业的 LOGO，也不能带来任何营销效果。

随着广告主营销需求的转变，常规的品牌曝光显然已经不能满足企业营销的期待。所以在本案例中，伊利集团通过分析自己产品与世界杯的不同接触点，将广告语微博营销合二为一，寻找它们与世界杯的最佳契合点，为产品带来了不一样的营销效果。

14.3.3 星巴克——早起的鸟儿有咖啡喝

“星巴克闹钟”集成于星巴克 App 中，许多人会认为，不就是闹钟吗？当然，功能不止如此。当 App 中的闹钟响起时，只要你起床按掉闹钟，你就会得到 1 颗星；如果你在按掉闹钟后 1 小时内到任何一家星巴克验证，即可享受到优惠。千万不要小看这款 App，它让你从睁开眼睛的那刻起便与这个品牌联系在了一起。此款 App 创意或许是 2012 年最成功，也是影响力最大的创意 App 之一，如图 14-22 所示。

图 14-22 星巴克闹钟

“星巴克闹钟”是一个成功的案例，它以用户为主角，以解决用户需求为目标，让商业诉求扮演配角，把人们的需求与自己的品牌紧密联系在一起，再配上高科技的软件，又用利益做诱饵，难免会让用户有些冲动。

·专家提醒

在本案例中，我们看到了星巴克的高明之举，不仅服务了用户，也增强了营销效果。在智能化的今天，我们的营销、促销方式确实应该有新的思路。当企业把信用和品牌捆绑在一起时，顺便也要思考一下我们该奖励什么、倡导什么。

14.3.4　海底捞——体验多功能点餐

四川海底捞餐饮股份有限公司(简称，海底捞)成立于 1994 年，是一家以经营川味火锅为主、融汇各地火锅特色为一体的大型跨省直营餐饮品牌火锅店。始终秉承“服务至上、顾客至上”的理念，以创新为核心提倡个性化的特色服务，将用心服务作为基本经营理念，致力于为顾客提供“贴心、温心、舒心”的服务。

海底捞为用户提供 App 消费体验，用户可以在线查询门店位置、提前预订座位，选好菜单等多项服务，并能即时同步到 SNS 社交网站，分享心情和感受。而这一切只需要在手机上下载一个海底捞 App，并进行注册和登录即可，如图 14-23 所示。

图 14-23　海底捞 App

在海底捞自建的 App 软件上，主要涉及“订餐”与“外卖送餐上门”两项主营业务。点击订餐门店一栏，就能在所在城市选取门店地址。完成用户姓名、联系方式、用餐人数、用餐时间等选项栏注册后系统会跳转至点菜环节。

软件将主食、锅底、特色菜、酒水各系列下的菜名、价格等一一陈列，在“我的菜篮”选项中提交汇总。而门店、地址、公交线路、联系人等点餐具体信息，将被再次确认，整个订餐过程大约 40 秒。最后，订餐实体门店通过电话回访，完成最终下单。目前店内有三分之一的固定餐位留给手机订单，预订时间还可顺延一周左右。

除了餐饮企业自建的“点菜 App”之外，专注于点菜的第三方点菜 App 正抢占吃货们的手机内存。哗啦啦点菜、淘宝点点等手机点菜 App 均在今年投放手机 App 市场。App 增添了诸如自动定位用户所在地附近的餐馆，还能根据餐厅菜谱生成荤素搭配的订单等功能。

此外，海底捞 App 还拥有一套社交体系，用户可以从“广场”上的朋友分享的信息中得到更多关于美食的信息；从“Hi 活动”中可以了解海底捞的一些优惠活动，如图 14-24 所示。

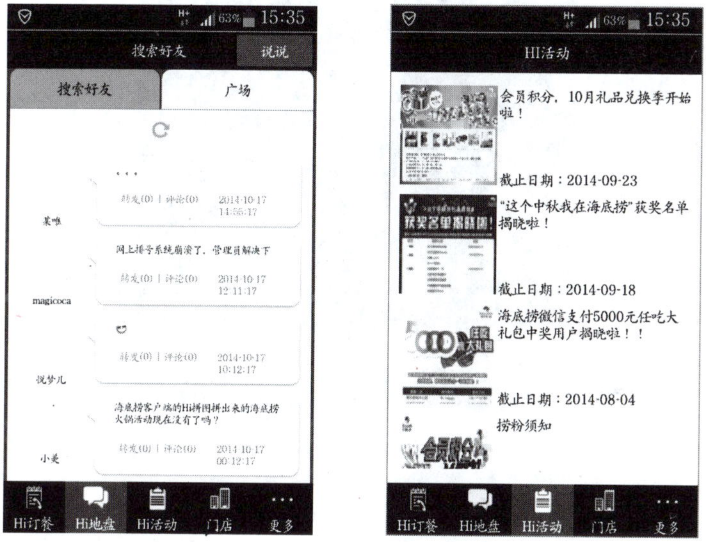

图 14-24　投票海底捞优惠活动

专家提醒

在本案例中，海底捞拥有相对完整的 App 点餐系统，用户通过利用此平台可完成美食消费的大部分环节。此外，由于其初步融合了社交功能，也为用户提供了更为丰富的 App 线上体验。

14.3.5　《莫陌》——旨为陌陌代言

电影《莫陌》由南京大世堂影视传媒有限公司出品，如图 14-25 所示，讲述的是女主角韩陌陌通过手机应用软件交到了大自己 20 岁的男友，后来几经周折竟发现这位“男友”居然是自己闺蜜的父亲，更是自己母亲的老情人，这样一段如此荒唐的经历。

抛开电影的情节暂且不论，单从电影的名字就不难看出，这是手机社交软件“陌陌”的微电影营销手段。从传播角度来讲这部微电影拍得算是成功的。首先话题微妙，暗示性强，故事描述的是一种社会现实，大家都很感兴趣。

另外，从社交软件的角度来看，电影情节和故事是匹配的、相关联的，定位也比较精准。社交软件层出不穷，还在人们视线之内的所剩无几。从结果来看，陌陌这个社交工具相对成功，《莫陌 1》和《莫陌 2》是有功劳的。

图 14-25 《莫陌》海报

•专家提醒

在本案例中，我们看到了一种新型的、有创意的营销手段。从效果上来看，这种营销手段还是没有脱离“吸引用户眼球”的原则。其实运用微电影进行微营销的案例数不胜数，例如聚美优品的《为自己代言 2》、哈根达斯月饼冰激凌的《因情圆缺 2》等。

14.3.6 支付宝——用二维码购物

2012 年 8 月 23 日，百货连锁品牌上品折扣宣布与阿里巴巴旗下第三方支付平台支付宝达成战略合作，成为传统零售领域首家与支付宝合作的企业，二者将共同开发电子支付在零售行业的创新应用。

上品折扣的每件商品都匹配了一个二维码，消费者可以通过手机支付宝拍摄商品二维码的方式在商场购物，如图 14-26 所示。当进入交易方式页面的时候，选择“支付宝扫码支付”即可打开商品的二维码页面。再用手机支付宝进行扫码即可支付成功，而整个过程大概只有 30 秒。

电子商务的到来让传统零售行业正面临前所未有的机遇和挑战，变革势在必行。而 O2O 将成为未来零售领域的主要方向。此次合作让二维码等支付技术有更广阔的应用场景舞台，有助于进一步推动中国支付技术创新发展。

此次上品折扣与支付宝的合作，实现了用户在商城 “一拍即付”。这是线下零售商场首次实现二维码 O2O 购物服务。以后，双方还将在近场支付达成合作，包括条码支付、利用支付宝绑定手机号或银行卡号进行支付的超级收款。

二维码、增强实现、NFC 移动支付被认为是改变未来购物的三大技术。其中由于二维码成本低、信息载量丰富、发布方便等优势被广泛应用。

图 14-26 用支付宝扫二维码支付

从本案例中可以看出，上品折扣通过与支付宝的合作与创新，节省了用户网购的环节，方便了用户支付。此次与上品折扣的合作并非支付宝在淘宝平台之外做的首次二维码支付应用，他们最早还与“免费午餐”推出过公益捐赠应用。此外，他们还与分众传媒合作，将聚划算的商品购买二维码显示在其展示的广告中。

第 15 章

大数据在其他行业中的应用

学前提示

目前世界上所有的行业，尤其对于新型产业基本上都有大数据技术的应用。本章我们重点补充一下，大数据在一些重要行业中的应用。

要点展示

- 大数据在旅游行业中的应用
- 大数据在医疗销售行业中的应用
- 大数据在游戏行业中的应用
- 大数据在音乐行业中的应用
- 大数据在房地产行业中的应用

15.1 大数据在旅游行业中的应用

近些年，随着国内旅游市场的蓬勃发展，旅游营销也成了热议话题。而在大数据时代，旅游行业又将掀起一股新的浪潮。旅游行业利用大数据技术将为景区带来更多的商业价值，同时又能更好地服务游客，节省景区的人力、物力和财力。

15.1.1 大数据对旅游行业的影响

信息化、数据化的时代，大数据对旅游行业的影响是全方位的。随着大数据的应用热潮，国内旅游行业也开始重视大数据的应用。旅游企业、旅游研究机构、旅游管理部门，已有不少人已经开始关注、研究和应用大数据。

目前，如何有效地利用大数据进行有效的商业智能挖掘，已经成为旅游行业考虑的首要问题。一批以大数据为标签的旅游企业创立，例如旅行计划网站、社交旅游网站、酒店整合搜索引擎、酒店声誉管理公司、有关餐厅质量检验的数据收集平台、个性化酒店预订提供商等。而随着大数据对旅游行业影响的不断加深，逐渐形成了旅游行业的新发展，如图 15-1 所示。

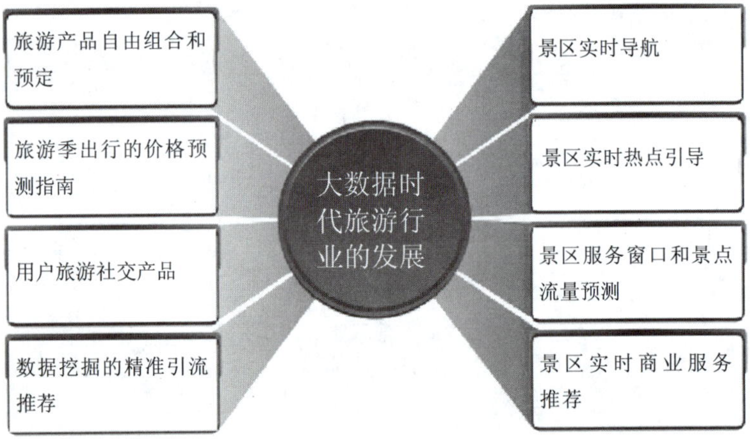

图 15-1 大数据时代旅游行业的发展

1. 旅游产品自由组合和预定

由于旅游属于异地消费，游客对景区的消费情况并不是很了解，很容易造成盲目消费。而大数据时代的旅游行业能够帮助游客做好旅游攻略，根据自己的实际需要进行消费。对旅游产品进行自由组合和预定，减少了盲目消费带来的消费风险和没必要的劳动付出。

2. 旅游季出行的价格预测指南

以往外出旅游被宰是家常便饭，以外出吃饭为例，笔者国庆时在一个景区的饭店用餐，菜单上菜价很便宜，和景区外的价格基本差不多。然而等到最后结账的时候发现价格多了 40 多元，一问才知道，一碗米饭的价格高到 8 元。在所有人看来，饭店的米饭应该是免费的或者最多也就是 1 块钱一碗，但是谁也没有想到价格会这么高。

类似的消费陷阱数不胜数。要想在一定程度上降低“中招”的概率，那就要对景区的消费情况做出预测，而大数据能在很大程度上帮助游客做出正确的价格预测。最直接的就是现在智能手机的 App。例如，吃饭用大众点评，就可以搜索到全国各地美食信息以及人气最高的美食和各种欢乐的团购券；出行用百度地图，可以规划你的路线并进行导航。

3. 用户旅游社交产品

人生还有另外一种快乐莫过于分享了。在旅途中抑或是旅游后将旅途的快乐分享出来，而大数据在旅游行业的应用也催生了旅游社交软件。

例如一款名叫“约游”的旅游社交软件，用户可将自己在旅途的见闻以图片或文字的形式上传到旅行秀，百万约游用户将在约游上观赏到高保真的旅行照片，仿佛身临其境；在没有旅游的闲暇时光，约游又成了一个专业旅游交流平台，精准的 GPS 定位可以让你找到附近用户和周围的景区，如图 15-2 所示。

图 15-2 约游 App 界面

4. 数据挖掘的精准引流推荐

大数据在旅游行业依然没有脱离精准推荐。景区工作人员可以根据每年前来旅游的游客数据进行分析，了解某一类的游客的消费方式与消费习惯。通过引流的方式将游客推荐至其喜欢的消费领域去，从而避免了人多消费混乱的现象。这样既方便了游客，同时也可以缓解景区的拥挤。

5. 景区实时导航

随着国内旅游行业的发展，尤其是像国庆这样的小长假，各个景区游客暴增，给游客带来的除了拥挤还是拥挤，所以景区实时导航功能就显得更为重要。

与传统的路牌不同，实时导航更多体现的是智能化、数据化，例如，景区开通导航热线，游客拨打电话可以了解到此时景区内的情况或路线；景区开发 App，游客下载该软件可以实时对景区更直观更全面地了解。

当然类似于这类的实时导航还有许多，但无论哪种导航都要建立在一定的数据分析之上。景区工作人员随时收集景区内游客的数据信息，经过分析，将最真实有用的数据信息传递给游客。

6. 景区实时热点引导

景区要实时对游客进行引导，让游客体验景区内最具特色或此时最有趣的项目活动，从而改善用户体验。

7. 景区服务窗口和景点流量预测

每年不同的时间段游客的数量是不同的，例如夏天的海滩游客数量远远多于冬天的游客数量。此时景区要做的就是根据时间以及以往的这一时刻的客流量做出合理的预测，并合理增派工作人员和服务窗口。

8. 景区实时商业服务推荐

某一类景区、不同的时间段往往适合与某一类商品挂钩。例如海滩周围的商店就会卖一些太阳帽、遮阳伞、塑料铲等，到了接近中午的时候，餐馆服务员就会到景区门口吆喝，所以景区内的商业服务要根据景区的特点、时间，实时变化，并进行合理的推荐。

15.1.2 黄山——大数据引导游客分流

2014 年国庆黄金周的前三天，安徽黄山风景区共接待游客 89 763 人，其中，日接待量最高的 10 月 3 日为 42 635 人。在这三天里，日客流量预测误差均在 4%左右，客流调控自如，旅游秩序平稳。

黄山风景区建成了 LED 显示屏、区域广播等信息发布系统，在高峰时段及时发布客流信息，有效引导游客分流，均衡客流分布，如图 15-3 所示。同时，在各售票窗口旁新建了自动售票系统，减少了游客排队购票的时间，二维码旅游综合服务系统也有效提高了游客游览体验。

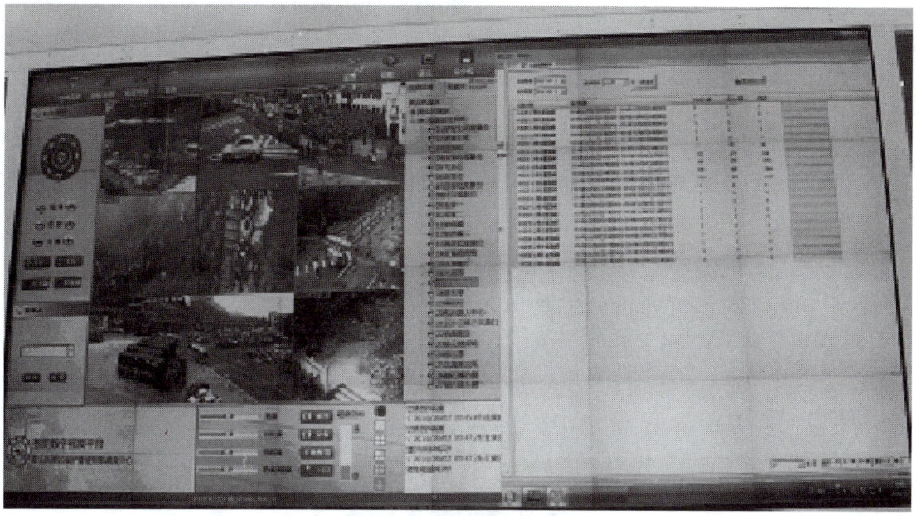

图 15-3 黄山风景区 LED 显示屏

同时为加强旅游高峰调控管理，黄山风景区建成了信息获取、数据分析和信息发布一体的指挥调度体系，该系统的主要作用如下。

(1) 电子门禁系统可实时获取进入景区的游客数量、游客进山方向，以及乘坐索道和步行登山游客数量。

(2) 智能视频监控系统可获知景区的瞬时容量。

(3) 车牌识别系统可获得进出景区的车辆数量和车型以及车辆客源地等信息，实时掌握瞬时车辆容量。

(4) “欢迎”短信息系统，可通过游客携带的移动终端实时获知进入景区游客数量。

专家提醒

在本案例中，安徽黄山风景区运用大数据技术对游客进行有效的分流，缓解了景区内拥挤的现象，让游客在游览时更舒心、更安全，同时也为景区内掌握最新的用户数据提供了方便。而商家也可以根据这些实时的数据进行精准的营销，获得更大的商业价值。

15.2 大数据在医疗销售行业中的应用

在大数据时代，从简单的数据收集到数据的挖掘与应用，都发生了很大的变化。医疗服务如何充分运用各种有用的数据，建立高效快捷的服务平台，成了大数据在医疗销售行业的首要问题。

15.2.1 大数据对于医疗的价值

医疗行业每天要面对无数个病人，而且每一个病人在医院都会有一定量的数据档案。这些数据满足了大数据的基本特征，如数据量大、数据类型复杂。这样就形成了医院内部庞大的数据库，如果加以合理的利用，就能为医疗行业带来巨大的商业价值。大数据在医疗销售行业价值的具体表现，如图 15-4 所示。

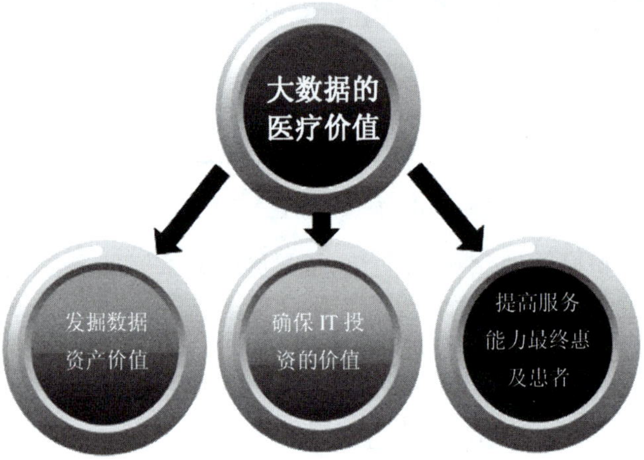

图 15-4 大数据的医疗价值

1. 发掘数据资产价值

医院虽然拥有庞大的数据，但是躺在那里睡觉的数据是没有任何价值的，只有盘活这些数据，才能体现出数据资产的价值。

2. 确保 IT 投资的价值

针对结构化数据的存取，一定要“快”，提高效率。

3. 提高服务能力最终惠及患者

例如，电子化让传统的阅片流程得以优化，可以帮助患者降低平均住院日，缓解医疗资源紧张的局面。

随着大数据在医疗行业的不断利用，大数据将会给信息化注入活力，并推动业务创新，最终帮助企业找到新的增长点；而错过大数据的发展机会，不但无法保证信息化建设的深入开展，也最终使企业丧失竞争优势。

由于大数据时代的来临，国家会逐渐加大对电子病历的投入，各级医院也将加大在数据中心，IT 外包等领域的投入。而随着医疗信息数据呈几何倍数的增长，医院信息存储将越来越受到重视。预计到 2017 年，全球移动医疗市场价值将达 200 多亿美元。面对广阔市场前景，大数据技术关键要链接医院、医生和病人，通过移动医疗让病人真正获益，医生收集数据后能有效改善医疗服务质量，只有做到这些，移动医疗才算两全其美。

15.2.2 湘雅医院——临床大数据建设

在大数据时代，数据已渗透到当今每一个行业和生活领域，成为重要的生产因素。人们对于海量数据的挖掘和运用，预示着新一波生产率提升和消费浪潮的到来。

在长沙，市民打开手机或电脑，就可以查询到相关历史测量数据，并能方便快捷地获得医疗信息服务，这就是湘雅临床大数据建设项目。

中南大学所属的湘雅医院、湘雅二医院、湘雅三医院、湘雅口腔医院和湘雅医学院肿瘤医院每年的门急诊量共 600 多万人次，总病床数 1.1 万张，每年大中型手术超过 15 万次。由于有着庞大的医疗体量，所以产生的医疗数据也非常庞大，因此医院信息化建设，特别是临床大数据系统的建设意义重大。

为引领“大数据”信息化科学时代到来后医学事业的重大变革，中南大学鼓励该校广大临床医务工作者充分收集和利用好该校各附属医院的临床资源，促进临床科研、转化医学研究，进而带动基础医学发展，将有助于产生更多有价值的成果。

为此，中南大学将分 5 年连续投入 1 亿元人民币，资助该校所有临床专科建设其大数据系统。通过开展数据采集，以建立起从病人踏入医院门槛开始的一整套网络化电子病历系统。

该项目建设内容包括了患者基本信息和病例信息两部分。

1. 基本信息

(1) 患者年龄、民族、职业、工作等基本信息。

(2) 婚姻、家庭健康及疾病情况。

(3) 生活、卫生情况、不良嗜好等信息。

2. 病例信息

(1) 患者的主要发病症状、发病时间等信息。

(2) 疾病发生、发展及变化过程和诊疗信息。

(3) 疾病诊断、个性化内科治疗和手术治疗等。

(4) 治疗效果和药物反应等情况，疾病发展或痊愈情况，患者随访跟踪情况。

(5) 患者生物标本储存及相关信息等。

未来，中南大学还将建立国际先进和国内领先的医疗相关数据运营模式，促进智慧医疗、个体化医疗、医院精细化管理、临床科研、转化医学和基础医学的发展。该项目可以为卫生行政部门提供决策依据。

·专家提醒

在本案例中，临床大数据系统的建立对诊疗模式变革具有重大的意义。临床大数据系统不仅有助于医生提高诊疗和科研水平，对病人了解自身详细病史也极为有利，必将对病因诊断、用药、手术、愈后等均产生积极而深刻的影响。同时也为国内大数据在临床医学领域大范围的探索和应用，带了一个良好的开端。

15.3 大数据在游戏行业中的应用

在互联网时代，游戏行业可以说是造富能力最强的行业之一，从网游到手游，越来越多的企业开始投入其中，都想分得一块属于自己的蛋糕。随着大数据时代的到来，数据因子也正一步步影响着游戏行业的运营，使其直面新的机遇和挑战。

15.3.1 大数据指导游戏行业发展

近几年，随着大数据的应用领域逐渐从天文、地理、军事、生物等“专业界”拓展到了搜索、购物、游戏等“娱乐界”，各大游戏公司也开始迫不及待地炒作大数据概念。在这样的大趋势下，国内游戏行业也开始挖掘海量数据，把它们作为游戏行业的一个风向标，帮助企业解决决策和选择等问题。

在游戏行业中，有三种数据最为重要。

(1) **游戏本身的数据。**包括运营、广告的数据，这其实都是游戏本身的数据。

(2) **跨产品的数据。**平台的数据跟单一产品的数据会有不一样的地方。

(3) **外部的数据。**除了要去研究自己的产品之外，更重要的是外部公司竞品的变化，行业的变化。

除此以外大数据还可以预测游戏产品的发展趋势。通过百度指数可以分析出市场热度，代表用户的关注度；而网吧的点击量可以分析出游戏公司想要针对的用户群体，对其游戏前期的关注度。

例如，腾讯就分析了大量的游戏，每一个游戏上线之前百度指数、资源的转化率、网吧的点击率都有比较明显的线性关系。通过百度指数，把网吧里面的点击率与实际的资源转换率相结合，可以比较好地预测总体发展趋势。

大数据可以做好精准营销。做精准营销第一步是了解用户并将其分类。第二步是分完类通过技术把不同的内容推送到不同的用户群体当中。

如果从男女的用户比例分析，女生的手游品类比男生多，而游戏用户也比男生多，比例约为6∶4。但女生比较倾心于休闲类手游，类似于《刀塔传奇》，而大型爆款游戏则以男生为主流用户。

而精准推荐就是建立在用户数据分析的基础上，根据地域、用户属性进行有目的的推荐，商业营销是这样，游戏营销也是如此。

15.3.2 EA——用大数据改进游戏体验

EA(美国艺电)公司是全球著名的互动娱乐软件公司，主要经营各种电子游戏的开发、出版以及销售业务。美国艺电创建于1982年，总部位于美国加利福尼亚州红木城，如图15-5所示。EA较为知名的游戏产品有《极品飞车》系列、《模拟城市》系列、《模拟人生》系列、《FIFA》系列、《质量效应》、《荣誉勋章》等。

图15-5 EA公司总部

EA游戏在全球范围内拥有超过20亿的视频游戏玩家。每天，该公司都会产生大约50TB字节的数据。仅在美国市场，游戏行业就能创造200亿美元的年收入，这其中有大约20亿美元的营收来自社交游戏。与此同时，EA正在充分利用大数据技术，通过推动玩家的广泛参与，赚取更多的广告收入，进而优化游戏体验。

1. EA用大数据技术促进游戏的推广

用户在游戏过程中所创造的海量数据都会成为游戏厂商的有效资源，**游戏开发者可以利用这些数据，将运营模式从群体聚焦到个体，**在用户兴趣点最高的时候向其展示相关的游戏，从而促进游戏的推广。通过分析用户关注和下载的游戏内容，大数据能够帮助厂商了解更多的用户需求，进行精准的定位推送。

例如，当玩家们在玩一款游戏时，都会创建大量不同格式的数据信息，包括玩家之间是如何相互配合的、他们玩多久、与谁在什么时间玩了游戏、玩家在虚拟产品上的花费如何，游戏过程在与谁聊天等。

这些有针对性的游戏产品数据可以提供较高的转化率。就像电子商务的精准推荐一样，这一方法同样可以用在游戏环境的虚拟产品购买环节。**根据游戏玩家的等级，向其推荐具有某些功能的虚拟道具，从而带来销售或交叉销售比率的增加以及其他额外收入。**

2. EA 用大数据技术优化游戏性能，改善玩家体验

游戏的数据库要根据在线玩家数量的急剧增加而进行优化，因此游戏公司具备足够的服务器带宽能力是非常重要的。而利用大数据分析，游戏公司就可以预测峰值，根据预测的峰值需求配备相关规模的服务器带宽能力，从而提升游戏性能，为玩家带来更好的游戏体验，从而吸引更多的用户，促进游戏的持久化运营。

•专家提醒

在本案例中，我们看到游戏行业运用大数据技术，实现了与其他行业效果一样的营销功能。不得不承认，大数据作为游戏行业风向标的作用是不可小觑的。大数据时代趋势不可逆转，数据信息成为这个时代一个绝佳资源，只有掌握了这项资源，才能把握发展方向。

15.4 大数据在音乐行业中的应用

一般，提到“大数据”的人都涉及跟踪公司重要用户数据。对于这些公司来说，跟踪数据片段是开发和保留用户的一个非常有效的策略。尤其对于音乐行业来说，具有不同的含义和用途。

15.4.1 用大数据分析音乐业务

音乐业务对于运营商而言，是一个比较重要的增值业务，一年能够贡献上亿或几十亿的收入。因此，对音乐业务的深度挖掘与分析显得更为重要。

有人不禁会问：音乐能带来哪些业务？在我们日常的生活中，音乐带来的商业价值大概可分为 4 类：演唱会门票、彩铃业务、歌曲下载和音乐软件。

1. 演唱会门票

卖演唱会的门票就像卖产品一样，要有一定的预测。目前各大音乐网站上都会对歌曲进行排名，通常排名的高低决定了歌手的受欢迎的程度。什么样的歌手组合更能

吸引观众这是主办方要考虑的，因为观众的多少将决定场地的大小、工作人员的规模和最终的收益。当然，这一切都源于大数据的预测。

2. 彩铃业务

彩铃业务是手机的一项增值业务，许多人可能现在还开通着这项业务。对于音乐人来说，使用这一首歌作为彩铃的用户越多，彩铃的制作人越赚钱。所以彩铃的制作人要因人而异，可以通过大数据分析彩铃用户的年龄段、工作、爱好等信息，针对最大的用户群制做出用户最喜欢的歌曲，从而为通信公司和彩铃制作人带来更大的利润。

3. 歌曲下载

许多人可能不太理解，靠用户下载歌曲如何赚钱？在我们生活中，网上下载歌曲是免费的，其主要原因是这些网站的歌曲效果不够好或者太常见。而收费歌曲通常是高音质、经典的歌曲，例如虾米网，如图 15-6 所示。

举个最简单的例子，某一歌手发行了一张专辑，这张专辑里所有的歌曲都是从录音棚里刻到光盘内的，是原版的、最纯真的歌曲；而我们在网上听到这张专辑时大部分是被压缩或进行第二次处理之后的歌曲。

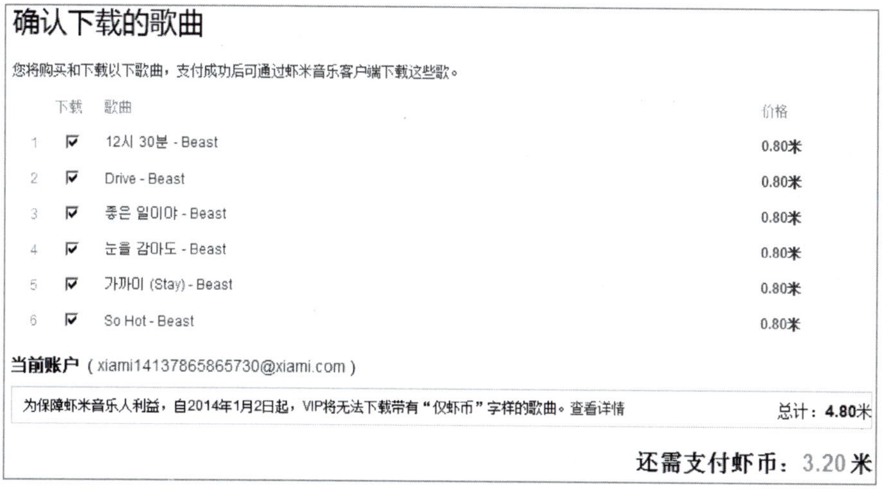

图 15-6　虾米网音乐下载页面

对于网站来说，歌曲收费使网站运营存在一定的危险性，例如虾米网的音乐是收费的，而酷狗是免费的。显然虾米网的知名度远不如酷狗，这样在大数据的“体量大”这一关就很难通过。所以对于收费的音乐网站，要利用好手中的数据，分析用户爱听什么，将用户所好与高音质相结合，这才是收费音乐网站发展的必要条件。

4. 音乐软件

目前互联网音乐软件种类繁多，每个软件获利方式也不同。就像上面讲到的虾米网，通过收取用户下载歌曲的费用来为网站创造收益，那么网站的广告收益将远不及免费网站。而免费的音乐网站就可以通过客户端获取商家的广告费。例如酷狗是免费的，但是酷狗的界面上的广告同样显眼，如图 15-7 所示。

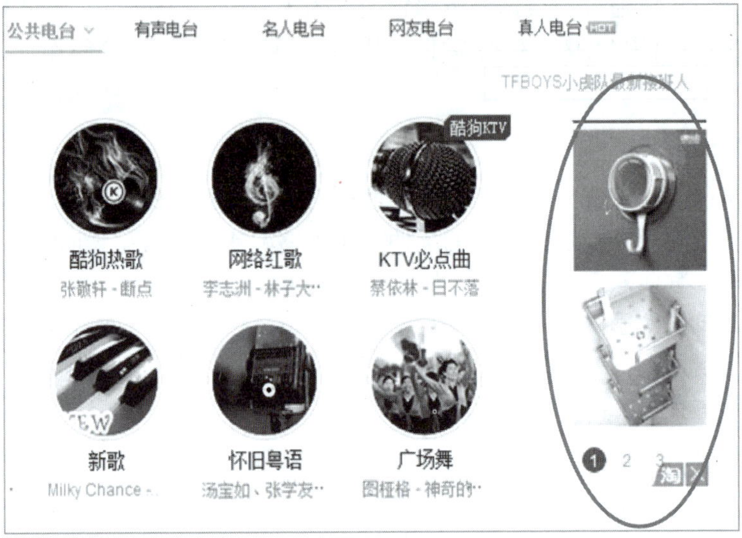

图 15-7　酷狗音乐客户端的广告

也正是因为酷狗是免费的，酷狗的用户才会多，广告效应也很好，所以酷狗就成了一个商家对用户进行精准推荐的平台。图中的广告产品为“强力吸盘”，而且是笔者刚刚在淘宝搜索过的“吸盘”。所以，酷狗主要赚的就是商家的广告费。

15.4.2　QQ 音乐——用大数据发现音乐

许多用过 QQ 音乐的用户可能知道也用过“发现”频道。QQ 音乐 2013 贺岁版以后的版本对各个板块内容和布局都重新进行了整合和规置，板块位置更合理也更便于查找。同时，新增了“发现”频道，根据用户以往的听歌行为进行深刻的数据挖掘和计算，帮助用户发现自己喜欢的音乐，如图 15-8 所示。

目前，主流音乐类应用普遍为用户提供的是分类音乐，以便用户根据自身喜好做出选择。这看似智能且人性化，但用户仍需通过层层筛选，才能从这些音乐类目中挑选出心仪的歌曲，既耗时费力，也难以避免一些重复的歌曲。

QQ 音乐意识到传统的音乐推送显得有些生硬无力，并开始了对满足用户个性化定制需求的不断探索。与以往的“猜你喜欢”功能不同，这是个集歌曲、主题音乐、专辑等多元素于一体的综合页面。“发现”频道是通过内置的算法对腾讯多年来积累的用户数据，进行深度挖掘，并以此作为向用户进行音乐推荐的依据，其精准度也更高。

图 15-8 QQ 音乐客户端新界面

·专家提醒

在本案例中，QQ 音乐的创新功能预示着音乐客户端逐渐进入大数据时代，同时使用大数据了解与洞察用户也正逐渐进入了一个全新的阶段。QQ 音乐的这一探索或将成为众多在线音乐平台效仿的典范。

15.5 大数据在房地产行业中的应用

随着中国城市化进程的加快，房地产行业的发展也越来越快，在这种趋势下，房地产行业也积累了大量的数据信息，这些数据信息同样也为房地产行业的销售、发展提供了重要的帮助，所以房地产行业也已经渐渐走进大数据时代。

15.5.1 房地产迎来“大数据”时代

早在 2013 年，房地产就已从广告营销开始转型为渠道营销，而现在渠道营销又已经进化为一种更直接的数据营销。随着房地产行业的规范化和有序竞争，催生了一体化管理与营销。大数据下的房地产营销需要一套完整的一体化的数据仓库，大数据将成为房地产企业提升核心竞争力必由之路。

要想推行大数据营销模式，主客观条件缺一不可。

1. 主观条件

首先，要打造一个大的营销展示区，这样不仅能够展示项目的进展情况，而且还可以容纳众多来访客户，造成现场的氛围。

其次，需要有持续、轰动的刺激性活动，吸引更多的人前来关注、看房。

最后，开发商必须要有实力，有前瞻性、并且舍得投入。

2. 客观条件

首先，项目必须是大盘大放量，足够的房源放量才能获取到足够量的数据资源，并有效释放大数据平台所带来的后续效应。

其次，项目的定位还应偏向为刚需楼盘。如果项目定位“高大上”，受众层级的缩小必然导致传播数据兴趣度人群的局限。

目前的大数据在房地产中，结构不平衡、不对称，中国迫切地需要大数据共享平台，通过计算机将数据进行备案，建立需要数据的平台进行精准营销。虽然大数据库的花费要比传统的营销花费多出最少一倍，尤其在一开始数据库的建立是比较困难。但是一旦建成，它的力量会厚积薄发，不容忽视。

15.5.2 万科——联手百度迈入大数据

万科企业股份有限公司(简称万科或万科集团)是总部位于中国深圳市的中国最大的专业住宅开发企业，在地产中国网举办的红榜评选活动中，连续三次上榜。

2014 年 6 月 5 日，万科集团与百度签约，启动商用地产科技化运营，将“定位引擎、大数据、营销工具”三类核心技术引入万科商业物业运营中，如图 15-9 所示。对于青睐互联网、求变心切的万科而言，将互联网技术首先植入商业部分，从另外一个侧面体现了这家以住宅著称的公司，在未来继续扩编商业地产的莫大决心。

图 15-9 万科与百度签约现场

其实，“拥抱互联网”是万科近年来提出的一个目标。自 2013 年下半年起，万科集团总裁郁亮，先后带队拜访了腾讯、红米、阿里巴巴等多家互联网公司。那么房地产牵手八竿子打不着的互联网，究竟是赶时髦，还是发展中的需要呢？其实这是万科的高级广告。

万科和百度的合作并没有模式上的突破，万科的真正目的还是服务业房产销售，在营销方面可能更加紧密一点。房地产在互联网里打广告是很多的，想要真正做到模式改变的话，那肯定还要房地产的整个供应链能够有一些根本性的改变。目前可以明确的是，万科希望借助百度在搜索和大数据上的技术能力来做强商业地产。

目前，万科的商用业务资源总量接近 2000 万平方米，已形成以北京金隅万科广场、深圳龙岗万科广场为代表的万科广场，以东莞松湖中心等为代表的万科生活中心，以上海 2049、杭州良渚为代表的邻里家产品系列。万科一旦只要掌握了充足的用户数据，通过细化分析挖掘尚未满足的客户需求，对于万科向城市配套商转型具有深刻的战略意义。

•专家提醒

万科与百度联手使以万科为代表的房地产公司进入了互联网大数据时代，这种尝试是史无前例的。正是因为房地产不像零售行业，掌握的数据信息不够多，所以才需要向百度这样的互联网公司寻求合作，获取更多的商业信息，从而更准确地了解市场，为房地产企业带来更为广阔的发展前景。

第 16 章

大数据的问题和风险管理

学前提示

尽管大数据为各行各业的成功带来了无数种可能，但同时也带来了隐私风险、管理困难、安全漏洞、人才培养等诸多领域的大挑战。只有解决这些基础性的挑战问题，才能充分利用好这个大机遇，让大数据为企业、为社会充分发挥最大价值与贡献。

要点展示

- 大数据带来的四大问题
- 大数据相关问题的解决案例
- 做好大数据风险管理
- 正确面对大数据

16.1 大数据带来的四大问题

任何事物都是一把双刃剑。对于企业而言，**大数据是一个新兴事物，要想很好地利用起大数据，必定要花一点人力、物力和财力；而对于用户而言，大数据正在变成生活的第三只眼，它正敏锐地洞察着一切，同时也正监控着我们的生活。**

16.1.1 大数据泄露了用户的隐私

通过前面的介绍，我们了解到商家利用大数据技术能够全面地了解顾客，但你是否想过，商家之所以可以向用户精准推荐，前提是他们掌握了用户的基本资料信息，有些信息可能无所谓，而有的信息也许是用户不愿意泄露出去的。

就拿我们最熟悉的微信来说，它掌握了用户手机内的通讯录、地理位置等信息，通讯录可以让用户非常方便地将手机通讯录里的名单添加到微信好友里，其地理位置定位功能就更不用说了，“附近人”靠的就是手机的定位功能。从另一面看的话，如果软件运营商想要获取到手机通讯录的内容和实时定位跟踪的话，那简直是易如反掌。只不过我们有的时候并没有想到这一步，因为将这样的隐私泄露出去，弊远远大于利。类似于这样的软件还有很多，如图 16-1 所示。

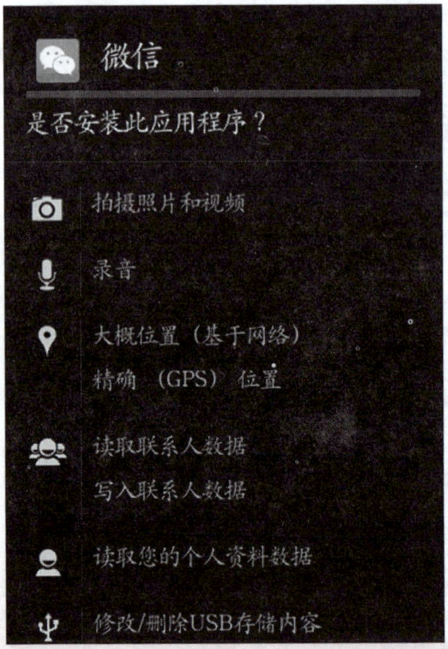

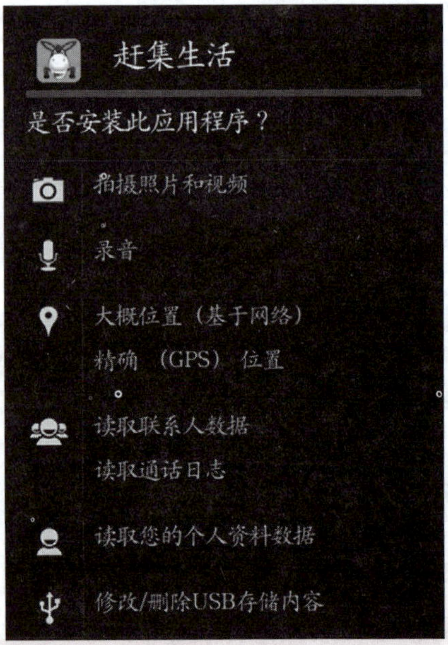

图 16-1　智能手机软件获取的用户信息

除此以外，大数据时代，我们的隐私无时无刻不在向外泄露。常见的信息泄露的途径主要有以下四种，如图 16-2 所示。

(1) 刷卡消费方便了用户支付的同时，也向商家泄露了自己的消费习惯。

(2) 发送电子邮件方便了信息传递的同时，你的联系信息也已被记录。

(3) 视频监控系统在提供安全感的同时，也在监控着你。

(4) 宾馆住宿身份证登记在保障住宿安全的同时，住宿者的信息也被其他人记录了下来。

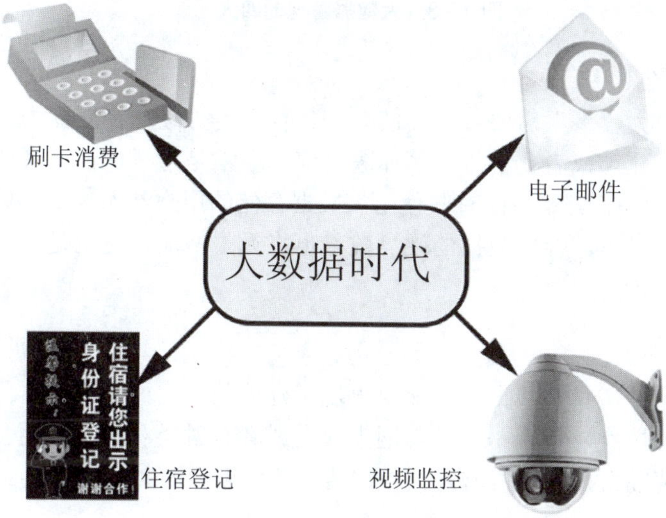

图 16-2 智能手机软件获取用户信息的途径

当然，这些信息如果利用完后能够马上销毁或者有效地封存起来，用户也不会担心什么，最怕的就是信息泄露出去。以住宿登记为例，有一家宾馆由于保密工作没有做好，导致顾客的住宿登记信息全部被散布到了网上。这时候，顾客的姓名、身份证号、家庭住址全都被人一览无余。

随着生产、存储、分析的数据量越来越大，隐私问题在未来的几年也将愈加凸显。所以，新的数据保护要求立法机构和监管部门应当将完善隐私保护提上日程。

16.1.2 管理大数据困难重重

大数据的特点就直接体现了管理的复杂化，**尤其是体量大、多样性、处理速度快这三个特点，对大数据的管理与运用带来了严峻的考验。**由此，大数据的管理主要有以下四大问题，如图 16-3 所示。

图 16-3　大数据管理的四大问题

1. 容量问题

大数据的“大容量”需要数据存储系统具有一定等级的扩展能力。更重要的是，许多数据要保存几年或者几十年，例如医疗信息通常是为了保证患者的生命安全，而财务信息通常要保存 7 年。而有些使用大数据存储的用户却希望数据能够保存的时间更长。在这些情况下，存储数据的硬盘数量也将无限增加，这也是大数据管理所要面对的最直接的问题。

2. 延迟问题

随着存储量的增长，数据的传递也出现了延迟问题。而解决这一问题的方法就是提高数据的传递速度，特别是涉及与网上交易或者金融类相关的应用。只有这样，在数据量增长的情况下，才能慢慢解决数据传递的延迟问题。

3. 成本问题

对于那些正在使用大数据技术的企业来说，成本控制是其关键问题。想控制成本，就意味着我们要让每一台设备都实现更高的“效率”，同时还要减少那些昂贵的部件，也只有这样才能真正做到节省成本。

4. 灵活性

大数据存储系统的基础设施规模通常都很大，因此必须经过仔细设计，才能保证存储系统的灵活性，使其能够随着应用分析软件一起扩容及扩展。例如一个大型的数据存储基础设施一旦开始投入使用，就很难再调整了。因此它必须能够适应各种不同的应用类型和数据场景。

其实，无论是从企业存储策略与环境来看，还是从数据与存储操作的角度来看，大数据带来的“管理问题”日益突出，而且如果不能妥善解决，将可能带来更大风险。如果正确使用大数据，它将为企业提供梦寐以求的情报和洞察力，从而帮助企业做出明智的决定。

16.1.3 大数据存在网络安全漏洞

在互联网大数据时代，用户利用数据挖掘和数据分析获取商业价值的时候，黑客也可以利用大数据分析向企业发起攻击。黑客最大限度地收集更多有用信息，比如QQ、邮件、微博、支付宝、电话和家庭住址等，为发起攻击做准备，进而入侵用户相关账号，并且大数据分析让黑客的攻击更精准。

随着越来越多的交易、对话、互动和数据在网上进行，这种刺激使得网络犯罪分子比以往任何时候都要猖獗。纵观网络环境，造成网络安全存在的因素大致可分为以下几类，如图16-4所示。

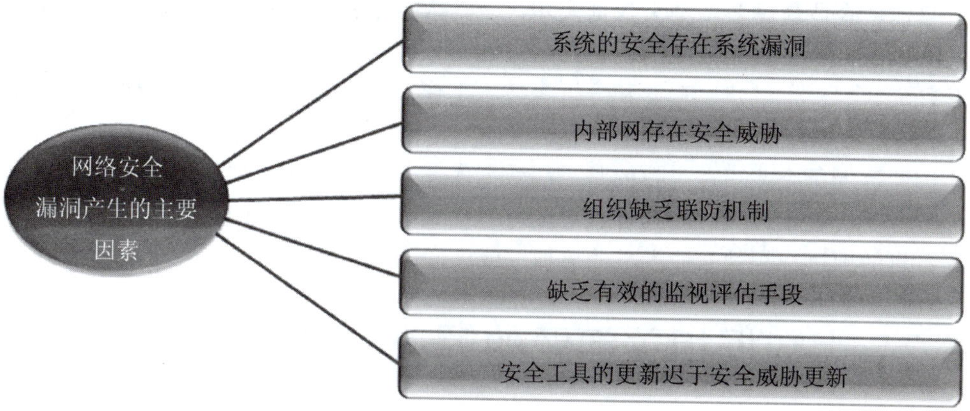

图 16-4 产生网络安全漏洞的因素

很显然，保证数据输入以及大数据输出的安全性是个很艰巨的挑战。它不仅会影响到潜在的商业活动和机会，而且还有着深远的法律内涵。所以在互联网大数据时代，要保持敏捷性并在问题出现前对监管规则做出适当的改变，而不是坐等问题的出现再亡羊补牢。

·专家提醒

目前，全球的网络安全已开始从信息安全转向信息保障，从被动预防向主动保护过渡。总的来说，网络安全系统是以策略为核心，以管理为基础，以技术为实现手段的安全理念。只有在相对安全的网络环境中，大数据的商业营销才能为企业带来更大的利润。

16.1.4 大数据人才缺乏

目前，国内的大数据市场已经逐渐繁荣起来，但IT行业人才缺乏，符合大数据分析条件的人士很少，这也是目前许多企业在寻求打造与部署大数据系统所面临的困难之一。

在 2013 年 7 月份出版的经济学人调查显示，大部分营销人员缺乏理解和分析大数据的能力。在接受调查的对象中，82%的营销人员表示职业技能已有变化，37%的营销人员称他们不具备分析和理解现有大数据的能力。该调查得出的结论是，近半成的营销者因为不能分析市场数据而无法制定有助于公司盈利的市场策略。

以阿里巴巴为例，阿里巴巴支付宝用户价值创新中心是支付宝大数据业务的核心部门。这个部门负责为公司开发可以销售的商业化大数据产品，而这个部门的核心团队人数只有 7 人。虽然阿里巴巴各类业务产生的数据为数据分析创造了非常好的基础条件，然而这个团队却因为招聘不到合适的数据科学家而在研发上进展缓慢。

目前，企业最需要两类大数据人才，一是数据平台建设人才，二是数据挖掘应用人才。大数据是因应用而生的，也是结合应用来体现其价值的，而大数据人才不仅要能胜任大数据平台搭建、存储和分析等技术工作，同时也要成为“产学研用”一体化的纽带，推动大数据技术在各个行业领域的具体应用。

因此，如果企业正在寻找的是高端数据人才，这个任务无疑是很困难的。不过在企业发出“我找不到人才”这样的歇斯底里之前，确定好自己的需求和培训的规模，然后有目的地进行相关专业人员的培训，或许问题会变得更容易解决。

16.2 大数据相关问题的解决案例

对于很多企业来说，大数据并不意味着机遇或是商业上的无限潜力。由于大数据存在着各种各样的问题，以及没有办法更好地管理数据，大数据只意味着风险和无穷无尽的烦恼。那么，发现问题、解决问题就成了运用好大数据的重要前提。

16.2.1 支付宝——账户遭窃 32 万元

随着网络交易的增多，很多业务不用客户亲自跑银行，而是直接在电脑、手机上就可以完成交易，像支付宝、微信这些软件都可以实现存钱和转款，非常方便。但我们在享受这些方便的同时，也要提防风险。

2014 年 4 月 23 日，一名男子行色匆匆地走进苏州的一个派出所报案，称他的支付宝账户里的 32 万元钱被莫名其妙地转走了，更不可思议的是他的手机居然没有接收到银行的短信提示。这么大的一笔钱如果被转走的话，银行不可能不向用户发送短信提示。

为此，网警们对报案人的手机、电脑硬盘，以及曾经使用过的笔记本电脑做了检查，而检查后并没有发现里面存在病毒以及可疑软件。随后警方通过支付宝追查资金流向，发现受害人使用的是公司账户，因为平时账户资金流动比较频繁，因此在早期注册时关闭了2000元以下的短信校验服务功能。

警方调出受害人资金被转走的部分记录，从中看到，32万元的资金被分为了230笔转走了，从每笔转账金额来看，转出的钱很零散，好几笔还是1999元，显然是在有意规避风险。更让警方感到蹊跷的是，这些钱不是转向一个支付宝账户，而是69个支付宝账户！而拥有这69个支付宝账户的，是6个人。随后警方根据银行提款记录发现了提取现金的地点并派人前往调查。

经过大量账号比对，警方锁定了犯罪嫌疑人的身份并将其抓获。经过审讯，案件中的各个疑点也随之浮出水面，同时也暴露出了网络支付平台的一些漏洞，以及用户在网络交易时的一些陋习。

原来，犯罪嫌疑人的这几张银行卡持有人大都是亲属关系，由于染上毒品，需要大量钱财，便在网络上花了2元钱向别人购买了上百个有效支付宝账号和密码，再偷偷进入到别人的支付宝账户。当进入到这家苏州的公司账户时，嫌疑人发现里面有许多钱，并且这些钱款正不断进出。于是，他就使用自己和亲友的身份证号、银行卡号，以及别人的假身份信息，注册了大量支付宝账户，在10天时间里转走了别人支付宝内的32万元。

至此，犯罪嫌疑人的谜团全部解开了，但另外的谜团又随之出现，就是自己的账户名和密码到底是怎么泄露出去的？甚至还成了网络上供人买卖的商品？原来网上有很多人都在想方设法窥探别人的隐私，已经形成了黑色产业链，甚至还有一套专门的行话术语，比如“撞库”、“扫号”、“拖库”等，这些都是计算机业界黑客手段的专用术语。

“拖库”就是黑客用技术手段入侵一些安全防范不是很高的中小网站，取得大量的用户注册名和密码数据；然后，再把这些用户名及密码跟网络银行、支付宝、淘宝等有价值的网站进行匹配登录，这就是“撞库”；实际操作中，黑客往往是通过专门的“扫号”软件，批量验证账号密码来判断是否有价值。

随着信息化的普及，用户生活中需要记住的用户名和密码越来越多，如QQ账号和密码、银行卡密码、淘宝账号和密码、游戏网站账号和密码等。很多用户在注册不同网站时为了图方便好记，往往喜欢用统一的用户名和密码，所以大部分“撞库”的人都会有所收获。

所以消费者在平时注册网站的过程中，特别是一些支付类的网站，应该采取单独的、比较安全保险的密码来设定，这样就能够有助于帮助我们提高账户的安全等级。所有的密码至少要有两套，把涉及钱财的账户名密码和一般生活用的账户名密码分开，这样就能降低账号被盗的风险。

•专家提醒

在这个案例中，无数个支付宝账户和密码组成了一个庞大的数据库，当这些数据被“释放”出来的时候，那将会造成严重的后果。所以尤其在金融领域，保护好用户的数据信息就成了重中之重。当然更重要的是用户要提高自身的防范意识，让犯罪分子找不到可乘之机。

16.2.2 Cookies——窃取网民隐私

在前面的章节，我们列举了许多互联网公司向用户精准投放广告信息的案例，多少都会使人产生疑问：上网搜索浏览记录，广告公司是如何知晓的？其实这就是 Cookies 在“作怪”。2013 年央视的“3・15”晚会上，一段关于 Cookies 泄露个人隐私的视频，让原本“默默无闻”的 IT 术语一夜之间红遍了全国。

Cookies 又称“小甜饼”、HTTP Cookies、网络 Cookies 或浏览器 Cookies 等，它是用户浏览网页时，网络服务器以文本格式存储在用户电脑硬盘上的少量数据。Cookies 的主要目的在于帮助网站记忆用户之前可能进行的操作，例如在搜索引擎上搜索“中国国家体操队”，当再次打开搜索引擎，只要输入“中国”两个字，最先跳出来的肯定是“中国国家体操队”，如图 16-5 所示。

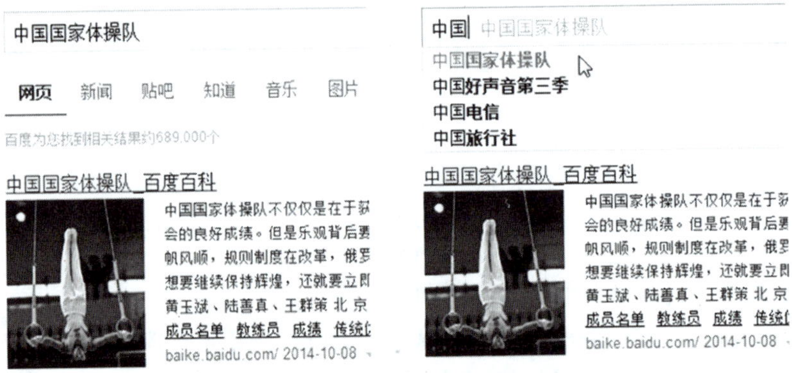

第一次搜索　　第二次搜索

图 16-5　Cookies 在搜索引擎中的功能

除此以外，Cookies 还经常用来判定注册用户是否已经登录网站，这样可以免去用户重复登录网站的烦琐，试想如果你刷新一次微博都需要重新登录，想必就没有多少人愿意上网了。另外在网购的时候，用户可能会在一段时间内在同一家网站的不同页面中选择不同的商品，这些信息都会写入 Cookies 以方便最后网购结账。

在大多数人看来这是方便用户的好事情，为什么会在“3・15”晚会上曝出来呢？想要回答这个问题，得先看看别人通过 Cookies 能够知道网民的哪些情况。

Cookies 就像是现实生活中的身份证，别人通过 Cookies 什么都能知道，包括性别、年龄、职业、收入等。总之，Cookies 就像是网民的网络身份证一样，别人可以了解到这张“身份证”上所有的信息。

而某些第三方广告公司往往通过采取在网站加代码的方式窃取用户的 Cookies，并通过分析 Cookies 来收集用户的 IP 地址、账号、身份、联系方式等信息，从而进行精准广告投放。这种做法的好与坏暂且不说，但这显然没有充分尊重用户的知情权和选择权。

Cookies 的存在最初是为了方便用户使用，然而当我们在不知情的情况下被“网络臭虫”采集并进行商业运作，这就让 Cookies 有了安全隐患，危及用户的隐私泄露。更可怕的是，谁也不知道这些信息还会被“网络臭虫”如何利用。

那么这些“网络臭虫”具体是如何获取到网名的 Cookies 的呢？其实很简单，只要在用户广泛访问的网页上放置一个 1 像素大小的“图片”，实则是一个代码，用户根本看不到这张图片。“网络臭虫”通过在网站中放置的“图片”来获取 Cookies，从而进一步获知用户的浏览习惯，进行隐蔽的跨网站跟踪行为，而 Cookies 的获取率基本上是 100%。更可怕的是，网络黑客甚至可以通过木马病毒盗取用户的 Cookies，直接骗取网站信任，无须输入用户的账号和密码即可登录网站。

针对当前问题，国内的 360 安全浏览器推出的“禁止跟踪”功能，可以有效阻止某些网站的 Cookies 跟踪和跨站跟踪行为。另外，许多浏览器还提供了隐私保护浏览器模式以及 Cookies 清理。当然最可靠的还是用户要经常清理掉自己的 Cookies。许多浏览器软件推出的多项清理功能，无疑也给用户提供了自主保护个人隐私的工具，例如 360 浏览器的“删除浏览的历史记录”对话框，如图 16-6 所示。

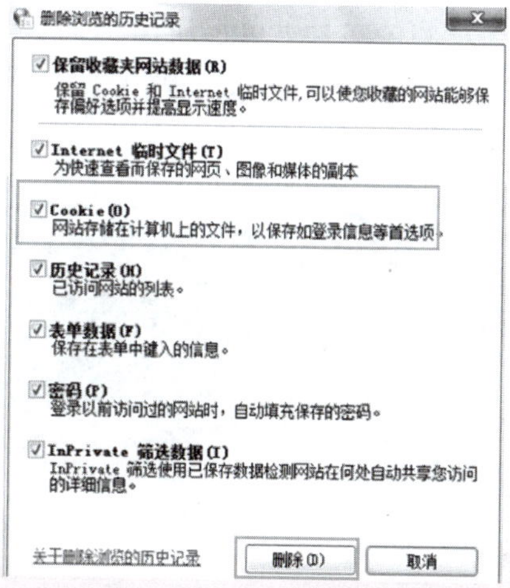

图 16-6 360 浏览器的“删除浏览的历史记录”对话框

•专家提醒

网络环境错综复杂，用户更多的是还应从自身做起，不要在不清楚来源的网页上填写任何个人信息，比如你的年龄、性别、收入等。你在不同网站填写的信息很可能会被其他人获取后整合得到你的全部信息。

其实网站只要充分尊重用户的知情权和选择权，让用户知道什么信息、在哪里、为什么、被谁收集，信息收集的行为和范围经过用户的允许，并以为用户所用为目的，而不是用于商业盈利或者犯罪牟利，相信大部分网民并不在意被跟踪。毕竟这能更好地满足个性化需求，提高选择效率。

在本案例中，我们明白了平时网站上向我们进行精准推销是怎么回事了。Cookies 作为一项技术应该是中立的，关键要看使用这项技术的人。网民对于自身信息的保护意识在增强，相关部门的立法和监管却没有跟上，只有互联网企业能反思自己的职业操守，共同尊重和保护公民个人权益的法律法规，才能让网民畅游在一个更方便、舒适和安全的互联网之中。

16.2.3 EMC——开启“闪电计划”

EMC 公司成立于 1946 年，是全球信息存储及管理产品、服务和解决方案方面的领先公司。EMC 主要是一种计算平台信息的存储标准，而且，世界上最重要信息中的 2/3 以上都是通过 EMC 的解决方案来管理。

2012 年 2 月 6 日，EMC 部署了其基于服务器的闪存计划，即“闪电计划”。该计划的目的是让服务器应用程序能够以更快的速度从存储阵列中获得数据。该公司推出计划定位 VFCache，代号为 Project Lightning(闪电计划)，作为其 FAST(全自动存储分层)架构扩展，该产品设计为各大平台之间提供数据转移，以保证最需要的可用数据提供给应用程序，如图 16-7 所示。

图 16-7 EMC 发布的“闪电计划”VFCache

在存储界中，磁盘阵列中采用 Flash 技术的磁盘通常被称为 SSD。随着对高性能的要求和 Flash 技术价位的快速拉低，引发了 caching tier(缓冲层)。缓冲层是一个使用 Flash 技术的大容量第二级 Cache，它位于服务器与存储磁盘之间。

VFCache 是一款适用于美光(P320)或 LSI(并非传闻所说的英特尔)的畅销 PCIe(Peripheral Component Interface Express，总线和接口标准)闪存卡。它运用了智能 Cache 软件和 PCIe Flash 技术，旨在解决延时问题和加速带宽，最终可以极大地提高应用性能，同时配备了 EMC 的特殊高速缓存软件，可以作为服务器或虚拟服务器的操作系统中的一个过滤器驱动程序进行安装，可将它被分配到的闪存作为一种写高速缓存来使用。

VFCache 的技术有以下七大亮点，如图 16-8 所示。

图 16-8 VFCache 技术的七大亮点

1. 效率更高

EMC 正在发挥其在备份环境中的重复数据消除的领导能力，并将该技术应用到高速闪存缓存领域。通过更大的高速闪存对缓存数据进行线内重复数据消除，VFCache 的闪存缓存容量显著提高，并极大地延长了闪存卡的预期寿命。

2. 深度集成

在虚拟、存储和服务器层面上，VFCache 现在实现了更深度地集成，使关键任务应用环境最大化。

3. 涡轮增压的性能

VFCache 被置于服务器，热数据无须从网络穿过以到达存储阵列，使吞吐量在某些情况下达到 3 倍的提升，并减少 60%的延迟。通过 PCIe 闪存卡实现更高的吞吐量和反应速度，需要的 CPU 和内存资源却比竞争产品少 4 倍。

4. 操作环境自动化

VFCache 与 VMware vSphere vMotion 之间的互操作性，使其更快和更易于实现持续正常、流畅的运行，以及完整的环境维护，并使迁移顺利进行。

5. 智能缓存策略

VFCache 在服务器上实现了新一层的高性能存储。VFCache 将 EMC FAST 架构延展到支持一个智能的端到端的数据分层和存储到服务器的缓存策略。

6. 性能更佳

VFCache 支持每个服务器的多块 PCIe 卡，并提供更多容量选择，可支持新的 700GB PCIe 卡以缓存更大的工作集，并为客户提供更优性能，并通过调整 VFCache 缓存算法进而降低延迟时间。

7. 企业级数据保护

VFCache 通过“透写式缓存”到存储阵列的全盘数据保护使客户受益，使数据拥有可用性、完整性、可靠性和恢复性。

•专 家 提 醒

新推出的 PCIe 卡并不是非常适合于 VDI 和服务器虚拟化环境，网络存储阵列最适合于这些环境。VDI 使用这些卡没有问题，但是通常这些环境下有更多的写操作。虚拟化环境下，取决于使用情况和运行在该环境中的应用。

在本案例中，VFCache 的发布使 EMC 成为第一家运用 PCIe 闪存技术帮助客户以合理的成本，来确保其关键应用达到新的性能高度的公司，为大数据项目风险管理构筑了一道坚实的“城墙”。

16.2.4 众安保险——用大数据控制风险

众安保险是国内首家互联网保险公司，由阿里巴巴、腾讯、平安、携程等国内知名企业发起，基于“服务互联网”的宗旨，以为所有互联网经济参与者提供保障和服务为目的，让更多人安全、放心地享受到互联网带来的便捷和惊喜。

2013 年 11 月 25 日，众安保险联合阿里巴巴推出“众乐宝－保证金计划”，并利用淘宝全量大数据进行风险控制。

此前，淘宝卖家需要交纳 1000～10000 元的消费者保障基金，并且卖家不能动用这笔保障基金。不过在购买了“众乐宝”后不用再缴纳保障金了。“众乐宝”每年投保一次，一年费率为 3%，如图 16-9 所示。卖家投保之后，在淘宝卖家的系统上会内置两个选项，选择消费保证金或众乐宝。卖家只要购买了“众乐宝”，就可以通过缴纳较少的保险费用，来释放保证金，可获得 1000 元～20 万元的保障额度，一旦卖家发生违约行为，保险公司先行垫付赔偿买家，然后向卖家追偿。

图 16-9 “众乐宝”保证金计划

“众乐宝”正式上线运营后，淘宝卖家只要缴纳 18 元就可以获得保障额度为 1000 元的半年“众乐宝”保险。对于淘宝买家来说，该产品的推出意味着将缩短维权过程。如果在买卖双方发生维权纠纷，需要店铺对买家赔付时，“众乐宝”会先垫付理赔款。

目前，至少有 500 万左右的淘宝卖家没有缴纳保证金，而“众乐宝”的首选目标客户无疑是这些没有参加消保的卖家。因为对于他们而言，一笔极低的保费就可以获得消保标志。而在此过程中，“众乐宝”风险主要来自卖家本身的信用风险和卖家本身的经营风险。众安保险会在事前对卖家的信用以及经营情况等进行信用评估，并采集了淘宝的全量数据来对卖家做信用评估。

·专家提醒

在本案例中，众安保险通过让淘宝卖家购买“众乐宝”产品，来替换以前的保障基金，这种方法不仅可以节省卖家在这方面的资金投入，还可根据买家对卖家的评价来测算卖家信用。相信大数据将全程应用于“众乐宝”风险控制的各个阶段。

16.2.5 斯诺登——敲响大数据规则警钟

被很多人寄予厚望的大数据冷不丁栽了个大跟头，“始作俑者”就是美国“棱镜计划”的揭秘者斯诺登。

2013 年 6 月，美国前中情局(CIA)职员爱德华·斯诺登将两份绝密资料交给英国《卫报》和美国《华盛顿邮报》，并告之媒体何时发表。2013 年 6 月 5 日，英国《卫报》先扔出了第一颗舆论炸弹：美国国家安全局有一项代号为“棱镜”的秘密项目，要求电信巨头威瑞森公司必须每天上交数百万用户的通话记录。随后 2013 年 6 月 6 日，美国《华盛顿邮报》也进行了披露，过去 6 年间，美国国家安全局和联邦调查局通过进入微软、谷歌、苹果、雅虎等 9 大网络巨头的服务器，对美国公民的电子邮件、聊天记录、视频及照片等秘密资料进行监控。

斯诺登叛逃不只是警告了美国人，同时也预示了在互联网的大数据时代，个人隐私可能遭受的一种普遍危机。人们每天把大量个人信息输入到各大网站、软件、网络信息平台中，这些数据会被企业或政府用来进行一些新形式的侵犯，比如根据对大数据的分析预测来对人们尚未实施的行为进行惩罚。

代号为“棱镜”的监视项目从 2007 年开始实施，从未对外公开过。接入互联网公司的中心服务器可以让情报分析人员直接接触到所有用户的数据。通过收集到的各种信息进行分析，跟踪互联网使用者的一举一动，以及他们的所有联系人，如图 16-10 所示。

图 16-10 “棱镜”监视的网络信息类型

棱镜可以说是正宗的大数据武器，让人担心个体隐私不保。根据斯诺登提供的信息，美国国安局拥有的正是一套基于“大数据”的新型情报收集系统。这套系统，以30天为周期，从全球网络系统中接收到970亿条信息，再通过比对信用卡或者通讯记录等方式，能几近真实地还原个人的实时状况。

人们更害怕政府在拥有大数据后，权力和能力膨胀，必然滋生腐败。棱镜数据监测的原理就像三棱镜把自然光细分成红、橙、黄、绿、蓝、靛、紫七色，在光纤上接入“棱镜”，可以让光纤传输的信号一览无遗，通过大数据系统进行分析挖掘。

也许有人会想到谷歌这样的商业组织也有可能掌握同样量级的信息，但这与政府有着天壤之别，因为政府可以通过搜集的大数据把你关进监狱，而谷歌却不能。所以在未来，必须建立一种法则对大数据的合理收集和使用予以制衡。

·专家提醒

说到大数据的最大受益者，通常人们想到的是用大数据进行商业分析、营销的企业和商家，其实并不是这样的。企业和商家在使用大数据的时候会受到各种条件的限制，例如资金、技术、权利等的限制，他们也只能进行有限制的开发和使用，而不受资金、技术、权利限制的只有政府，所以政府机构等组织是大数据的最大受益者。

在本案例中，我们很难定义斯诺登的善恶，因为他泄露国家机密，站在国家的角度是罪大恶极；而站在人性的角度，他让人们了解了美国中情局的一些不为人知的一面。也许这就是大数据让人纠结的直观体现。笔者认为，政府如果掌握了用户的数据资料，应该让数据资料永远禁锢于用户和政府的手中，在没有遇到威胁国家安全或者重大灾难的情况下，这些信息还是让它自己灭亡最为恰当。

16.3 做好大数据风险管理

大数据的应用，需要着手解决的是将数据更好地存储与管理起来，这也是大数据时代首先要做的事情。下面我们来介绍一下大数据时代，降低数据风险的硬件利器都有哪些。

16.3.1 IBM Storwize V7000

IBM Storwize V7000是IBM最新发布的一款中端存储产品，作为IBM全新的中端磁盘存储系统，IBM Storwize V7000发布后引起了媒体的广泛关注，如图16-11所示。

IBM Storwize V7000主要有以下三大亮点。

(1) 吸收了 DS 和 IBM 横向扩展架构 XIV 的精华。

(2) 集“EasyTier 自动分层”、“虚拟化”、“精简调配”三大存储效率于一身的磁盘阵列，是中端存储市场上的杀手级产品。

(3) 把 DS8000 的 RAID 技术和自动分层、SVC 虚拟化架构以及 XIV 赏心悦目的管理界面等高端存储的技术用在中端存储上。

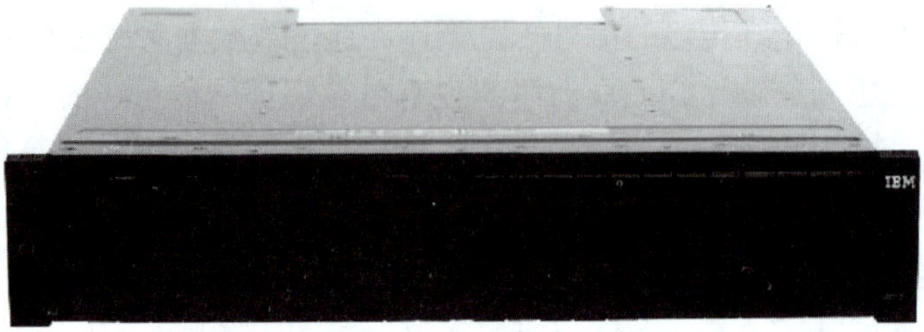

图 16-11 IBM Storwize V7000

IBM Storwize V7000 在配置方面可谓是性能强悍。IBM Storwize V7000 的高速缓存达到 8GB，每个机柜可以组合 12 个 SAS 驱动器，支持 RAID 0、1、5、6 和 10 接口，并且硬盘转速达到 10000rpm、近线 7200rpm。最大 32PB 的虚拟化空间足以满足大部分云存储的需求。

传统的数据中心起步阶段采用低端小存储，根据业务的增长速度，不断更新到更高端的存储上。这样不仅投入较大，而且每次升级时，数据要从低端迁移到高端，对应用系统会带来一定风险及停顿。而 IBM Storwize V7000 可以从低端起步，通过横向扩容(集群)的方式，增加控制器及容量，可随数据及业务的增长而增长。

16.3.2 戴尔 EqualLogic

根据预计，到 2020 年，企业存储每年将以 60%以上的速度增长，这一数字并不让人感到意外。平均每 18 个月，企业的数据就会出现翻一番的现象，然而很多企业对管理数据增长方面做得并不好，很难应对数据的快速增长。

戴尔 EqualLogic 平台，以其无缝扩展的架构和智能阵列软件，能够与企业第一层应用和虚拟环境自然集成，帮助企业高效地管理数据，却不会增加复杂性。其目的就是帮助企业将每年常见存储任务的管理时间大幅降低，将虚拟机部署提速超过原来的 70%以上。

戴尔 EqualLogic 系列产品具有以下三大功能。

(1) 帮助避免容量或应用程序工作负载的手动重新分配。

(2) 为内置冗余设计的双控制器，随着虚拟服务器的增长，同步扩展虚拟存储。

(3) 在 SAN 中轻松混用新磁盘或网络技术。

例如 PS4110 产品，支持每次两个系统的 PS 家族的切入点，并配备了 2.5 或 3.5 硬盘支持。PS4110 系统也可以组成更大的群体，包括 PS6110 系统阵列，如图 16-12 所示。

图 16-12 EqualLogic PS4110

未来存储将面临以下两个挑战。

(1) 非结构化数据的迅猛增长，对于全球的企业用户而言都是一个相当头疼的问题。

(2) 企业数据中心面临着向虚拟化、云计算转型的需求。

EqualLogic 作为戴尔最重要的存储平台，必须要能完美地帮助企业迎战这些挑战，才能赢得自身的胜利。

16.3.3 NetApp FAS 平台

NetApp FAS 系列产品的控制器完全承担了所有工作，包括 RAID、文件系统、网络 IO、双机集群(HA)系统等，它是一个完整的、一体的产品。

例如 NetApp FAS3200 系列产品，是专业的中端企业级 FAS 磁盘阵列，如图 16-13 所示。NetApp FAS3200 具有以下四大特点。

(1) 文件系统、操作系统集成于控制器内，实现了真正的一体化 FAS，不存在单点故障。

(2) 支持文件服务、FC SAN、IP SAN 和多种网络配置，支持集群模式扩展并整合成统一的云存储平台。

(3) 能够灵活地为更高性能的系统提供无缝隙、无差错升级。

(4) NetApp FAS3220 配置双控制器，缓存高达 24GB，支持最大 1440TB 容量扩展。

除此以外，NetApp 可提供行业领先的效率，因此中型企业的用户可从中受益。

其他存储供应商只提供一两种存储效率技术，而 NetApp 提供 9 种集成的技术，可以帮助用户节省大量资金。

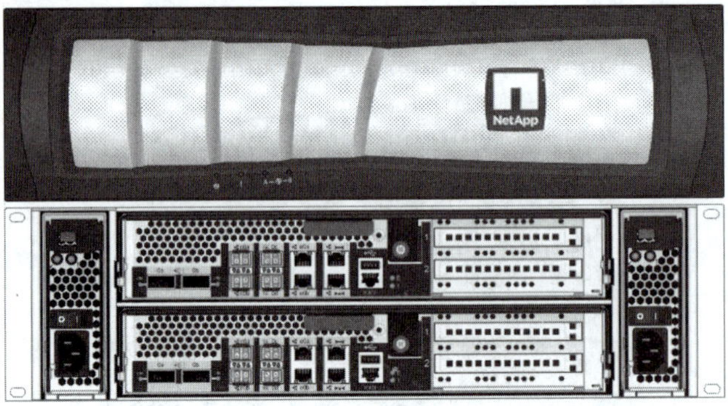

图 16-13　NetApp FAS3200 系列产品

16.4　正确面对大数据

俗话说“魔高一尺，道高一丈”，尽管大数据存在诸多的隐患与问题，但是我们总会有办法去解决它。大数据分析可以给企业带来很大的商业价值。但是如果你不小心，不从其他公司犯的错误中吸取教训的话，它也可以带来灾难。

16.4.1　走出大数据误区

大数据是近两年来信息技术领域最时髦的词汇，许多企业视其为珍宝，不管将来如何利用大数据，都要三思而后行。目前人们对大数据主要存在以下四大误区，如图 16-14 所示。

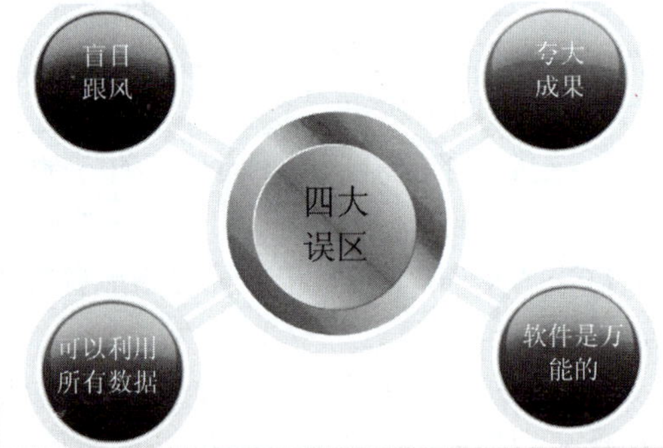

图 16-14　四大误区

如果想要利用大数据带来商业价值的话，就必须要走出这四大误区。

1. 不要盲目跟风

很多人甚至还没明白什么是大数据，就眼高手低地开始部署大数据项目，妄图赶上大企业的步伐，结果可能因为经验不足或准备不充分而深陷其中无法自拔。大多时候，大数据分析项目管理者被技术炒作所迷惑，忘记了他们首要任务的商业价值，过分追求数据分析技术，却不知那仅仅是一个用来产生商业价值的工具。

尽管大数据是个值得重视和关注的方向，但目前技术上并不成熟，各企业不要盲目上马大数据项目、建大数据中心，以免重蹈云计算过热的覆辙。因此，规避大数据的风险，既不能盲目跟风，又要有足够好的数据质量。对于发展大数据产业需要有明晰的产业规划，建大数据中心要有明确的用途和服务对象。

另外，各企业的大数据项目往往只是分析的数据结构不同，而数据的管理基本原则却都大同小异，完全可以借用，这样才能节省更多的时间和精力。

2. 不要轻易相信别人的成果

有这么一个故事，说一头牛天天跟着主人下地干活，每天都累得喘不过气。一天它和鸡说：每天干活太累了，真想好好休息；鸡听了以后又告诉鸭说：牛嫌主人让它干的活太累了，想休息一下；鸭听了以后又告诉鹅说：牛讨厌主人让它每天干那么多的活儿，想偷懒；最后鹅告诉了主人说：牛不想每天跟您下地干活了，它想跟我们一样闲着。主人一听到这话，顿时火冒三丈，随后把牛给宰杀了。

这个故事听起来有些匪夷所思，但还是有一点道理的，那就是话传着传着就变味儿了。大数据的应用也是如此，不要随意相信别人说的或流传的成果。因为每个人都有虚荣心，在自己对大数据的使用成果上大多数是会夸大其词的，而这就会回到第一个误区，就是随意跟风。所以，要想知道大数据所带来的成果，最重要的是亲自去实践、去了解。

3. 不可能利用所有数据

很多企业用尽各种手段挖掘大数据的价值，妄图利用所有的数据。其实，目前还没有一个人或一家公司能够将数据做到 100%地利用，就像美国中情局获取的用户通话记录，对他们而言，数据的利用率可能只有万分之几。所以企业或个人在利用大数据的时候，不要妄想利用所有的数据，否则会事倍功半。

4. 软件不是万能的

目前数据收集、分析、利用等一系列举措都由相对应的应用数据软件来完成，所以通常把所有的问题都丢给分析软件，不再愿意去亲自动脑思考。的确，软件确实会带来帮助，有时帮助还会很大。但是大数据分析的效果取决于被分析的数据和使用工具的分析技能，而应用数据软件指导商业行为的时候，依然存在着很多不确定性。

例如，国内一家知名的影视数据分析公司的影视剧都是在海量的数据分析基础之上进行创作，包括什么样的题材、什么样的演员、什么时间投放都经过了非常精密的计算，最终理性地看待市场效应，在业内有影响力的作品并不多。所以，数据的分析处理不能太依赖于软件，真正确定实施哪种策略还是取决于人的思考，而软件只能作为一个参考的依据。

16.4.2 以平常心面对大数据

大数据时代，我们需要考虑的事情似乎很多：利益、隐私、安全等，所以大数据时代通常是有人欢喜有人忧。应对大数据的利与弊，我们要做到以下三点。

1. 不以物喜，不以己悲

大数据作为新兴产业，定会在行业内引起“轩然大波”。无论大数据会带来多么大的利益，都不要太过欣喜。当你获得了某一事物的利处之后，必将附带着弊端。

而对于大数据所带来的弊端以及相关的问题，笔者认为，天下没有免费的午餐，大数据是公平的。你在利用了一项有利的事物的同时，你也在为人所用。就拿手机软件的定位跟踪权限来说，软件已经提示了将会定位跟踪手机，要用的话就接受定位跟踪，要么就别用。所以大数据带来的利远远大于弊，毕竟数据化时代，方便了你，你也要适当地付出。

2. 不做亏心事，不怕鬼叫门

大数据无时无刻不在将我们曝光，人们在觉得不适应的同时，笔者又想问一句：你担心什么呢？当你在合理的时间内出入合理的场所，即使被监控记录你也不用担心。所以**笔者认为，大数据时代，做自己该做的事情，大数据的弊端形同虚设。**所以只要我们洁身自好，大数据所带来的大部分弊端，对我们也不会造成多大的影响。

3. 防人之心不可无

尽管大数据的大部分弊端是无关紧要的，但是防范意识仍不能降低，因为也许哪一次的疏忽就会造成终身的遗憾。所以在大数据时代，涉及自身关键的、重要的、隐私的东西一定要加强防范意识。我们在想用大数据带来的丰硕成果的同时，要多一些顾虑，这样在大数据这个环境中才会更安全、更放心。